首都经济贸易大学出版资financial
国家社会科学基金（项目号：20BGL072）资助

杠杆监管

对企业财务行为的影响机理研究

卿小权 ◎ 著

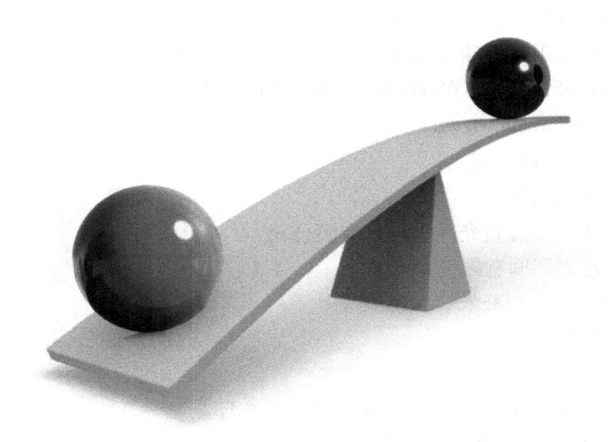

首都经济贸易大学出版社
Capital University of Economics and Business Press
·北京·

图书在版编目（CIP）数据

杠杆监管对企业财务行为的影响机理研究 / 卿小权著. -- 北京：首都经济贸易大学出版社，2024.9.
ISBN 978-7-5638-3747-2

Ⅰ．F279.23

中国国家版本馆 CIP 数据核字第 2024N40R17 号

杠杆监管对企业财务行为的影响机理研究
GANGGAN JIANGUAN DUI QIYE CAIWU
XINGWEI DE YINGXIANG JILI YANJIU
卿小权　著

责任编辑	杨丹璇
封面设计	砚祥志远·激光照排　TEL：010-65976003
出版发行	首都经济贸易大学出版社
地　　址	北京市朝阳区红庙（邮编 100026）
电　　话	（010）65976483　65065761　65071505（传真）
网　　址	http：//www.sjmcb.com
E-mail	publish@cueb.edu.cn
经　　销	全国新华书店
照　　排	北京砚祥志远激光照排技术有限公司
印　　刷	北京建宏印刷有限公司
成品尺寸	170 毫米×240 毫米　1/16
字　　数	337 千字
印　　张	18.25
版　　次	2024 年 9 月第 1 版　2024 年 9 月第 1 次印刷
书　　号	ISBN 978-7-5638-3747-2
定　　价	78.00 元

图书印装若有质量问题，本社负责调换
版权所有　侵权必究

序

  为应对全球金融危机对中国经济造成的负面影响,我国政府于2008年底推出"四万亿计划",配套货币政策也相继落地。而伴随着央行降准和商业银行降息,房地产投资、基建等行业迎来了快速发展机会;与此同时,国有企业作为落实投资计划的主力军,凭借信贷融资优势和良好的投资机会,其杠杆率在此后一段时期内持续攀升。为了避免企业杠杆率上升可能引发的区域性和系统性金融风险,2015年底召开的中央经济工作会议将"去杠杆"列为供给侧结构性改革的任务之一,并敦促国务院国资委、央行等部委及其下属部门出台去杠杆政策。在此背景下,包括本书作者在内的一批国内学者将注意力投向企业降杠杆行为,由此衍生出具有中国特色的"企业杠杆操纵"研究话题。

  本书脱胎于作者所主持的国家社科基金项目的结项报告。从项目申请书的撰写到立项之后研究计划的制订,再到本书内容框架的搭建,作者曾多次与我交流,并通过参会充分吸收本领域学者的思想观点,经反复讨论和修改之后定稿。同时,依托国家社科基金项目的支持,与本书内容直接相关的部分研究成果已在《财经研究》等知名期刊发表。

  概而言之,本书的研究贡献主要包括以下几个方面:第一,深化了现有研究对于杠杆操纵含义的认知,并丰富了资本结构动态调整理论的内涵。一方面,常见的企业杠杆操纵手段包括表外负债、名股实债和会计选择。其中，表外负债和名股实债形式的杠杆操纵大多依附于企业的创新型投融资实践，比如结构化主体投资、永续债融资等，尽管此类财务活动为企业杠杆操纵创造了条件，但其本身并不等于杠杆操纵，本书的概念界定与例证丰富了学界对于杠杆操纵内涵与属性的认知。另一方面，企业的资本结构动态调整旨在实现最优资本结构，故包括向上调整和向下调整；与之相对的是，尽管杠杆操纵也属于资本结构调整范畴，但主要服务于管理层的短期目标，表现为高杠杆企业利用各种手段下调账面杠杆率，但企业的实际杠杆率及财务风险并未因此下降。第二，结合企业融资与投资的内涵搭建研究框架，拓展了有关企业杠杆操纵经济后果的研究视野。鉴于现有研究就杠杆操纵对企业融资的影响并未形成一致结论，本书通过实证检验发现杠杆操纵仅有助于企业的短期债务融资，且会增加债务资本成本，同时还会抑制企业的股权再融资规模和提高权益资本成本，从而为杠杆操纵与企业融资的关系提供了新的经验证据。此外，本书还从企业投资规模适当性及投资结构入手，分别探究杠杆操纵对企业投资效率、金融化及创新投资的影响，从而丰富了企业投资行为影响因素的研究成果。第三，立足中国上市公司所处外部治理环境，从多个维度探索企业杠杆操纵的有效治理机制。具体而言，机构投资者持股除了能增加对上市公司的关注和降低信息不对称外，还可能向公司派驻董事直接参与内部治理。类似地，审计师作为外部利益相关者，除了在年报审计中出具非标审计意见外，还可以通过列报关键审计事项对投资者进行风险提示，从而发挥外部治理作用。以上发现不仅丰富了有关企业杠杆操纵影响因素的研究成果，也为监管部门如何完善杠杆操纵的治理机制提供了实践启示。

总体而言，本书的篇章结构安排合理，围绕杠杆操纵所研究的几个问题的关联性强，理论推演及实证结果分析的逻辑较为严谨，论证方法科学，文字表述较为流畅。诚然，随着资产负债表观在财会界日渐盛行，关注和研究杠杆操纵话题的学者也越来越多，但有关杠杆操纵的测度及经济后果尚存在研究空间。其一，因杠杆操纵话题源于去杠杆政策，现有文献认为企业仅存在向下操纵杠杆的行为；然而，出于税务筹划等目的，企业也有可能向上操纵杠杆，故后续研究有必要对杠杆操纵程度的测算方法进行优化，以提高指标的适用性。其二，本书及同类研究在考察杠杆操纵的经济后果时主要关注短期效应，较少考虑杠杆操纵对企业财务行为可能存在的长期影响及动态变化特征，这也是值得进一步探索的方向。

在当下"内卷"成风的国内学界,青年学者的成长犹如逆水行舟。本书的出版是作者及其研究团队近年来辛勤耕耘的阶段性成果,希望他在今后的科研道路上不断求索,取得更大的学术成就。

是为序!

王化成

2024年7月25日于明德商学楼

前言

为了缓解 2008 年全球金融危机给我国经济发展带来的冲击，中央政府于当年年底推出"四万亿计划"，以此扩大内需和促进经济复苏。为确保该投资计划顺利实施，央行率先降低存款准备金率，而商业银行则同步下调贷款利率。随着债务资本成本的下降与融资规模的增加，不少企业的营业收入与杠杆率出现同步增长。然而，过度投资难免导致产品供需失衡和市场竞争加剧，企业的销售毛利率因此下降；同时，产能过剩引起的高固定成本还会加重企业的经营负担，从而使其难以通过经营成果的积累实现降杠杆。随着杠杆率的上升，企业面临的监管压力和融资约束相应增加，短期内通过发行新股来降杠杆难以实现。在此背景下，为维持企业持续经营，利用财务或会计手段来操纵杠杆率则成了不少高杠杆企业降杠杆的现实选择。

简言之，杠杆操纵是指在信息不对称的条件下，管理层为满足内外部监管要求，利用投融资创新实践和会计政策选择来降低企业账面杠杆率的行为，常见的操纵手段包括表外负债、名股实债和会计手段。由于杠杆操纵会掩盖债务风险和降低资产负债表信息质量，从而可能诱使利益相关者做出错误决策，因此，国内不少学者立足企业杠杆操纵的动机，从金融市场发展、信息技术变革、公司治理等角度讨论如何抑制企业的杠杆操纵行为。与此同时，对于企业杠杆操纵的经济后果，既有研究主要从银行借款和债务违约风险角度进行简单讨论，缺乏对该问题的全面思考和深入探究。因此，本书将从杠杆操纵的内涵入手，选取 A 股上市公司作为研究对象，综合采用规范研究法、比较分析法、案例研究法和实证研究法，全面考察杠杆操纵对企业融资和投资行为的具体影响，继而从商业银行、注册会计师及机构投资者角度提出企业杠杆操纵的治理对策。

基于 2007—2022 年 A 股上市公司的样本数据，本书的主要研究结论如下：

第一，在我国多层次、立体化杠杆监管背景下，企业的杠杆操纵行为受到多种因素的共同影响，主要包括公司特征、强制去杠杆政策、法治化进程及证券发行制度改革等。比较而言，在名义杠杆率较高、融资约束较强、拥有国有产权性质、面临去杠杆业绩考核压力较大、所在地区法治化水平较低的情况下以及在注册制改革之前的年份，其杠杆操纵动机较强，操纵程度较大。

第二，杠杆操纵会影响企业的融资决策与资本成本。首先，杠杆操纵行为往往伴随着管理层较高的风险承担意愿，由此将提高企业的风险承担水平，进而增加其债务融资规模；而从债务期限结构来看，杠杆操纵仅有助于增加企业的短期债务，却不能促进长期债务融资。其次，杠杆操纵会降低企业的信息透明度和加剧债务违约风险，从而增加企业的债务资本成本；从债务融资方式来看，杠杆操纵能够显著增加银行贷款的资本成本，但对于债券资本成本的影响并不显著。此外，企业存在为发新股而降杠杆的杠杆操纵动机，而杠杆操纵通过加剧投资者情绪的不稳定和股票收益率波动性，减少企业的股权再融资规模，尤其是定向增发融资规模。最后，杠杆操纵会同时增强企业经营业绩和股票收益的波动性，从而提高企业的权益资本成本。

第三，杠杆操纵会影响企业的投资方向与投资效率。实证结果表明，在我国以银行信贷为主导的金融市场环境下，企业的杠杆操纵在长期内会加剧其融资约束，进而导致投资行为异化。具体地，增加杠杆操纵程度显著降低了企业的投资效率，尤其加剧了企业投资不足；同时，杠杆操纵强化了企业的金融化倾向，并抑制了企业的创新投入水平。经济意义上而言，假定其他因素不变，企业的杠杆操纵程度每提高一个标准差，其投资效率降低约 2.78%，金融化程度提高约 6.7%，而创新投入则会降低约 5.83%。

第四，从企业杠杆操纵的治理机制来看，首先，机构投资者持股具有"带资效应"，即通过参与企业的证券认购能增加资金供给，从而缓解其融资约束；同时，机构投资者还可以通过实地调研和向企业派驻董事，降低其与企业内部人之间的信息不对称程度并增强监督力量，从而抑制企业的杠杆操纵行为。其次，商业银行通过持股与一般企业建立联系，既可以增加银行对企业真实质量的了解和参与公司治理的能力，也能使两者的利益关系更加紧密，据此缓解企业的融资约束和提升公司治理水平，进而抑制企业的杠杆操纵行为。此外，银行的数字化转型一定程度上能够提高信贷资源配置效率和强化债务契约的治理作用，从而有助于识别企业的杠杆操纵行为并降低其操纵程度。当企业管理层的机会主义倾向较高或股票参与沪深港通交易之后，银行数字化转型对企业杠杆操纵的抑制作用更加明显。最后，企业的杠杆操纵行为会降低其信息披露质量，同时增加企业潜在的财务风险，这将促使审计师在审计报告中列报更多有关杠杆操纵的关键审计事项，由此增加年报信息使用者对上市公司信息披露的关注，进而发挥审计师的监督治理作用。

与国内外现有相关研究相比，本书的学术贡献主要体现在以下五个方面：第一，从杠杆监管政策分析入手，聚焦企业管理层在面临业绩考核压力和融资约束时的机会主义行为，既拓展了有关会计信息质量的研究视野，也加深了学界对于企业资本结构权衡理论的理解。第二，借助政府规制理论、信号传递理论及委托代理理论，本书从去杠杆手段入手，深入剖析了企业赖以降低资产负债率的财务手段及会计选择的经济实质，据此明确指出企业的降杠杆手段并不都是消极的"杠杆操纵"行为，从而深化了现有研究对于企业杠杆操纵内涵的认知。第三，鉴于现有文献对于杠杆操纵是否及如何影响企业融资并未形成全面和一致的结论，本书系统地检验了上市公司的杠杆操纵程度与不同融资方式下的融资规模及资本成本的相关关系，一定程度上廓清了杠杆操纵对企业融资行为的影响及其作用机理。第四，关于企业投资动因的研究主要关注内部代理问题、融资约束及外部政策环境等方面，却忽视了杠杆操纵这一新的机会主义行为对企业投资的影响，因而本书的研究丰富了企业投资行为影响因素方面的研究成果。第五，现有研究在探讨机构投资者对杠杆操纵的治理作用时仅涉及注意力分配等表层因素，缺少对直接派驻董事等实质性治理手段的考察；类似地，审计师除了在年报审计中出具非标审计意见外，还能通过列报关键审计事项进行风险提示，从而发挥外部治理作用。以上发现丰富了有关企业杠杆操纵治理机制的研究成果。

与此同时，本书的研究结论对于上市公司利益相关者具有一定的实践价值。首先，为政府部门客观评价国有企业的杠杆水平与潜在财务风险进而出台相应的监管政策提供了思路启示。具体地，借助本书及现有文献的方法可以测度企业的实际杠杆率，将其与账面杠杆率进行比较，有助于监管部门适时防范企业的虚假降杠杆行为，由此提高政策制定者对于杠杆风险的预警意识，并建立有效的风险监控机制，从而真正实现杠杆监管和风险防控目标，确保金融市场健康运行和经济稳定发展。其次，为银行等债权人有效识别企业的杠杆操纵程度及潜在信用风险提供了方法指导，有助于发挥其对高杠杆企业虚假降杠杆的监督治理作用。具体地，商业银行凭借自身的数字化转型和对企业积极持股，可以借助数字技术提高真实性的审查力度与识别效率，提升甄别企业债务风险的能力，进而降低企业的杠杆操纵程度。可见，探明上述机制有助于银行等金融机构改善投资结构、优化贷款期限和规避信用风险。最后，为企业强化内部治理和限制管理层的机会主义行为进而有效化解潜在财务风险和经营风险提供参考。本书通过探究杠杆操纵对企业投融资行为的影响，帮助大股东充分认识到杠杆操纵的危害性，从而加强其风险感知能力和防范意识，以对管理层的机会主义行为形成有效监督。此外，鉴于杠杆操纵并不能有效缓解"融资难"问题，甚至还会加剧"融资贵"问题，管理层应当根据杠杆水平的变化适时调整企业资本结构，实现企业可持续发展。

  本书从构思到写作，从校对、修改到出版，无不得益于前辈学者、学生们、出版社同仁及亲友的大力支持，他们分别是王化成教授、许江波教授、栾甫贵教授、刘亭立教授、董启琛博士、赵文静博士、武瑛博士、赵雪晴博士、贾俊伟博士、白梦淑、张佳琪、宋相颖、贾新芝、谢茜以及徐燕萍主任，在此一并表示感谢。

目录

1 绪论 ………………………………………………………………… 1
  1.1 研究背景与研究动机 ………………………………………… 1
  1.2 研究内容与研究方法 ………………………………………… 4
  1.3 学术贡献与现实意义 ………………………………………… 9

2 理论基础与文献回顾 …………………………………………… 12
  2.1 相关理论基础 ……………………………………………… 12
  2.2 概念界定与相关文献回顾 ………………………………… 17

3 杠杆监管制度变迁与企业杠杆行为选择 …………………… 29
  3.1 我国企业杠杆率的变化趋势与横截面特征 ……………… 29
  3.2 我国企业杠杆监管制度变迁与动因分析 ………………… 40
  3.3 杠杆监管背景下的企业杠杆行为选择 …………………… 51
  3.4 本章小结 …………………………………………………… 61

4 企业杠杆操纵的测度与影响因素分析 ……………………… 63
  4.1 杠杆操纵程度的测度方法 ………………………………… 63
  4.2 杠杆操纵程度的截面特征分析 …………………………… 69
  4.3 企业杠杆操纵的影响因素 ………………………………… 75
  4.4 本章小结 …………………………………………………… 77

5 杠杆操纵对企业融资的影响：作用机制与经验证据 ⋯⋯ 79
　5.1 制度背景与研究问题 ⋯⋯⋯⋯⋯⋯⋯⋯⋯⋯⋯⋯⋯ 79
　5.2 样本数据、模型设定与变量定义 ⋯⋯⋯⋯⋯⋯⋯ 89
　5.3 实证结果分析 ⋯⋯⋯⋯⋯⋯⋯⋯⋯⋯⋯⋯⋯⋯⋯ 93
　5.4 本章小结 ⋯⋯⋯⋯⋯⋯⋯⋯⋯⋯⋯⋯⋯⋯⋯⋯ 144

6 杠杆操纵对企业投资的影响：作用机制与经验证据 ⋯⋯ 145
　6.1 制度背景与研究假说 ⋯⋯⋯⋯⋯⋯⋯⋯⋯⋯⋯⋯ 145
　6.2 样本数据、模型设定与变量定义 ⋯⋯⋯⋯⋯⋯⋯ 151
　6.3 实证结果及分析 ⋯⋯⋯⋯⋯⋯⋯⋯⋯⋯⋯⋯⋯ 154
　6.4 本章小结 ⋯⋯⋯⋯⋯⋯⋯⋯⋯⋯⋯⋯⋯⋯⋯⋯ 183

7 企业杠杆操纵的治理机制与经验证据 ⋯⋯⋯⋯⋯⋯ 185
　7.1 制度背景与研究假说 ⋯⋯⋯⋯⋯⋯⋯⋯⋯⋯⋯⋯ 185
　7.2 样本数据、模型设定与变量定义 ⋯⋯⋯⋯⋯⋯⋯ 196
　7.3 实证结果分析 ⋯⋯⋯⋯⋯⋯⋯⋯⋯⋯⋯⋯⋯⋯⋯ 199
　7.4 本章小结 ⋯⋯⋯⋯⋯⋯⋯⋯⋯⋯⋯⋯⋯⋯⋯⋯ 248

8 研究结论、政策建议与研究展望 ⋯⋯⋯⋯⋯⋯⋯⋯ 250
　8.1 主要研究结论 ⋯⋯⋯⋯⋯⋯⋯⋯⋯⋯⋯⋯⋯⋯⋯ 251
　8.2 主要政策建议 ⋯⋯⋯⋯⋯⋯⋯⋯⋯⋯⋯⋯⋯⋯⋯ 255
　8.3 研究不足与展望 ⋯⋯⋯⋯⋯⋯⋯⋯⋯⋯⋯⋯⋯⋯ 258

参考文献 ⋯⋯⋯⋯⋯⋯⋯⋯⋯⋯⋯⋯⋯⋯⋯⋯⋯⋯⋯ 259

1 绪论

1.1 研究背景与研究动机

  2008年9月美国次贷危机全面爆发，随后迅速演变成全球性金融危机。为了减轻此次金融危机给我国经济带来的冲击，中央政府于2008年11月推出进一步扩大内需、促进经济平稳较快增长的"十项措施"。据当时的初步估算，落实这十项措施约需在2010年底之前投资四万亿元，媒体和经济学界因此将其称为"四万亿计划"。相应地，为确保该投资计划能够落地，中国人民银行于2008年9月底下调中小金融机构的存款准备金率①，而商业银行在此前后也连续下调贷款基准利率②，由此将增加货币供给量和降低企业融资成本。而随着债务融资约束的减弱，企业的信贷融资和投资规模同步增长，这在短期内确实有助于刺激宏观经济增长，但长期来看，单纯依靠增加投资并不一定能提高经济运行效率（王化成，2019），反而会推动各类经济主体的杠杆率上升。从宏观杠杆率的构成来看，非金融企业部门是推动杠杆上升的主导力量；特别地，由于我国长期以来形成的体制，国有企业面临的融资约束本来就较弱，而且还承担着保增长、稳就业、增税收等重大社会责任，因而成了落实"四万亿计划"的主力军，而通过举债来增加投资的增长模式使得

---

  ① 和讯网（https://news.hexun.com）整理的资料显示，央行自2008年9月25日起下调中小金融机构的存款准备金率，三个月内存款准备金率从17.5%降至13.5%；类似地，大型金融机构的存款准备金率从2008年10月15日的17.5%降至12月25日的15.5%。
  ② 中国工商银行官网（https://www.icbc.com.cn）提供的资料显示，2007年末1年期短期贷款和5年期以上长期贷款的基准利率分别为7.47%和7.83%，而在2008年9月16日到12月23日，该行连续五次下调贷款利率，1年期短期贷款和5年以上长期贷款利率分别降至5.31%和5.94%。同期国内其他商业银行的情况与此基本一致。

国有企业杠杆率（即资产负债率）快速攀升①。在宏微观杠杆率高企背景下，一旦大型企业因资金链断裂而产生债务违约，错综复杂的借贷关系很可能引发区域性和系统性金融风险，进而造成金融系统瘫痪、社会有效消费需求降低以及失业率上升等一系列严重后果（杨子晖等，2022）。

为了守住不发生系统性金融风险的底线，国务院国资委以中央企业负责人业绩考核作为着力点，从微观企业债务风险和宏观经济发展两个角度推动和优化杠杆监管政策。首先，国务院国资委在2009年底修订的《中央企业负责人经营业绩考核暂行办法》首次引入经济增加值（以下简称"EVA"）指标，并将EVA的计算与资产负债率挂钩，据此对中央企业及其附属单位间接进行杠杆监管，该规定一直沿用至今。随后，国务院国资委于2012年下发《关于进一步加强中央企业债务风险管控工作的通知》，强调国有企业应当严格管控债务，将资产负债率纳入国企经营负责人、董事会及总会计师经营业绩考核或履职评价范围，并对债务风险控制不力、资产负债率持续上升的央企主要负责人进行约谈，这也为2015年中央经济工作会议提出"去杠杆"任务奠定了基础。而随着中央财经委员会、国务院国资委及其他机构监管文件的相继发布，我国去杠杆政策的目标、要求及思路也日渐清晰。具体地，2016年的中央经济工作会议明确在控制总杠杆率前提下，把"降低企业杠杆率"作为去杠杆的重中之重，资产负债率因此成了高杠杆国有企业经营负责人年度业绩考核的约束性指标。步入经济高质量发展阶段后，2018年中央财经委员会第一次会议提出结构性去杠杆，即根据部门、债务类型提出不同的杠杆率监管要求。2019年的中央经济工作会议强调要保持宏观杠杆率基本稳定，压实各方责任。2020年8月，央行和住建部召集12家房企及证监会、银保监会等机构召开座谈会，对房地产企业债务融资设置"三道红线"②；年底的中央经济工作会议继续强调要保持宏观杠杆率基本稳定，处理好恢复经济与防范风险的关系，做到防风险和保增长并行。2021年的中央经济工作会议强调经济工作要稳字当头、稳中求进，完善金融风险处置机制。2022年的中央经济工作会议则提出要有效防范化解优质头部房企的债务风险，改善企业资产负债状况。

---

① 国家资产负债表研究中心（CNBS）的统计数据显示，我国非金融企业部门2008年末的宏观杠杆率为95.2%，该指标2010年末升至120.5%，此后稳步上升，直至2017年一季度达到阶段性高点（160.7%）；与此同时，国有上市公司的资产负债率均值从51.1%上升至52.1%。若无特别说明，企业杠杆率和资产负债率将在本书中交替使用。

② "三道红线"是指房地产企业剔除预收账款后的负债率不超过70%、净负债率不超过100%、现金短债比不低于1。

不难看出，在过去的十余年里，中央政府和各级监管部门对控制企业杠杆水平和防范金融风险高度重视，而高杠杆企业尤其是国有企业面临多重监管压力。在此背景下，企业是否积极响应政策要求，切实降低杠杆率与潜在财务风险？事实可能并非如此。一方面，从上市公司层面来看，国有企业的平均资产负债率在2016—2018年确实下降了，但从2019年起开始反弹；特别地，地方国企2020年末的平均杠杆率相比2017年末略有上升①。另一方面，对于多数高杠杆企业而言，可供使用的降杠杆手段并不多，比如减少负债可能会使企业失去投资机会，因此无法偿还存量负债，而股权融资的资格条件较高、审核周期较长。因此，如何做到既实现融资，又不增加账面杠杆率，就成了高杠杆企业进行杠杆操纵的现实动因。与之相对的是，企业为应对业绩考核等监管要求而采取的杠杆操纵行为也引起了监管部门的重视，2018—2019年，国家发展改革委等五部门两次发布《降低企业杠杆率工作要点》，强调要综合运用多种降杠杆措施，防止国有企业虚假降杠杆。与此同时，国内会计学界对于企业杠杆操纵问题也陆续展开了研究。

许晓芳和陆正飞（2020）首次对企业杠杆操纵的动机、手段和潜在影响进行了梳理，指出企业可能采用表外负债、名股实债和（或）会计手段进行杠杆操纵，其目的在于降低账面杠杆率，进而满足杠杆监管要求和缓解融资约束，这为后续相关研究奠定了理论基础。进一步地，卿小权等（2023）基于盈余管理的含义与企业杠杆操纵的实践特点对杠杆操纵重新做出界定，指出杠杆操纵是在信息不对称的情况下，管理层为满足内外部监管要求，利用投融资创新实践和（或）会计政策选择等手段，降低企业账面杠杆率的行为。具体说来，企业设立项目公司进行债务融资，却利用"是否控制"难以界定这一漏洞，不将高杠杆项目公司纳入合并报表范围，属于典型的"表外负债"式杠杆操纵。类似地，企业在发行永续债融资时，通过巧妙设计债务契约条款，使之符合会计准则中"权益工具"的确认条件，利用"名股实债"来降低账面杠杆率，也是企业可能使用的杠杆操纵手段。然而，上述行为实质上并不能优化企业资本结构，甚至还会产生降低企业会计信息质量和误导报表使用者进行决策等不良后果。

通过梳理现有文献可以发现，既有研究主要从杠杆操纵动机与影响因素角度来探究企业的杠杆操纵行为。从动因角度看，企业会为获得短期潜在收

---

① 中国人大网披露的《2017年度国有资产管理情况的综合报告》和《2020年度国有资产管理情况的综合报告》显示，2017年末和2020年末，中央国有企业汇总的资产负债率分别为68.1%和66.5%，地方国有企业汇总的资产负债率分别为62%和62.4%。

益而在发行债券和股权质押时进行杠杆操纵（许晓芳等，2021；李晓溪和杨国超，2022）。类似地，激烈的产品市场竞争和地方政府举债也会增强企业借助杠杆操纵缓解融资约束的动机（彭方平等，2023；饶品贵等，2022）。从治理角度看，非国有股东参股（马新啸和窦笑晨，2022）、机构投资者持股（卿小权等，2023）、党组织治理（翟淑萍等，2021）、企业数字化转型（罗宏等，2023）等企业内部特征均能对杠杆操纵发挥一定的治理作用；与此同时，媒体关注（林炳洪等，2023）、资本市场开放（管考磊和朱海宁，2023）、政府审计（鲍树琛等，2023；马勇等，2023）、银行业竞争（范润和翟淑萍，2023）等外部治理机制也在一定程度上抑制了企业的杠杆操纵。然而，鲜有文献从银行自身及其与企业关系、机构投资者治理作用等角度探讨杠杆操纵的治理机制；与此同时，现有文献对于杠杆操纵所导致经济后果的研究较少，目前仅涉及企业全要素生产率、高质量发展和审计意见（徐亚琴和宋思淼，2021；许晓芳和陆正飞，2022；李世辉等，2023），而对于杠杆操纵是否及如何影响企业的财务行为（融资、投资等）尚且缺乏系统性认识。承前所述，尽管企业可以利用财务和会计行为隐藏负债，短期内达到美化财务状况和缓解融资约束的目的，但是，一方面，此类行为会使企业承担更重的"还本付息"义务，从而加剧企业的潜在财务风险；另一方面，复杂的杠杆操纵行为会降低企业的信息透明度，由此可能增加企业的融资成本，甚至误导管理层的投资决策。因此，本书将从杠杆监管政策入手，通过聚焦企业的杠杆操纵行为，客观分析我国企业的真实杠杆水平在监管政策出台前后的变化动态；在此基础上，构建"杠杆监管政策—杠杆行为选择—投融资效果—治理机制优化"的分析框架，并利用我国 A 股上市公司数据，实证检验企业杠杆操纵的经济后果及其治理路径，据此深化学界有关企业资本结构调整和杠杆操纵行为的研究，同时也为实务界客观认识和评价企业财务状况及财务风险提供分析工具，并为政府监管部门明确杠杆监管方向和优化杠杆监管手段提供实践启示。

1.2 研究内容与研究方法

1.2.1 研究内容

本书的基本研究思路为：首先，基于 2008 年金融危机以来我国政府出台的杠杆监管政策与企业部门杠杆率的变化趋势，总结企业杠杆操纵的动机和主要实现方式，同时结合既有文献的研究成果与不足，提出本书主要研究的问题。其次，基于经典案例分析来阐述企业杠杆操纵的主要手段、内在逻辑及其现实性，继而介绍杠杆操纵程度的测量方法，并利用 A 股非金融类上市公司的样本数据，从名义杠杆水平、融资约束、产权性质、国企业绩考核制度、地方法治水平和注册制改革等维度考察企业杠杆操纵的截面特征，并采用多元回归法探究杠杆操纵的影响因素。再次，基于风险机制、信息不对称等理论构建研究假说，实证检验企业杠杆操纵行为对其投融资效果的影响及内在机理。最后，基于实证检验探索企业杠杆操纵的治理机制，为利益相关者抑制企业的杠杆操纵行为提供实践启示。以上思路可归纳为：监管政策梳理—企业杠杆行为分析—杠杆操纵对企业投融资的作用机理检验—杠杆操纵治理机制与政策启示。本书主要章节的研究内容如下。

1.2.1.1 杠杆监管制度变迁与企业杠杆行为选择

自 2008 年金融危机以来，我国的杠杆监管制度几经变迁。从企业角度看，杠杆监管制度主要集中在外部融资审核和国企高管业绩考核两大方面。为了满足外部融资资格条件和业绩考核要求，企业有动机借助杠杆操纵来控制杠杆率水平。因此，本书从杠杆监管制度变迁入手，通过典型案例分析来介绍企业杠杆操纵的动机及其内在逻辑。具体而言，首先，该部分从杠杆率的内涵、债务类型以及企业异质性角度对我国企业杠杆率的发展动态进行深入分析，以期廓清我国杠杆监管制度的调整思路和梳理企业杠杆操纵的动机。其次，从证券发行、业绩考核角度对杠杆监管制度进行纵向梳理，并揭示杠杆监管制度与我国经济发展目标之间的内在关系，进而对企业所面临的杠杆监管压力进行全面分析，探究企业杠杆操纵的动机来源。最后，借助东方园林 PPP 项目投资和北京金隅发行永续债融资的案例分析，对企业杠杆操纵的内在逻辑进行详细阐述。

1.2.1.2 企业杠杆操纵的测度与影响因素

为了应对业绩考核和满足融资资格要求，企业可能采用多种手段进行杠杆操纵且其杠杆操纵程度可能因企业特征而异。为此，本部分基于我国 A 股非金融业上市公司的数据，先参考许晓芳等（2020）的方法，对各公司年份的杠杆操纵程度进行测算，然后按照名义杠杆水平、融资约束、产权性质、国企高管业绩考核、企业金融化程度、地区差异、市场化进程和注册制改革等截面特征对杠杆操纵程度进行多维分析。最后，采用多元线性回归方法检验上述特征变量对企业杠杆操纵程度的影响。该部分研究不仅可以深化实务界和学术界对杠杆操纵分布特征的认知，还能为监管部门针对不同企业的杠杆操纵进行差异化监管提供启示。

1.2.1.3 杠杆操纵对企业融资行为的影响

杠杆操纵与企业融资行为密不可分。一方面，满足证券发行和银行信贷要求进而缓解融资约束，是企业进行杠杆操纵的主要动机之一。另一方面，杠杆操纵行为会降低企业的信息质量，增加其财务风险，反而可能会增加其融资难度。因此，杠杆操纵究竟如何影响企业的融资行为，现有研究尚未得出一致结论。为系统地探究杠杆操纵对企业融资的影响，本书从举债和权益融资两方面进行理论分析和实证检验，且对于不同的融资渠道，分别从融资成本和融资规模展开分析。具体地，本书在梳理债务融资规模、债务融资成本、股权再融资规模和权益资本成本相关研究的基础上，对杠杆操纵影响这四个方面的逻辑进行了梳理，并提出相应的研究假说，继而进行实证检验。该部分研究揭示了杠杆操纵对企业不同融资渠道的具体影响和作用机理，为学界理解杠杆操纵与企业融资的内在关系提供了经验证据。

1.2.1.4 杠杆操纵对企业投资行为的影响

杠杆操纵会影响企业的信息质量和潜在财务风险，进而会对企业管理层的投资决策产生影响，包括影响企业的投资效率和投资结构。因此，本书从企业投资效率、金融化水平和创新投资三个方面探究杠杆操纵对企业投资的具体影响和作用机理。在梳理有关投资效率、金融化投资和创新投资相关文献的基础上，本书对杠杆操纵是否以及如何影响以上三个方面进行理论分析，并提出相应的研究假说，继而进行实证检验。该部分研究揭示了杠杆操纵对企业投资行为的具体影响和内在机理，为规范企业杠杆操纵行为，进而优化投资结构、实现股东财富最大化提供经验证据。

1.2.1.5 企业杠杆操纵的治理机制与政策启示

通过上述研究，本书明确了我国企业杠杆操纵的动机、截面特征、对企业投融资效果的影响和作用机理。基于此，本书对于如何治理杠杆操纵进行了探索，以期为规范企业财务报表信息披露、优化企业资本结构、防范区域性和系统性金融风险等提供启示。具体地，本部分从机构投资者持股、银企关系、银行数字化及关键审计事项披露四个视角进行了机制分析和实证检验，并就以上因素在不同情境下所能发挥的治理效果进行了深入分析。该部分研究不仅有助于揭示增强企业内部治理、强化银行监管和审计师列报关键审计事项的作用，为有关企业杠杆操纵影响因素的研究补充新的证据，也能拓宽监管部门有效治理企业杠杆操纵的思路。

1.2.2 研究方法

本书主要采用规范研究法、比较分析法、实证研究法和案例分析法针对上述研究内容进行探索分析。研究方法与研究内容对应如下。

1.2.2.1 规范研究法

规范研究法可分为归纳法和演绎法，具体地，在文献回顾和杠杆监管政策梳理部分，本书根据国内外有关资本结构调整、杠杆操纵等的重要研究成果，梳理杠杆操纵的内涵、动因及经济后果的主要观点，运用归纳法总结杠杆操纵影响企业投融资效果的内在机理，为大样本实证研究奠定理论基础。其次，在探究企业杠杆操纵的经济后果及其治理机制部分，本书运用归纳法，结合以往研究成果，分析了杠杆操纵对企业投融资效果的作用机理，并探讨不同治理方式通过何种渠道来抑制企业的杠杆操纵行为。最后，本书结合研究内容，扼要归纳研究结论，并结合中国的制度背景提出政策建议，以期为政策制定者和监管者、各类投资者及企业管理层提供行为启示。

1.2.2.2 比较分析法

一方面，为全面认识我国宏微观经济主体的杠杆水平以及企业杠杆操纵程度的变化趋势与横截面特性，本书运用比较分析法，分别对以上指标进行纵向比较和横向比较分析，继而完整呈现了非金融企业杠杆水平和杠杆操纵的分布特征。另一方面，在分析杠杆监管制度与企业杠杆行为部分，本书在系统梳理2006—2022年我国杠杆监管制度的基础上，通过纵向比较分析法，考察宏观和微观层面杠杆监管制度的变化动态，为深入理解企业杠杆操纵的动机提供了背景基础。

1.2.2.3 案例分析法

在杠杆监管制度变迁与企业杠杆行为部分，本书借助东方园林和北京金隅两个典型案例，分别对表外负债和名股实债这两种杠杆操纵手段的适用条件、原理及后果展开分析，据此阐明企业杠杆操纵的动机和内在逻辑，并为企业借助杠杆操纵来隐藏债务的现实性提供个案证据。

1.2.2.4 实证研究法

在探究杠杆操纵对企业投融资效果的作用机理以及杠杆操纵行为的治理机制部分，本书基于2007—2022年A股非金融上市公司的样本数据，利用经验研究方法对各章提出的研究假说进行多元回归检验。在此基础上，通过机制检验和分组回归分析等方法，首先考察研究假说是否成立，继而深入分析杠杆操纵对投融资效果的影响以及相关治理机制对杠杆操纵的影响是否具有异质性，据此深化学界对不同因素之间相关关系的认知。

1.2.3 研究框架

根据上述研究内容和研究方法，本书的研究框架如图1-1所示。需要指出的是，随着项目研究的深入，笔者对原定研究框架和研究思路做了局部调整，具体内容及理由为：一方面，考虑到非国有企业为满足外部融资条件和迎合杠杆监管要求，同样存在杠杆操纵动机，且我国杠杆监管政策大多同时针对国有企业和非国有企业，故本书将研究样本从国有企业扩大到所有企业。另一方面，原定研究框架下的杠杆操纵行为仅限于永续债的会计处理，而本书将杠杆操纵的范畴扩展至表外负债、名股实债和会计手段。此外，考虑到杠杆操纵隐含的风险与企业融资相关，故在考察杠杆操纵的经济后果时增加了企业融资行为，并从机构投资者等角度探究企业杠杆操纵的治理机制与债务管控对策。

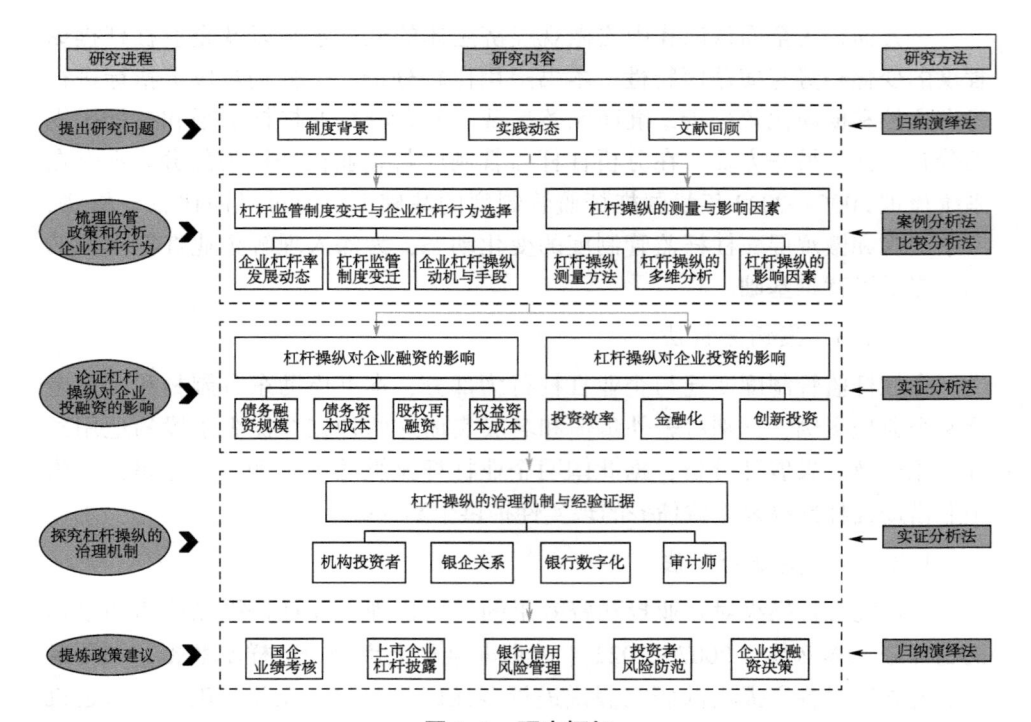

图1-1 研究框架

1.3 学术贡献与现实意义

1.3.1 学术贡献

本书的学术贡献主要包括以下五个方面：

第一，从杠杆监管角度入手，探索事关资产负债表信息质量的杠杆操纵行为及其经济后果，不仅是对会计信息质量研究领域的重要拓展，也是对现代公司治理与财务管理理论体系的有益补充。传统意义上的会计信息质量研究主要关注利润表及盈余管理，比如收入确认时机、研发费用资本化等。然而，随着经济环境的变化和金融市场复杂性的增加，资产负债表作为反映企业财务状况的关键载体，其信息质量的重要性日益凸显。为此，本书的研究聚焦于企业杠杆操纵行为，与资本结构权衡理论强调企业在债务融资与股权融资之间寻找最优平衡不同，杠杆操纵行为更多地体现了管理层的策略性选择，特别是为了实现短期目标（如业绩考核）而进行的非经济动机调整。同时，本书通过剖析企业杠杆操纵的动机，揭示了资本结构调整过程中除了经济因素外，还受到非经济因素的显著影响。此外，与资本结构动态调整强调何时向上或向下调整不同的是，杠杆操纵聚焦于企业如何向下调整资产负债率，由此丰富了资本结构动态调整理论的内涵。

第二，通过系统地梳理杠杆监管政策与企业杠杆行为之间的互动关系，本书的研究既深化了现有文献对于杠杆操纵实质的认知，又将政府规制理论、信号传递理论及委托代理理论融入杠杆操纵的概念界定中，丰富了企业杠杆行为背后的理论逻辑。具体地，一方面，本书从去杠杆的具体手段出发，深入剖析了企业如何通过财务策略与会计选择来降低资产负债率，揭示了该类行为背后的经济实质与动机。通过分析明确指出，企业的降杠杆行为并不等同于消极的"杠杆操纵"，而可能包含基于市场适应、风险管理及战略调整等积极成分，从而深化了现有研究对于杠杆操纵内涵的认知。另一方面，本书从政策监管的宏观视角入手，深入剖析了企业实施杠杆操纵的现实土壤、主要动机以及多样化操纵手法，对我国杠杆监管制度的系统性梳理不仅为我们理解企业杠杆行为提供了现实基础，还有助于揭示制度变迁如何影响企业的财务决策与行为模式。

第三，从企业的融资规模及资本成本入手，厘清杠杆操纵对企业融资行为的作用机理。现有文献在考察杠杆操纵的经济后果时聚焦于公司治理、财务风险、审计质量等方面，却较少涉及企业融资；同时，有关杠杆操纵对企业融资影响的结论也莫衷一是，一部分研究认为杠杆操纵能缓解企业融资约束，而另一部分研究则认为杠杆操纵会增加企业债务违约风险。与之不同的是，本书立足新时期深化金融供给侧结构性改革这一制度背景，系统地检验了杠杆操纵程度对不同融资方式的募资规模及资本成本的影响，并就该影响在不同产权性质的企业之间的差异进行比较。研究发现，企业实施杠杆操纵有助于增加短期债务融资，却会抑制长期债务融资，且总体上提高了债务资本成本，可见杠杆操纵短期内有助于缓解企业的"融资难"问题，却无益于解决"融资贵"问题。与现有研究单独探讨杠杆操纵对企业债务融资某个方面的影响不同（饶品贵等，2022；吴晓晖等，2022），本书从债权人角度着眼，系统地考察了债务融资规模、期限结构与资本成本三个维度。同时，本研究发现企业存在为发新股而降杠杆的操纵动机，而杠杆操纵会抑制其股权再融资规模和增加权益资本成本，与企业为发新债而降杠杆的操纵动机（李晓溪和杨国超，2022）相似，本书的研究开辟了一个有关杠杆操纵的新研究场景。因此，本书的研究廓清了杠杆操纵对企业融资行为的影响及作用机理，一定程度上打开了杠杆操纵与企业融资行为之间的"黑箱"。

第四，拓展了杠杆操纵经济后果的研究边界，丰富了企业投资行为影响因素的相关成果。前已述及，既有文献主要考察企业杠杆操纵的动机与影响因素，但对其经济后果的研究较少，鲜有文献关注企业向下操纵杠杆和其投资行为之间的关系。从企业投资动因来看，现有研究主要关注内部代理问题、融资约束、治理水平以及政策环境等方面，却忽视了杠杆操纵这一新的机会主义行为可能会对企业投资产生影响。相应地，在我国去杠杆政策的影响下，已有研究认为杠杆操纵会降低社会资源配置效率，从而妨碍经济高质量发展（许晓芳和陆正飞，2022），但该类研究并未考察杠杆操纵对微观企业投资决策的具体影响。鉴于此，本书分别从企业投资效率、金融化投资和创新投资着手，系统考察杠杆操纵对企业投资规模适当性及投资结构的影响，并从债权人视角着重探讨了债务融资可得性发挥的机制作用。本书的研究既拓宽了国内外有关企业投资决策影响因素的研究视野，也为利益相关者合理评估杠杆操纵的实际影响提供了证据支持，同时也为"去杠杆"和"控杠杆"背景下如何强化企业的风险管理提供了经验借鉴。

第五，丰富了国内外有关企业杠杆操纵治理机制的研究框架。在有关企业杠杆操纵影响因素的文献中，从公司治理入手的研究主要关注大股东代理、党组织治理、审计意见以及机构投资者"分心"等，而本书一方面从银企关联和银行数字化角度出发，揭示了银行对企业杠杆操纵的影响机制；另一方面从机构投资者持股和关键审计事项入手，深化了机构投资者和审计师对企业杠杆操纵治理方式的研究。具体地，从机构投资者的治理作用看，与吴晓晖等（2022）不同的是，本书在探究机构投资者的监督作用时并非停留在注意力层面，而是从公司治理架构入手，直接考察机构投资者通过派驻董事来提升公司治理水平和抑制企业的杠杆操纵；就审计师治理而言，已有研究从审计意见角度考察审计师对杠杆操纵的治理作用（徐亚琴和宋思淼，2021），考虑到名股实债和表外负债均依附于真实业务，且业务结构较为复杂，审计师可能并不具备直接出具非标准审计意见的动机，转而会借助关键审计事项进行风险提示。因此，本书从关键审计事项角度入手，进一步深化了审计师对于企业杠杆操纵治理方式的认知。

1.3.2 现实意义

本书全面揭示了企业杠杆操纵动因、经济后果及其治理机制，研究结论对于推动高杠杆企业实质性降杠杆和防范化解系统性金融风险具有重要的实践指导意义。

第一，为政府部门客观评价国有企业的杠杆水平与潜在财务风险，进而出台相应的监管政策提供了思路启示。具体地，借助本书及现有文献的方法可以测度企业的实际杠杆率，通过将其与账面杠杆率进行比较，有助于政府部门适时掌控和防范企业的虚假降杠杆行为，由此提高监管政策制定者对杠杆风险的预警意识，并建立有效的杠杆风险监控机制，从而真正实现杠杆监管和风险防控目标，确保金融市场健康运行和经济稳定发展。

第二，为银行等债权人有效识别企业的杠杆操纵程度及潜在信用风险提供了方法指导，有助于发挥其对高杠杆企业虚假降杠杆的监督治理作用。本研究发现，商业银行凭借自身的数字化转型和对企业积极持股，可以提高对企业杠杆信息的识别效率，加强对企业财务状况真实性的审查力度，提升甄别企业债务风险的能力，进而降低企业的杠杆操纵程度。探明上述机制有助于银行等金融结构改善投资结构、优化贷款期限和规避信用风险。

第三，为企业强化内部治理和债务管控、限制管理层的操纵杠杆空间以及化解潜在财务风险和经营风险提供参考。本书通过探究杠杆操纵对企业投融资行为的具体影响，帮助企业（大股东）充分认识杠杆操纵的危害性，从而提高风险感知能力和风险防范意识，对管理层的杠杆操纵行为形成有效监督。同时，鉴于杠杆操纵这一机会主义行为不能有效缓解"融资难"却加剧了"融资贵"，企业管理层应当根据杠杆水平的变化适时调整资本结构，实现企业可持续发展。

2 理论基础与文献回顾

2.1 相关理论基础

2.1.1 政府规制理论

政府规制理论的研究始于20世纪70年代,是指规制制定者为了取得良好的经济效率,采用行政指令来代替市场竞争的制度安排。随后,乔治·斯蒂格勒(George Stigler)在其1971年发表的《政府管制理论》一文中指出,政府在制定和实施法律法规时很可能被少数利益集团所左右,从而导致市场整体低效,因此他认为最好的政府就是管制最少的政府,该观点对政府规制理论的发展产生了重要影响。日本学者植草益(1992)在《微观规制经济学》中指出,政府规制是指在市场经济体制下,政府通过对经济实施干预来矫正和改善市场失灵。此外,国内学者王俊豪(2001)认为,政府规制是指规制主体根据法律法规对被规制者实行管理和监督的行为,而非无规则的任意行为。实际上,政府规制是政府为应对自然垄断性和外部性这两大问题向社会力量提供的一种特殊"公共产品"。

在市场经济条件下,基于垄断、外部性、公共物品、信息不对称等多种因素的影响,仅凭市场机制不足以将经济体系导向生产可能性曲线的最佳点,即不能达到帕累托最优状态。因此,政府规制的出现成为必然。政府规制是市场经济体制下政府对特定微观主体的经济活动进行规范和制约的一种行为。依据干预政策性质的不同,政府规制可以分为经济性规制与社会性规制。社会性规制主要针对环保、防灾、健康、卫生等外部性的社会活动进行规制,经济性规制则关注企业发展。在经济性规制领域,现有研究主要包括政府规制与经济效率、生产成本、消费者福利及资本成本的关系等方面。

在我国，政府规制主要针对关系国计民生的行业、公益事业（企事业单位）及国有控股公司。对于国有企业，杠杆率较高是过去很长一段时间内普遍存在的现实问题，相关部门也设法对此进行规制。例如，将杠杆率与业绩考核指标挂钩，使之间接影响考核结果；或者直接考核企业的杠杆率，将其设为约束性指标。具体地，国务院国资委 2009 年底发布的《中央企业负责人年度经营业绩考核暂行办法》规定，若中央企业的资产负债率超过阈值，计算 EVA 时需上调资本成本率，且不能参评任期"管理进步企业奖"，将中央企业（国有企业）的 EVA 考核与其资产负债率挂钩的做法一直沿用至今。随后，国务院国资委于 2012 和 2016 年两次修订该办法。针对部分企业的管理"短板"和风险控制能力，国务院国资委指出可以将资产负债率纳入其业绩考核的分类指标或约束性指标。2019 年国务院国资委再次修订该办法，并将资产负债率确定为中央企业负责人年度业绩考核的约束性指标。

此外，杠杆率的政府规制也涉及全体上市公司。在外部融资方面，国务院 1993 年发布的《股票发行与交易管理暂行条例》规定，企业申请首次公开募股（IPO）前一年的净资产占比不得低于 30%（即资产负债率不能超过 70%）。证监会 2006 年发布的《首次公开发行股票并上市管理办法》规定，企业 IPO 要保证资产负债结构合理；证监会同年发布的《上市公司证券发行管理办法》规定，企业发行可转债后累计债券余额不能超过最近一期期末净资产的 40%，后两项规定一直沿用至今。在退市规则方面，自 2012 年起，沪深交易所就将"最近一个会计年度经审计的期末净资产为负值，或者追溯重述后最近一个会计年度期末净资产为负值"作为股票退市风险警示（ST）的独立条件之一；在 2022 年沪深交易所新修订的股票上市规则中，该规定继续沿用，并被归入"财务类强制退市"的情形之一。

基于政府规制理论，监管部门对杠杆率进行规制的初衷是通过去杠杆来防范和化解企业风险，但与此同时，企业为了完成去杠杆任务和满足上述监管要求，产生了利用投融资创新实践和会计选择等杠杆操纵手段来降低名义杠杆率的动机。因此，政府规制一方面对企业降杠杆具有约束作用，另一方面在一定程度上引致企业的杠杆操纵行为。

2.1.2 信号传递理论

信号传递理论是在信息不对称前提下产生的，Spence（1973）以劳动力市场的求职过程为例，对信号传递理论的内涵进行了初步阐释。随后，Ross（1977）构建的理论模型将信号传递理论引入经济学领域。由于信息不对称，外部利益相关者所掌握的信息往往少于企业管理者，此时企业为了将自己和其他企业区分开来或为达到特定目的，会向市场传递有关企业发展前景的信号。

信号传递理论可用来解释由信息不对称引起的诸多问题，如逆向选择问题。当公司有信号传递动机时，提高公司透明度是有利的。根据披露原则，若投资者关注的某项信息没有及时披露，投资者通常会将其视为坏消息。为此，绩优公司为了避免被市场误认为是"柠檬"，往往会及时或主动披露更多有关公司质量的信息，而绩差公司则难以模仿这种披露行为。故自愿性信息披露是好公司将自己与差公司区分开来的常用手段（Foster，1987）。此外，有融资需求的公司也有很强的动机披露信息，以便向投资者传递出"好公司"的信号，从而降低融资成本。Myers 和 Majluf（1984）认为，管理者比外部股东拥有更多关于企业前景的信息，若该类信息不对称问题得不到解决，公开发行股票或者债券对现有股东来说成本很高。因此，在公开融资前，强化与外部投资者的信息沟通，自愿披露有关公司财务和发展前景的信息，从而展现出好公司形象，成为有再融资需求的公司的理性选择（张宗新等，2007）。经验证据表明，提高企业信息透明度能够降低股权融资成本（曾颖和陆正飞，2006）。

就杠杆管理而言，公司管理层向下调节资产负债率可能并非为了实现最优资本结构（或目标资本结构），而是向债权人、股东等利益相关者传递出"公司财务状况良好"的信号。具体地，对于多数企业而言，若不考虑表外因素，资产负债率越高，其还本付息的压力将会越大，相应的财务风险也就越高。与之相对的是，银行等债权人往往偏向于风险中性（或者风险厌恶），为避免高杠杆企业因为债务违约而遭受投资损失，它们在与企业签订契约时通常会附加一系列保护性条款，比如提供抵押物、限制债务资金用途等。若企业资产负债率过高，债权人将要求较高的利息率作为风险补偿，甚至不愿意向企业提供贷款，因而高杠杆企业更可能面临融资约束，这将阻碍其长期发展甚至危及可持续经营。因此，企业有动机利用各种手段降低资产负债率，向债权人传递"杠杆率不高、财务风险较小"的信号，从而获取新的信贷资金或者避免债权人要求提前还款，据此缓解企业的融资约束。

2.1.3 委托代理理论

委托代理理论最早是由美国经济学家 Berle 和 Means（1932）提出的，他们认为自身利益最大化是企业所有者也是管理者进行决策的行为准则。现代公司制企业中所有权与控制权相分离，导致股东与管理者的信息不对称；同时，由于管理者与股东的利益目标不一致，管理层有可能利用信息优势侵害股东利益，由此产生"第一类代理问题"。进入20世纪六七十年代，委托代理理论取得了长足发展，并在信息经济学和管理学领域中得到广泛应用，其中Jensen和Meckling（1976）对代理问题如何产生、具体表现形式以及代理成本的测度做出了系统性分析，使得委托代理理论的内涵不断丰富。现实中，除了管理者和股东之间存在代理问题，因信息不对称产生的代理问题在公司"内部人"（控股股东与管理者）与"外部人"（中小股东、债权人）之间也广泛存在，由此产生了第二类和第三类代理问题。本书所研究的企业杠杆操纵涉及三类代理问题，代理理论的含义及表现形式分析如下。

第一类代理问题是指公司高管与股东之间的代理问题。在现代公司治理中，股东会通过选举产生董事，其中股东是委托人，董事是代理人；董事会通过任命产生以总经理为代表的高管团队（即"管理层"），因而管理层成了董事会的代理人，由此形成所有权和经营权分离。进一步地，由于委托人和代理人的利益目标不同，且后者相比前者拥有更多有关公司真实质量的信息，因此代理人有动机开展个人效用最大化但可能毁损股东财富的活动，此即公司治理中的"第一类代理"问题。此外，由于管理层的能力及工作过程难以直接观测，为避免其利用信息优势而产生道德风险，公司会将管理层的业绩与财务目标的实现程度挂钩。一般说来，管理层业绩考核指标以会计利润为基础，包括净利润、净资产收益率、经济增加值等。对于央企和地方国企而言，为了实现"去杠杆"任务和经济高质量发展目标，高管年度业绩考核指标还包含资产负债率（杠杆率）；相应地，为了满足国资委（股东代理人）制定的杠杆率考核要求，部分高杠杆公司有可能利用信息优势从事杠杆操纵活动，据此降低账面杠杆率，但此举会增加企业的潜在财务风险，甚至危及企业的可持续发展。

第二类代理问题是指大股东（或控股股东）与中小股东（散户）之间的代理问题。在较高的股权集中度背景下，控股股东有可能利用信息优势和绝对的控制权侵害中小股东利益，常见的手段包括价格不公允的关联交易、非经营性资金占用、利用信息优势操纵股价并"精准"减持等。从杠杆操纵的动机及后果来看，管理层为了实现控股股东的市值管理目标，有动机通过杠杆操纵向投资者展示公司财务状况良好的状况，而一旦杠杆操纵所产生的隐性债务风险爆发，从而导致股价崩盘，中小投资者因为信息劣势往往难以及时卖出和卖空股票，由此产生投资损失，这在控股股东进行股权质押时表现得尤为明显（许晓芳等，2021）。

第三类代理问题源于公司"内部人"（股东和管理层）与债权人之间的债务契约订立与履约过程。在股东财富最大化的财务管理目标下，上市公司可以通过举债扩大生产规模和增加利润，而公司对债权人的义务仅限于按期还本付息，债权人无权参与企业经营管理和利润分配决策。因此，一旦举债经营成功，净利润全部归股东所有；相反，若公司因破产清算而无法偿还债务，股东仅承担有限责任，由此产生了公司股东和管理层与债权人之间的代理问题。具体地，代表股东利益的管理层可能凭借信息优势和专业特长，借助创新性投融资行为和会计准则赋予的选择空间，人为降低资产负债表显示的杠杆率，从而向债权人展示公司偿债能力较强、财务风险较低的状况，据此获取信贷资金和降低债务资本成本。

2.1.4 资本结构的权衡理论

资本结构权衡理论的发展经历了从静态权衡理论到动态权衡理论两个阶段。其中，静态权衡理论认为，一方面，公司举债产生的利息费用可以抵减应纳税所得额，从而减少企业所得税费用；另一方面，随着债务的不断增加，利息支出作为固定成本会加重企业的财务负担并影响长期投资决策，公司有可能因此陷入财务困境，甚至走向破产清算。当举债经营产生的"节税收益"等于财务困境成本与破产成本之和时，公司的资本结构理论上达到了最优状态。然而，现实中利息费用产生的节税收益往往不能与财务困境成本和破产成本相提并论，两者的体量差距犹如"马和兔子"（Miller，1977）。此后，公司财务学界发现了静态权衡理论难以解释的"异象"，即静态权衡理论下理应具有相似资本结构的公司，其真实杠杆率却存在明显差异，且公司负债水平普遍偏低（Graham，2000），企业盈利能力与其负债水平负相关。由于静态权衡理论不能为现实中的公司资本结构选择提供完整的解释，权衡理论的支持者们试图对其进行拓展和修正，基于多期分析框架构建动态的资本结构权衡模型。

概而言之，动态权衡理论不仅考虑了举债经营产生的节税收益和破产成本，而且考虑了以往其他理论提出的交易成本、逆向选择、代理冲突等问题。其核心观点在于公司会关注目标资本结构，当现有资本结构偏离目标资本结构时，会以较快的速度对现有资本结构进行调整，而调整速度的快慢取决于调整成本（Leary and Roberts，2005）。调整成本的提出可以将企业的融资顺序选择、市场择时行为、股价波动等因素纳入动态权衡理论的分析框架之下，从而为前述资本结构"异象"（低负债之谜）提供合理的解释（Leary and Roberts，2005；Morellec et al.，2012）。从动态调整的动因看，除了股市动荡等外生冲击和调整成本之外，也有公司为了满足不定期的大规模投资需求而有意发行短期债务，致使负债率偏离目标资本结构，而在投资需求较少或迫近回收期时再趋向目标资本结构。

需要指出的是，不管是资本结构的静态权衡理论还是动态权衡理论，都认为企业存在最优资本结构（即目标资本结构），当现有负债率高于目标资本结构上限时，管理层将下调资本结构；反之，当现有负债率低于资本结构下限时，将上调资本结构，调整时机和调整速度主要取决于调整成本。相应地，本书所研究的杠杆操纵也属于资本结构调整行为。而从调整动机和作用方向来看，杠杆操纵仅涉及向下调整资本结构（降低资产负债率）；同时，从调整手段来看，诸如股权融资、股票回购、举债或偿还债务等正常的资本结构调整行为都不属于严格意义上的杠杆操纵。

2.2 概念界定与相关文献回顾

2.2.1 基本概念界定

2.2.1.1 杠杆率

杠杆率作为金融风险监管指标，根据监管对象的不同可以分为宏观杠杆率和微观杠杆率。其中，宏观杠杆率等于某个时期内宏观非金融部门（包括非金融企业部门、政府部门、居民部门）的期末债务总额与当期国内生产总值（GDP）之比；微观杠杆率通常是指企业的资产负债率，即会计期末企业的负债总额与同期总资产之比。

在企业财务报表分析实践中，考虑到短期经营性负债（如预收账款、应付账款等）可以用变现能力较强的流动资产抵偿，而且通常不用支付利息，故在分析企业的债务负担和财务风险时可将其排除在外。基于此，我们可以构建长期资本负债率或者有息负债率（也称金融负债率）指标，以此考察企业的偿债能力和财务风险。以上指标的计算公式设计如下：

$$\text{长期资本负债率} = \text{非流动负债} \div (\text{非流动负债} + \text{所有者权益}) \times 100\% \quad (2-1)$$

$$\text{有息负债率} = \text{有息负债} \div (\text{有息负债} + \text{所有者权益}) \times 100\% \quad (2-2)$$

其中，非流动负债对应资产负债表中的"非流动负债合计"；有息负债也称"金融负债"，通常包括交易性金融负债、短期借款、一年内到期的非流动负债（长期借款和应付债券部分）、长期借款、应付债券、租赁负债（融资租赁部分），有息负债所含项目可以从资产负债表内及报表附注中取数。

需要指出的是，由于传统的资产负债率指标没有将经营性负债和金融负债区分开来，故采用不同口径的比率指标对同一经济体的杠杆水平进行评价时，可能得出程度不同甚至方向相反的结论。以2008—2017年我国非金融业上市公司为例，从资产负债率的均值变化趋势来看，我国非金融类企业的杠杆水平不断攀升，在强制去杠杆政策实施之前，很大一部分企业长期处于过度负债状态（许晓芳和陆正飞，2020），其中国有企业尤为明显。相反，如果仅考虑金融负债，那么我国非金融类上市公司的杠杆总体水平并不高；特别地，东南沿海省份上市公司的杠杆水平普遍偏低，财务风险较小，可以适度"加杠杆"（王竹泉等，2020b）。考虑到中央政府及其下属部门制定的非金融企业杠杆监管政策均以资产负债率指标为基准，且本书重点探讨的企业杠杆操纵也建立在资产负债率基础之上，因而本书所述企业杠杆率是指资产负债率指标。同时，为方便对不同层面经济主体的杠杆水平进行比较和简化表述，我们将宏观部门杠杆率和微观企业的资产负债率统称为"杠杆率"。

2.2.1.2 杠杆操纵

从资产负债率指标的计算原理来看，减少负债或增加股东权益都能帮助企业去杠杆。然而，我国企业长期以来依赖银行借款等债务融资，尽管偿还债务本息一定程度上能够降低账面杠杆率，但会使企业因为自有资金不足而丧失投资机会，进而影响企业成长和宏观经济增长。在稳增长和防风险的双重目标作用下，为了应对杠杆监管压力，企业很可能利用各种手段对其杠杆率进行调整，以此达到形式上去杠杆的目的。在此背景下，杠杆操纵的概念应运而生。许晓芳和陆正飞（2020）率先指出，杠杆操纵包括狭义和广义两种含义。其中，狭义的杠杆操纵是指企业利用表外负债和名股实债等财务活动来掩盖杠杆风险的行为；广义的杠杆操纵则是指企业利用表外负债和名股实债等财务活动安排，以及其他向上操纵资产或向下操纵负债或者两者并用的会计手段，降低资产负债表中显示的杠杆率的行为。许晓芳和陆正飞（2020）还对我国企业杠杆操纵的基本动机、常用手段及潜在影响进行了较为全面的分析。与此同时，许晓芳等（2020）从杠杆操纵的手段及其对资产负债率的影响入手，构建出基于我国企业会计准则的杠杆操纵程度的测算方法，激发了国内学者对企业杠杆操纵话题的研究兴趣，相关实证研究也逐渐增多。

受许晓芳和陆正飞（2020）的启发，卿小权等（2023）从盈余管理定义与企业杠杆操纵的实践入手，基于信号传递理论、政府规制理论和委托代理理论对杠杆操纵的概念重新做出界定。该文认为，杠杆操纵是指在信息不对称的条件下，管理层为满足内外部监管要求，利用投融资创新实践和（或）会计政策选择等手段，降低企业账面杠杆率的行为。其中，企业管理层面临的内部监管主要是指国资委对中央企业或地方国有企业负责人进行业绩考核时，不仅将资产负债率设为约束性指标，而且根据该指标调整 EVA 的计算参数，据此对高杠杆国有企业进行杠杆监管。外部监管既包括规定公司 IPO 资格、股票退市风险警示、可转债发行规模、银行授信资格审查与资产负债率挂钩等硬性监管，也包括证券交易所问询、媒体报道等软性监管。投资创新实践包括结构化主体投资（如PPP项目）、衍生金融工具投资等，利用会计准则赋予的选择空间使负债"出表"。融资创新实践包括发行永续债、与投资人签订附有"保本保收益"承诺的股权融资或债转股协议（也称"抽屉协议"），通过巧妙设置契约条款，将负债确认为股东权益。会计政策选择涵盖了投融资创新实践中的会计选择和向上应计盈余管理手段，通过减少负债和增加股东权益来降低资产负债率。

从外部治理的角度看，尽管杠杆操纵在很多情况下需要依托财务活动，比如设立结构化主体进行项目投资、发行永续债筹资，但其本质上属于信息披露行为。相应地，企业利用创新型投融资实践有助于降低账面杠杆率，但开展此类活动并不意味着企业就在操纵杠杆或者说只是为了隐藏负债。相反，有些投融资业务不仅在会计确认和报告上合法合规，而且还能提高企业的信贷融资能力（饶品贵等，2022）。因此，我们需要客观审视杠杆操纵手段的经济实质，并全面考察该类财务活动可能带来的消极影响和积极作用。从近10年内中国资本市场的实践来看，永续债就是一个很好的例子。

Wind数据库统计结果显示，截至2021年12月8日，我国企业已累计发行2 071只永续债，其中2 056只被确认为"其他权益工具"，仅有15只被确认为"应付债券"。从发债主体来看，有4家企业将不同年份发行的永续债分别计入股东权益和负债。可见，永续债发行方在绝大多数情况下将其归入股东权益，而与银行借款、发行普通债券等传统融资方式相比，该类新型融资工具确实能带来降杠杆的好处。不可否认，部分公司有可能参照权益工具的确认条件来设计永续债契约条款，甚至通过曲解会计准则而将发行在外的永续债划分为权益工具，从而达到杠杆操纵的目的。然而，随着永续债在我国的快速发展，财政部先后在2014年和2019年颁布永续债相关会计处理规定，对永续债的会计分类标准给出了较为清晰的界定，这将有助于发行方规范相关会计核算工作，压缩其利用永续债的会计确认进行杠杆操纵的空间。同时，永续债发行方的年报需要经过注册会计师审计；若发行方为上市公司，其年报披露还将受到证监会、证券交易所及其他利益相关者的监督和问询，这在一定程度上也将增加发行方利用会计选择进行杠杆操纵的难度。此外，永续债的本金可以永久使用，利息可以递延支付，这将大大缓解发行方在中短期内的偿付压力，增强企业的财务弹性。因此，永续债成了不少大中型绩优公司重要的融资工具。综上可见，我们不能仅凭发行方把永续债确认为"其他权益工具"就推断该企业在进行杠杆操纵。对于大样本而言，可以参照许晓芳等（2020）提出的基于"实际利息率"来判断；对于个案而言，需要结合企业发行永续债的意图、契约条款的设计及发行后的实际偿付行为等因素综合判断。

2.2.2 企业杠杆操纵的动因与治理

2.2.2.1 杠杆操纵的动机

实践层面上，为了切实降低中央企业和地方国有企业的杠杆水平，提高国有企业管理层的风险防范意识和控杠杆动力，国资委在国有企业负责人年度业绩考核中增加了资产负债率指标，进而增强了对国有企业杠杆率的监管。与此同时，杠杆率过高意味着企业的偿债压力较大，潜在财务风险和债务违约风险较高。一旦企业的经营状况恶化，高杠杆企业很可能陷入财务困境，不仅无法保证债权人的利益，而且还会向资本市场传递利空信号，造成股价异常波动甚至导致股价崩盘，由此损害股东利益。因此，为保护债权人和股票投资者的利益，进而维护资本市场稳定和防范系统性金融风险，银行、证监会、证券交易所等金融监管部门都会对借款人和证券发行人的杠杆水平做出限制。基于以上客观现实，许晓芳等（2020）认为企业进行杠杆操纵意在迎合杠杆监管要求，通过形式上去杠杆和粉饰资产负债表来增强投融资能力。此后，国内学者主要围绕这几个方面对企业杠杆操纵的具体动机进行了深入探索。

从迎合杠杆监管要求的角度，鲍树琛等（2023）研究发现，由于政府和国有企业之间存在信息不对称，且国有企业内部人的自由裁量权较为宽松，国有企业有能力通过杠杆操纵灵活地完成去杠杆的业绩考核。从满足企业融资需求的视角，李晓溪和杨国超（2022）研究发现，尽管杠杆操纵会加剧企业未来的信用风险，但为了提高债券信用评级并降低债券发行利差，企业在发行债券前有强烈的杠杆操纵动机。类似地，许晓芳等（2021）从控股股东股权质押入手，发现具有股权质押的高杠杆公司更可能进行杠杆操纵，证明了企业利用杠杆操纵进行市值管理从而获取质押贷款的动机。除了企业自身的融资行为之外，在外部环境增强了企业融资约束时，杠杆操纵也是企业美化自身经营状况从而应对外部环境变化的重要手段。例如，当地方债务扩张而挤占了信贷资源时，企业利用杠杆操纵来增强外部融资能力的动机会更加强烈（饶品贵等，2022）。以上研究都直接考察了企业杠杆操纵的主要动机。此外，盈余管理是杠杆操纵的三大手段之一，且杠杆操纵动机越强，其有利于控制账面杠杆率的盈余管理程度越大，这意味着企业进行盈余管理很可能是为了应对杠杆监管（许晓芳等，2021）。基于此发现，企业盈余管理动机的相关研究同样可以为深化对杠杆操纵目的认识提供经验证据，本章对此类文献进行了详细梳理。

就盈余管理这一具体的杠杆操纵手段而言，既有文献提供了公司IPO前进行应计盈余管理提高报告盈余的经验证据。张力等（2018）的研究发现，企业在IPO之前的职工薪酬低于市场薪酬水平，说明IPO企业会通过降低职工薪酬来进行利润操纵，存在盈余管理行为。另外，相较于其他板块公司，科创板公司IPO时应计盈余管理的程度更低，这一结果说明科创板注册制改革减少了公司盈余管理的动机。类似地，创业板注册制改革不仅影响公司IPO过程中的盈余管理行为，也显著降低了公司IPO后一年的盈余管理水平（黄俊等，2023）。

从债务融资的角度，Zhong等（2007）认为债务融资规模的增加会降低企业的应计盈余管理，同时指出筹资渠道也会影响盈余管理，而外部大股东的存在会给管理者带来额外的压力，在公司业绩下降的风险下，管理者会进行向上盈余管理。就银行借款而言，短期借款、长期借款与盈余活动具有正相关关系。比如，刘辰嫣和干胜道（2013）以中国台湾地区经济新报数据库中的5 698家企业为研究样本，实证结果发现，企业短期借款所面临的还款压力越大，则越有可能进行应计盈余管理活动，以便美化财务报表。此外，由于融资规模也受到地方政府债务的影响，吴俊培等（2021）在将地方政府债务加入对融资规模的影响后发现地方债务降低了企业债务发行量，且地方债务规模越大，企业债务融资成本越高，因而在一定程度上增加了企业盈余管理的动机。进一步地，昌忠泽等（2023）发现地方政府债务扩张对非国有上市公司银行借款具有"挤出效应"，即政府债务扩张时银行借款会减少。无独有偶，张莉等（2023）同样发现，政府债务通过直接挤占长期信贷资源收紧企业长期融资约束，从而加剧企业短贷长投。

此外，也有部分学者研究了债券信用等级和融资成本对盈余管理的影响。公司的资本结构及其调整会显著影响信用评级，进而影响公司债券的发行资格与融资成本。Ali和Zhang（2015）将信用等级发生变动的债券与评级稳定的债券进行比较，发现其发债主体的信用等级处于临界点时，为取得更高的信用评级，企业往往会选择通过盈余管理等形式来美化偿债能力，并且其程度与级别调整幅度也存在一定的关系。进一步地，发债主体的权益与信用评级息息相关，升级时发债主体可以从中获取收益，反之则可能会遭受巨大的损失。所以，发债主体通过盈余管理在短期内提升盈余，增大评级机构上调信用评级的可能性。

2.2.2.2 企业杠杆操纵的影响因素

关于企业杠杆操纵的影响因素研究，现有文献主要考察了数字化转型、管理层特征、税收优惠等企业内部特征以及银行竞争、金融科技发展等外部经营环境对企业杠杆操纵的影响。

从数字化转型的视角看，数字化转型通过底层信息技术打破信息壁垒，提高企业信息透明度，并降低了与银行等金融机构之间的信息不对称程度，从而提高了企业的融资能力，因此数字化转型可以降低企业杠杆操纵的动机（罗宏等，2023）。作为企业的实际经营者，管理层的决策对企业杠杆操纵程度起到了决定性作用。例如，李秉祥等（2023）认为，管理层风险偏好会提高企业的杠杆操纵程度，从而更容易导致企业陷入财务困境。此外，胡国柳等（2023）从税收优惠的视角出发，考察了固定资产加速折旧政策对企业杠杆操纵的影响及其内在机制。研究发现，固定资产加速折旧政策不仅可以缓解企业融资约束，还可以增强企业的外部监督压力，从而对杠杆操纵起到显著抑制作用。

除了企业内部特征，外部经营环境也会影响企业的杠杆操纵程度。从企业市场竞争的角度看，更低的垄断势力或更激烈的市场竞争意味着企业具有较低的财务稳健性，并且在债务融资市场上会受到更多的融资限制，因此为缓解融资约束，企业有更强的动机进行杠杆操纵（彭方平等，2023）。从融资环境来看，银行在中国金融体系中占据主导地位，因此银行特征会影响其对企业的监管强度和企业的融资约束，进而会影响企业的杠杆操纵程度。李晓溪等（2023）、范润和翟淑萍（2023）均发现，银行竞争会通过缓解企业融资约束和加强对企业监督力度来有效降低企业杠杆操纵。与此同时，管考磊和朱海宁（2023）发现，资本市场开放同样可以通过降低企业融资约束并提高企业信息透明度来抑制公司的杠杆操纵。此外，地区最低工资标准决定了企业的劳动力成本，当最低工资标准上调之后，企业的劳动力成本增加，这意味着企业辞退员工的成本上升，且在遭遇负面冲击时难以通过降低工资来应对风险。因此，随着企业经营杠杆率的上升，银行的借款意愿会下降，并要求更高的风险补偿；与之相对的是，企业为掩盖真实的财务风险，会加剧杠杆操纵行为（陈晓辉等，2023a）。

2.2.2.3 杠杆操纵行为的治理

笔者通过文献梳理发现，有关杠杆操纵治理的研究主要聚焦于党组织和股东等内部治理以及审计师、分析师和媒体等外部治理的视角。针对如何治理国有企业杠杆操纵的问题，翟淑萍等（2021）考察了党组织"双向进入、交叉任职"的治理作用，发现党组织治理可以抑制国有企业的杠杆操纵。此外，股东身份决定了其参与治理的能力和治理效果。卿小权等（2023）研究发现，机构投资者资金雄厚且具有较强的监督能力，因此可以通过"注资效应"和"监督效应"抑制企业的杠杆操纵行为。然而，在机构投资者的投资组合中，如果部分公司受到外生冲击，而导致机构投资者减少对其他未受冲击影响的公司的关注时，未受冲击的公司可能会趁机进行更多的杠杆操纵（吴晓晖等，2022）。

从外部治理的角度，徐亚琴和宋思淼（2021）研究发现，审计师可以识别企业的杠杆操纵，表现为企业杠杆操纵程度越大，审计师对其出具非标审计意见的概率越高，从而证明了审计师在杠杆操纵治理中的关键作用。相较于非国有企业，国有企业还会面临国家审计。马勇等（2023）研究发现，在审计署对国有企业开展年度财务收支审计之后，国有企业的杠杆操纵程度会显著降低。除了审计师外，分析师同样是企业外部治理的重要力量，但其治理作用会受分析师关注度的影响，只有分析师关注达到一定程度之后才能对企业杠杆操纵发挥治理效应，因此二者之间呈现倒"U"形非线性关系（尹林辉和段忠悦，2023）。此外，非制度性的媒体关注不仅可以起到市场监督的作用，其信息传递功能还能降低企业与其他利益相关者之间的信息不对称程度，由此可以对企业杠杆操纵发挥有效治理作用（林炳洪等，2023）。受审计师、证券分析师及媒体等外部因素的影响，客户对企业的看法和反应会影响其购买决策，从而作用于企业股票的市场表现与长期价值。相应地，陈晓辉等（2023b）的研究发现，稳定的客户关系能抑制管理层的机会主义行为，进而缓解企业融资约束和降低其杠杆操纵动机。

2.2.3 杠杆操纵的经济后果

2.2.3.1 杠杆操纵与企业融资

有关杠杆操纵对企业融资的影响，现有研究并未得出一致的结论。一部分文献认为，杠杆操纵会对企业产生积极影响，主要体现在杠杆操纵可以缓解企业融资约束并降低债务融资成本。例如，徐亚琴和宋思淼（2021）研究发现，杠杆操纵有助于企业获得更多新增借款和更低的借款成本。同时，李世辉等（2021）研究表明，利用影子银行进行杠杆操纵获得融资，可以缓解企业融资约束。李晓溪和杨国超（2022）研究发现，杠杆操纵可以提高企业债券发行的信用评级，从而降低债券的发行利差。更进一步地，吴晓晖等（2022）的研究结果表明，当机构投资者"分心"时，杠杆操纵有助于降低企业下一期的债务筹资成本，并增加企业其债务筹资规模。

另一部分文献则认为杠杆操纵会对企业融资产生负面影响。许晓芳和陆正飞（2020）的理论分析表明，杠杆操纵不仅会增大会计信息风险，误导信息使用者的经济决策，而且还会增加代理成本，从而降低企业的融资效率。基于此，后续研究从实证角度对以上观点进行了验证。徐亚琴和宋思淼（2021）的研究表明，杠杆操纵会增加企业的财务风险。进一步地，吴晓晖等（2022）将研究期间向后推移，证明企业当期的杠杆操纵会增加其未来一期的债务违约风险。类似地，李晓溪等（2023）、陈晓辉等（2023a）以企业下一年的债务违约风险的变化量为被解释变量，再次验证了杠杆操纵行为会增加企业的债务风险。而李晓溪和杨国超（2022）则检验了杠杆操纵对企业连续三期信用风险的影响，结果表明杠杆操纵行为会增加企业未来的信用风险，而且随着时间的推移，杠杆操纵带来的信用风险会逐年增加。

需要特别指出的是，考虑到盈余管理也会影响企业的资产负债率，且向上盈余管理属于典型的杠杆操纵手段，故有关盈余管理对企业融资和投资影响的部分文献也纳入了杠杆操纵经济后果的回顾范围。盈余管理假说认为，公司账面盈余水平的提高不能反映其未来业绩的增长趋势，股权再融资结束后公司无法维持较高的盈余水平，会出现业绩下滑。Teoh 等（1998）发现，在股权再融资过程中公司实施盈余管理能够提高当期利润水平，融资结束后会计利润反转使投资者重新评估公司价值，从而导致市场业绩下滑。而市场择时假说认为，上市公司选择股价高估的机会窗口进行股权再融资能够获得更高的发行价格和更大的投资规模，在这种情况下投资者能衡量公司的真实价值，有限理性能够使公司业绩下降。另外，募集资金滥用假说则指出，由于代理问题，上市公司控制人获取私有收益，可能会过度投资或者以占用募集资金等方式侵占融资，从而导致股权再融资后业绩下降。Rangan（1998）的研究表明，盈余管理能够引起投资者的乐观情绪并推动公司股价上涨，融资结束后投资者情绪逐渐恢复理性，从而导致公司的市场业绩下降。有大量文献得出与该文章类似的结论，并在此基础上进行了延伸。基于此，我国学者也围绕"股权再融资后业绩下降"的话题进行研究和探讨并取得一系列成果。陆正飞和魏涛（2006）指出，为了达到监管部门对于股权再融资业绩资格的要求，我国上市公司存在刻意调高当期盈余水平的行为；对此，李增福等（2011）的研究发现，在股权再融资过程中，上市公司会同时使用应计项目操控和真实活动操控两种盈余管理方式，二者的影响效果存在明显差异，其中应计盈余管理会导致融资后公司业绩的短期下滑，而真实盈余管理则会引起公司业绩的长期下滑。基于此，姚宏等（2016）还发现这两种盈余管理行为在配股和增发的当年及前一年更显著。进一步地，当市场中的非理性投资者较多时，公司实施盈余管理引起股票错误定价的程度更高，导致股权再融资后的会计业绩和市场业绩下滑更为明显（罗琦等，2018）。

此外，国内外学术界普遍认为盈余管理与公司权益资本成本显著正相关。Bhattacharya 等（2003）通过分析 34 个国家的财务数据指出，在上市公司盈余质量较高的市场中，股票交易往往更为活跃，公司权益资本成本更低。Francis 等（2004）在考察了权益资本成本与 7 种盈余质量指标之间的关系后发现，高盈余质量能够降低公司的权益资本成本，其中应计盈余质量的影响程度居于首位。Lambert 等（2007）构建了盈余管理影响权益资本成本的理论模型，并据此指出盈余管理会通过影响投资者获得的信息质量而直接作用于权益资本成本，同时也会因为影响公司内部决策而间接影响权益资本成本。随后，Kim 和 Sohn（2013）通过模型推导和实证检验也发现，上市公司的真实盈余管理会使其盈余质量下降，导致投资者预期公司现金流波动程度上升、预期现金流水平下降，进而促使权益资本成本上升。Barth 等（2013）通过构建盈余透明度指数发现，企业盈余透明度与权益资本成本成反比，即公司盈余透明度越高，其权益资本成本越低。与此同时，国内学者王亮亮（2013）发现，真实盈余管理与公司权益资本成本正相关，这一结论在控制应计盈余管理后仍然成立。罗琦和王悦歌（2015）以中国上市公司为样本，从公司成长性角度对真实盈余管理与权益资本成本的关系进行实证检验，发现上市公司实施真实盈余管理会导致其权益资本成本上升。

2.2.3.2 会计信息操纵与企业投资

目前，有关杠杆操纵与企业投资关系的研究还相对较少。许晓芳等（2020）认为，杠杆操纵会降低企业的投资效率。此后，少数文献从实证角度进一步深化了杠杆操纵对企业的长远影响。实证研究表明，杠杆操纵会降低企业全要素生产率的增长幅度、抑制企业创新并降低企业价值（许晓芳和陆正飞，2022；陈晓辉等，2023；曾国安等，2023）。此外，李世辉等（2021）研究发现，企业借助影子银行进行杠杆操纵融资时，影子银行的信息优势可以增强企业对自身的治理，从而抑制企业的非效率投资。相较以上直接研究杠杆操纵经济后果的文献，单独研究盈余管理这一具体杠杆操纵手段与企业投资关系的成果更为丰富，可以为深化对杠杆操纵与企业投资关系的理解提供经验证据。

首先，从盈余管理与投资效率的关系来看，国内外大量文献的研究表明，企业投资效率受到盈余管理的影响程度较高，Tang 等（2007）发现管理者进行盈余管理会对企业投资效率产生消极的影响。Biddle 等（2009）研究了盈余管理对投资过度和投资不足的影响，其发现较高的盈余质量可以减少自由现金流较多的公司的过度投资和面临融资约束的公司的投资不足问题。究其原因，任春艳（2012）认为，导致投资不足这种非效率投资的关键因素在于市场摩擦，而资本市场摩擦主要来自信息不对称。股东与管理层的信息不对称会增加代理成本，致使投资者将资金投入低效、低产出或低收益的领域，降低投资回报率。而公司的过度投资问题很大程度上是管理层机会主义行为的体现。会计信息质量越低，管理层机会主义行为引发的过度投资问题就会越多，从而降低公司投资效率。此外，由于地方政府债务是地方政府为地区发展获取的经济资源，对微观企业的影响较为突出，马亚明和张立乐（2022）还发现，地方债务扩张能够显著降低国有企业的投资效率，加剧过度投资。徐彦坤（2020）也发现地方政府债务会使民营企业投资规模显著缩小并减少企业投资机会，这种现象降低了企业资金流动性，使得企业投资效率同样会对盈余管理产生影响。

其次，从盈余管理与企业金融化的关系来看，金融化可以帮助企业对冲风险，从而达到平滑利润的效果，而过度金融化并不利于金融增长和资本市场的健康持续发展。Verrecchia（2001）认为，金融资产具有风险对冲能力，且有助于企业规避市场风险，进而有助于实现维持业绩稳定的盈余管理目的，因此企业储备的金融资产可以达到平滑利润的效果，这成为多数企业逐渐由实体投资转为金融投资的目的之一。此外，由于金融资产持有期限短、流动性强、收益率较高，企业通常会选择持有金融资产以达到盈余管理的目的，从而缓解融资约束。陆正飞等（2008）针对中国企业的研究证明了在银行主导型金融市场和金融抑制程度较重的制度背景下，企业具有为获得信贷资源而增强盈余管理的强烈动机。许罡和伍文中（2018）的研究得出了相同的结论，即企业金融化对扭亏和平滑利润等盈余管理行为具有一定程度的促进作用。在此基础上，马红和侯贵生（2021）进一步研究发现，在企业适度持有金融资产的情况下，盈余管理总额、应计盈余和真实盈余的水平都较低，而过度持有金融资产则会提高盈余管理水平，可见盈余管理与企业金融化投资呈 U 形关系。

最后，从盈余管理与企业创新的关系来看，企业创新是具有风险性的活动，技术创新投入周期较长，对于投资人和管理层来说都具有较强的不确定性。但创新能为企业带来核心竞争力，因此近些年来上市公司的创新程度都有一定的提升。盈余管理可以作为衡量信息透明度的工具来向投资人披露公司财务绩效，从而在最大限度上获得投资，并且可以帮助企业降低融资成本，改善公司治理。有研究表明，提供相对宽松的内外部创新环境有助于调动管理者参与创新的积极性。具体而言刘柏和徐小欢（2019）发现盈余管理与研发投资具有显著正相关关系，但该文同时也指出，管理者权力会抑制盈余管理对研发投资的正向作用。在此基础上，部分学者还从公司财务状况和经营环境的角度出发，深入探究盈余管理对企业创新活动的影响。乔金杰和唐霞（2023）在探究环境不确定性对创新投入作用路径时发现，环境不确定性会激发企业盈余管理，从而对其创新投入产生负向影响。与此同时，杨濛等（2023）聚焦"存贷双高"这一特殊的盈余管理方式，发现其通过加剧公司的财务风险而对企业创新活动产生抑制作用。进一步地，金融监管作为影响上市公司所处市场环境的重要因素，将对盈余管理与企业创新的关系产生影响。李华民等（2021）的研究指出，金融监管有助于降低企业杠杆率水平，并刺激企业进行多元化投资，这些因素在一定程度上能够减少企业的盈余管理行为，进而为企业技术创新活动的增加提供有利条件。此外，稳杠杆作为维持金融体系稳定和防控宏观金融风险的一种方式，其本身会导致宏观金融杠杆波动；相应地，张璟等（2021）的研究发现，宏观金融杠杆波动通过抑制某一地区研发投资强度，进而显著降低了该地区的企业技术创新水平。

2.2.4 文献述评

综上所述，既有文献对企业杠杆操纵的内涵、动机及其影响因素做出了较为充分的讨论，也考察了杠杆操纵行为所隐含的短期和长期风险，这些研究为本书研究问题的提出、理论逻辑的推演、实证模型的构建及关键变量的度量等奠定了坚实的基础。然而，从研究的广度、深度及创新性等方面来看，现有文献依然存在以下不足：其一，从国内外有关杠杆操纵的研究来看，既有文献对杠杆操纵含义的界定过于强调会计意义，却未曾考虑与杠杆操纵相关的企业投融资创新实践的积极作用，因而仍需进一步丰富杠杆操纵的内涵，从而深化对企业杠杆操纵的本质及真实的操纵状况的认知；同时，既有文献对杠杆操纵影响因素的研究较为充分，包括公司治理结构、机构投资者、注册会计师及地方政府债务等角度，但对其经济后果的讨论较少，且对于如何有效抑制企业杠杆操纵缺少系统的理论分析和充分的经验证据。其二，从文献梳理可以看出，与盈余管理相关研究相比，直接研究企业杠杆操纵动机、影响因素及经济后果的文献较少，即国内外目前有关会计信息质量的研究仍然主要关注利润表和盈余管理问题，而对于与企业财务活动密切相关且影响资产负债表信息质量的杠杆操纵的研究不够丰富，这与近年来我国会计准则改革所倡导的"以资产负债表为中心"的思路并不相符。其三，针对杠杆操纵如何影响企业融资这一实证问题，现有文献尚未得出一致的结论，对研究结果也缺乏系统性解释。部分研究认为杠杆操纵可以缓解企业融资约束，而另一部分研究则认为杠杆操纵会增加企业的债务违约风险，进而降低企业价值。究其原因，现有文献在探究杠杆操纵对企业融资的影响时，通常没有把短期影响和长期影响结合起来进行分析，导致对问题的认识并不完整，由此可能得出似是而非的结论。其四，关于杠杆操纵与企业投资之间的关系，既有研究仅涉及企业创新方面，但企业投资的内涵较广，且不同性质的投资具有不同特质，因此既有研究尚难以反映杠杆操纵对企业投资影响的全貌。

  有鉴于此，本书将在现有研究的基础上进一步丰富企业杠杆操纵的内涵，聚焦"杠杆监管政策—杠杆操纵（动机）—企业投融资行为"这一逻辑主线，廓清杠杆操纵对企业财务行为的影响机理，进而拓展有关杠杆操纵经济后果的研究，且在一定程度上打开横亘在杠杆操纵与企业投融资之间的"黑箱"，并为有效治理企业的杠杆操纵，进而降低微观企业和宏观经济运行风险提供思路和启示。

3　杠杆监管制度变迁与企业杠杆行为选择

3.1　我国企业杠杆率的变化趋势与横截面特征

3.1.1　宏观杠杆率分析

一般而言，无论在宏观层面还是微观层面，杠杆率越大，代表经济主体的债务水平越高，相应的金融风险也就越大。随着经济的不断发展，政府部门会针对不同阶段的发展目标出台相应的监管政策，进而对宏观杠杆水平进行调控。作为三大非金融部门之一，微观企业部门的杠杆率也将随着政策调整而发生变动。基于此，本节将对我国宏观杠杆水平进行比较分析，以此掌握我国宏观债务在国际上的相对水平和发展趋势；进一步地，通过对非金融企业部门杠杆率与其他部门以及宏观杠杆率的变动趋势进行比较，进而揭示出微观企业杠杆率与宏观杠杆率波动之间的联系。需要说明的是，中国财政部 2006 年正式颁布《企业会计准则》（以下简称"新准则"），并于 2007 年在全部 A 股上市公司实施。与原准则（2006 年以前适用的企业会计准则）相比，新准则的重大变化之一在于公允价值计量的使用，首次使用新准则一定程度上会使不少企业的资产和所有者权益同时增加，由此对账面杠杆率产生系统性影响。比如，原准则下投资性房地产包含在固定资产内，按照历史成本计量，需要按月计提折旧；而实施新准则后，若按公允价值计量，由于 2007 年后的很长一段时间内我国房价总体呈上升趋势，这将导致相关企业的账面总资产和所有者权益（源于公允价值变动收益和资产处置收益）同时增加，假定其他因素不变，这将会降低同期企业的资产负债率。因此，为保证数据的可比性，以及保持宏观杠杆率和微观杠杆率的对应一致，本章选择

2007—2022年作为选样期间。具体分析如下。

3.1.1.1 全球不同经济体的宏观杠杆率比较分析

宏观杠杆率一般采用非金融部门的债务总额除以当期GDP来衡量。为了对我国自2007年以来的宏观杠杆率水平及变化趋势进行合理评估，本节将对2007—2022年中国、新兴市场经济体和发达经济体的宏观杠杆率进行比较分析。其中，我国宏观杠杆率数据来自国家资产负债表研究中心数据库（CNBS），新兴市场经济体和发达经济体的宏观杠杆率来自国际清算银行（BIS）的数据统计，表3-1列示了具体的统计数据。此外，为了直观展示宏观杠杆率的变化趋势，笔者根据表3-1的内容绘制了图3-1。

表3-1 不同经济体2007—2022年的宏观杠杆率　　　　单位：%

年份	中国	新兴资本市场	发达经济体	所有报告经济体
2007	144.9	125.8	242.5	211.7
2008	141.2	111.6	238.8	202.5
2009	172.9	146.5	267.0	232.4
2010	180.7	144.1	268.8	228.9
2011	177.5	135.6	261.2	218.2
2012	190.4	149.7	270.9	227.8
2013	205.2	157.3	267.8	226.9
2014	217.2	162.3	255.7	220.9
2015	227.6	177.0	266.6	233.1
2016	238.6	187.7	265.0	236.4
2017	241.2	200.3	276.9	247.4
2018	238.9	188.9	264.7	235.1
2019	246.6	203.1	274.1	246.5
2020	270.9	242.9	320.8	290.7
2021	262.8	226.0	288.0	263.1
2022	273.1	219.2	265.7	246.7

数据来源：国家资产负债表研究中心（CNBS）、国际清算银行（BIS）。

通过横向对比可以发现，2021年以前，我国的宏观杠杆水平虽然整体低于发达经济体，但一直高于新兴资本市场的平均杠杆水平。此外，与所有报告经济体相比，在2014年以前我国的宏观杠杆水平处于较低水平，但在2016

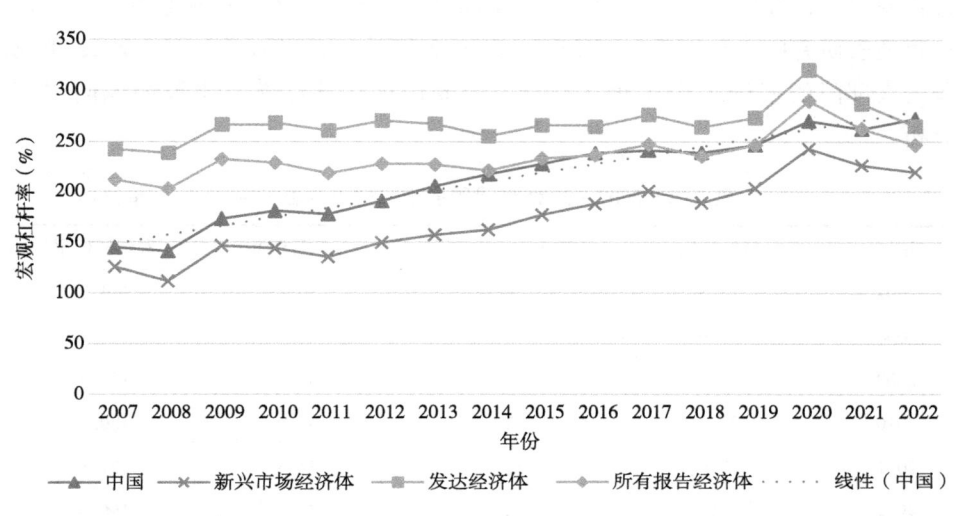

3　杠杆监管制度变迁与企业杠杆行为选择

图3-1　2007—2022年各经济体的宏观杠杆率变化趋势

年以后开始趋近并偶尔高于所有报告经济体的平均水平，说明近年来我国的宏观杠杆率增长速度较快。

通过纵向对比可以看出，我国宏观杠杆水平呈现整体上升趋势。特别地，与2007年相比，我国的宏观杠杆率在2008年有所下降，这和其他经济体在该年的变化趋于一致，这很可能是因为全球金融危机时期经济低迷，企业、居民的投资意愿降低，进而减少了借贷规模。而伴随着"四万亿计划"的实施，我国经济迅速企稳回升；相应地，除2011年外，我国宏观杠杆水平从2009年起呈持续上升态势。特别地，受全球新冠疫情影响，2020年几乎所有经济体的GDP增速放缓，甚至出现负增长，而债务可能并未同步（或同比例）下降，从而导致宏观杠杆水平普遍出现较大幅度增加。此后的一年里，各个经济体的杠杆水平逐渐回落，我国宏观杠杆率在当年也出现了小幅下降。

总体来看，我国宏观杠杆水平的整体变动趋势与全球主要经济体具有一致性，但与新兴资本市场的平均水平相比，我国的宏观杠杆水平偏高。尤其在2008年全球金融危机之后，我国宏观杠杆率的攀升速度明显高于其他经济体，这也是我国政府近年来特别强调要防范化解金融风险、守住系统性风险不发生的重要原因。

3.1.1.2　我国不同经济部门宏观杠杆率的变化趋势分析

为探究我国宏观杠杆率上升过程中微观企业的杠杆水平如何变化，本章对政府、非金融企业、居民三大部门的杠杆率分别进行了梳理。其中，部门杠杆率等于该部门的债务总额占当期 GDP 的百分比，该部分数据取自国家资产负债表研究中心数据库（CNBS）。表 3-2 和图 3-2 列示了 2007—2022 年我国三大部门的杠杆水平及变化趋势，本节将对此进行横向比较和纵向比较分析。

表 3-2　2007—2022 年我国各部门的宏观杠杆率　　　单位：%

年份	居民部门	非金融企业部门	政府部门	宏观杠杆率
2007	18.8	96.0	30.1	144.9
2008	17.9	95.2	28.1	141.2
2009	23.5	115.5	33.9	172.9
2010	27.3	120.5	32.9	180.7
2011	27.9	118.0	31.6	177.5
2012	30	128.1	32.3	190.4
2013	33.5	135.9	35.8	205.2
2014	36	142.4	38.8	217.2
2015	39.2	151.5	36.9	227.6
2016	44.7	157.3	36.6	238.6
2017	48.7	156.5	36.0	241.2
2018	52.1	150.5	36.3	238.9
2019	56.1	151.9	38.6	246.6
2020	62.3	162.7	45.9	270.9
2021	61.9	154.1	46.8	262.8
2022	61.9	160.9	50.4	273.2

数据来源：国家资产负债表研究中心（CNBS）。

横向对比可以看出，在我国三大部门中，非金融企业部门的债务水平远远高于居民部门和政府部门。此外，对比政府部门和居民部分的杠杆率可以发现，在 2015 年以前，政府部门的杠杆率要略高于居民部门。然而，在 2014—2015 年长期贷款基准利率一再下调以及一、二线城市在 2017 年二季度以前不限制居民购房的宏观背景下，居民借贷规模不断增加，导致居民部门杠杆率快速攀升；进一步地，近年来我国城镇居民人均可支配收入增长速度相对较慢，一定程度上使得居民部门杠杆率居高不下，自 2015 年居民部门的杠杆率一直高于政府部门。

纵向对比可以发现，非金融企业部门的杠杆率整体呈现增长趋势，且其

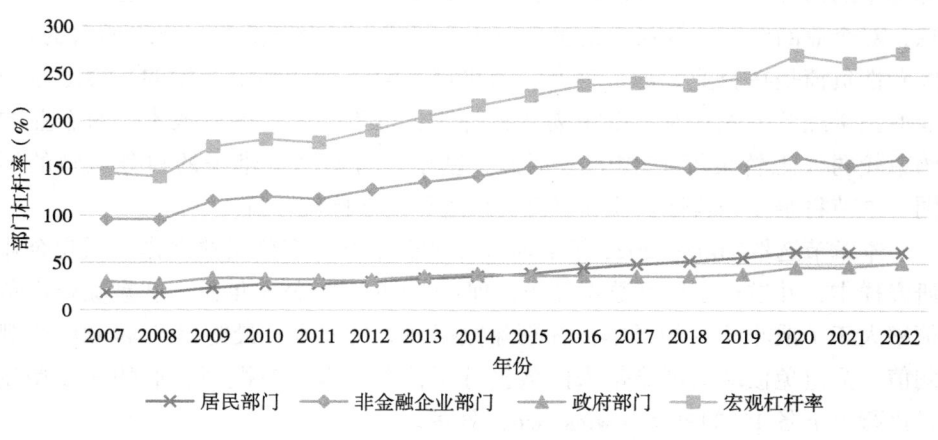

图 3-2 我国各部门杠杆率的横纵向对比

变动趋势与宏观杠杆率趋于一致，而政府部门和居民部门的杠杆水平的增长相对平稳，与宏观杠杆水平的同步性相对较弱，这在一定程度上可以说明，宏观杠杆率的波动是由微观企业杠杆率的波动引起的，而政府部门和居民部门对宏观杠杆率变化的贡献相对较小。特别地，在2009年，非金融企业部门的杠杆率有较大幅度上升，并因此推升了宏观杠杆率的增长。究其原因，金融危机爆发后，我国政府为恢复经济繁荣，选择实施较为宽松的货币政策，由此推动企业部门借贷的增加，企业的投资规模也因此扩大。此外，2020年各部门的杠杆率均有提升，其中非金融企业部门杠杆水平增加幅度最大，可能的原因在于：一方面，2016年正式启动的强制降杠杆政策收到成效，从表3-2可以看出，与2016年相比，2019年非金融企业部门杠杆率下降了5.4%；另一方面，为了确保新冠疫情期间经济正常运行，政府部门也不能只强调防风险而要求企业普遍降杠杆，因此将"去杠杆"政策调整为"稳杠杆"。

通过以上分析不难看出，我国非金融企业部门的杠杆率与宏观杠杆率呈现同步波动的特征，并且宏观杠杆率的波动在很大程度上取决于微观企业杠杆率的变化。因此，为防范和化解系统性金融风险，最重要的就是对企业的债务水平进行监管，以此降低国家层面的债务风险。

3.1.2 基于债务类型的企业杠杆结构分析

3.1.2.1 经营性负债与有息负债

从债务形成的原因来看，企业在经营活动中形成的债务可以统称为经营性负债，产生于企业的融资活动且需要支付利息的债务称为有息负债。将两种类型的债务进行比较可以发现，由于有息负债需要企业按期偿还本金和利息，对企业的约束力较强，企业会因此承担较大的财务负担；与之相对的是，经营性负债是在企业采购、生产、销售等日常经营活动中产生的，会随着企业的正常经营无限存续，既不需要抵押物，也不会发生融资成本，对企业的约束较弱（王竹泉等，2019）。因此，基于两者给企业带来的财务风险的不同，本节将企业经营性负债和有息负债进行以下比较分析。

本章节选取 2007—2022 年中国 A 股非金融类上市公司数据作为微观企业研究样本，并进行了以下数据筛选处理：①剔除 ST 公司年份；②剔除资产负债率大于 1 或小于 0 的样本；③剔除数据缺失的样本。最终得到 44 007 个观测值。为避免极端值可能带来的数据分析偏差，本章对微观企业的连续型变量进行上下各 1% 的缩尾（winsorize）处理。

参考王竹泉等（2019）的做法，本章将经营性负债（OPD）界定为企业应付票据、应付账款、预收账款、合同负债、应付职工薪酬、应交税费、其他应付款、专项应付款、预计负债、递延所得税负债、其他非流动负债和递延收益（非流动负债）的期末合计数；有息负债（IRD）等于短期借款、长期借款、一年内到期的非流动负债、应付债券和长期应付款的期末合计数。在此基础上，将两类负债分别除以企业期末总资产，构造出经营性负债占比（OPDR）和有息负债占比（IRDR）两个指标。表 3-3 列示了 2007—2022 年我国 A 股非金融企业经营性负债和有息负债的绝对额及其占总资产比重的描述性统计。

表 3-3　经营性负债和有息负债对比分析

指标	样本量	平均值	标准差	最小值	P25	中位数	P75	最大值
OPD（亿元）	44 007	31.698	88.499	0.324	2.607	6.760	20.288	668.702
IRD（亿元）	44 007	31.571	98.406	0.000	0.500	3.983	16.580	753.345
OPDR	44 007	0.237	0.135	0.034	0.134	0.208	0.312	0.649
ORDR	44 007	0.173	0.158	0.000	0.026	0.140	0.283	0.614

可以看出，平均而言，我国 A 股非金融企业平均经营性负债为 31.698 亿元，占企业总资产的 23.7%，而有息负债的平均值为 31.571 亿元，占企业总资产的 17.3%。以上结果说明企业经营性债务在企业总负债中占比相对较高。从标准差可以看出，两种债务类型在不同企业之间都存在较大的差异，这主要是不同企业的财务政策、产权性质等企业内部特征和行业竞争、市场化程度等外部经营环境存在较大差异导致的。

最小值的统计结果表明，所有企业都存在经营性负债，但部分企业并不承担有息负债。这是因为经营性负债是由企业经营活动所产生的，会随着企业的正常经营而无限存续，而企业的有息负债主要受其融资政策的影响。对于选择稳健型财务政策的企业，有可能存在有息负债占比极低（小于5%）甚至等于零的现象，即"零杠杆"现象（赵华和朱锐，2020）。比如惠威科技（股票代码：002888）自2017年至2022年的有息负债均为0。此外，从经营性负债占比（OPDR）和有息负债占比（IRDR）的1/4分位数、中位数、3/4分位数以及最大值来看，大多数企业的经营性负债占总资产的比重高于有息负债。

以上分析结果说明，从微观企业的债务构成看，经营性负债的占比较高，并且是企业日常经营中不可避免的债务。这也印证了王竹泉等（2019）提出的观点，即将企业的经营性负债和有息负债进行区分，单独对构成企业硬约束的有息负债占比设置风险预警线是有必要的。与此同时，无论是有息负债还是经营性负债，其金额的标准差都较大，说明不同企业的债务分布存在较大的差异。因此，有必要按照行业、地区等属性对企业的杠杆水平进行多维比较分析，对不同行业、不同地区、不同经济性质、不同杠杆水平的企业分别设置财务杠杆警戒线，通过分类监管推动我国企业结构性去杠杆和稳杠杆。

3.1.2.2 长期负债和短期负债

从债务期限角度出发，按照是否在一年内或超过一年的一个营业周期内偿还，可以将企业债务划分为长期负债或短期负债。表3-4列示了2007—2022年我国A股非金融上市公司的长期负债（LD）和短期负债（SD）总量以及两类负债占总资产比重（LDR、SDR）的描述性统计。从企业的债务期限结构看，短期负债占比较高，这主要源于经营性负债以短期负债为主，且银行倾向于发放短期贷款。究其原因，一方面是因为企业的经营性负债大部分属于短期负债[①]；另一方面，企业短期借款的融资成本较低，而且银行等金融机构为了控制信用风险也更愿意给企业发放短期贷款，这就进一步增加了企业短期负债的比重。与此同时，不同企业之间短期负债的比重也不尽相同，这主要受到企业的市场地位、销售政策、营运政策、产权性质等内外部因素的影响。

[①] 来自Wind数据库的统计结果显示，2001—2022年，A股非金融类上市公司经营性负债中的短期负债占比均值为92.2%。

表 3-4　长期负债和短期负债对比分析

指标	样本量	平均值	标准差	最小值	P25	中位数	P75	最大值
LD（亿元）	44 007	16.745	60.901	0.000	0.000	0.568	5.853	477.220
SD（亿元）	44 007	46.933	125.676	0.350	3.667	10.221	30.829	920.527
LDR	44 007	0.066	0.094	0.000	0.000	0.020	0.100	0.433
SDR	44 007	0.339	0.176	0.040	0.200	0.323	0.458	0.796

3.1.3　企业杠杆率的横截面特征分析

基于前文的描述性统计分析可知，不同企业之间的债务规模和占总资产的比重存在较大差异，这与企业所处的内外部环境息息相关。因此，为进一步探究不同企业杠杆率水平的差异，本章选取企业的产权性质、所属产业类型和地区属性三个横截面特征，对企业的杠杆水平进行异质性分析。首先，本章按照企业产权性质、所属产业和所处地区分别对样本进行分组，继而对不同样本组的杠杆率进行描述性统计。其次，为揭示不同样本组杠杆率的差异，本部分对样本组的杠杆率进行了均值差异检验。最后，根据数据统计结果对不同企业的杠杆水平差异进行归因分析。具体分析及结论如下。

3.1.3.1　基于产权性质的企业杠杆率比较分析

在我国特殊的经济体制下，国有企业因为有政府的信用背书，且需承担很大一部分政策性任务（如解决就业），因而债务融资约束相对较低，其债务水平往往高于同期非国有企业。表 3-5 列示了 2007—2022 年国有企业和非国有企业杠杆率的描述性统计结果。整体而言，国有企业的杠杆水平为 50.3%，非国有企业的平均杠杆水平为 37.7%，而所有 A 股非金融企业的平均杠杆率为 42.2%。进一步地，对非国有企业和国有企业的杠杆率进行横向对比，从均值和中位数可以看出，国有企业的杠杆率相对较高。平均意义上而言，国有企业的杠杆率比非国有企业高 12.7%，且该差异在 1% 的水平上显著。从标准差可以看出，非国有企业杠杆率的分布差异相对较大，这可能是因为非国有企业债务融资市场化水平更高，企业的抵押借款能力、当地政府扶持力度以及管理层特征等诸多因素导致不同企业之间的实际举债能力和借款能力存在较大差异。以上结果说明，国有企业在一定程度上推升了我国微观非金融企业部门杠杆水平，正因如此，近几年政府部门先后出台了一系列针对国有企业去杠杆的杠杆监管政策。

表 3-5　按产权性质分组的杠杆率描述性统计

企业类型	样本量	平均值	标准差	最小值	中位数	最大值	均值差异检验
国有企业	15 943	0.503	0.196	0.051	0.361	0.887	−0.127***
非国有企业	28 064	0.377	0.196	0.051 2	0.361	0.887	($t=-64.85$)
全样本	44 007	0.422	0.206	0.051 2	0.416	0.887	—

注：***表示在1%的水平上显著。

3.1.3.2　基于产业类型的企业杠杆率比较分析

一般说来，来自相同产业的企业会面临相似的政策环境和市场竞争等外部经营环境，因此企业的财务政策会有明显的产业特征。本章按照企业所处的产业对样本进行细分，探究企业杠杆率的产业特征，进而根据产业类型分别设置杠杆监管标准和调整监管政策，以提高杠杆监管效果。具体地，结合我国国民经济统计中的产业划分标准与证监会2012年修订的行业分类方法，本章将非金融企业划分为农林牧渔业、大制造业和大服务业三大产业。其中，农林牧渔业对应2012年证监会发布的行业分类中的农林牧渔行业；大制造业主要包括采矿业，制造业，电气、热力、燃气及水生产和供应业，建筑业等4个行业；大服务业包括批发和零售业，交通运输业，仓储和邮政业，住宿和餐饮业，信息传输、软件和信息技术服务业，房地产业等13个行业。

表3-6列示了2007—2022年三大产业中企业杠杆率的描述性统计结果。可以看出，农林牧渔业的上市公司较少，仅有600个公司年份观测值，而大制造业的上市公司数量最多，共有32 206个观测值，占总样本的73.2%。从杠杆率水平来看，大服务业的杠杆率最高，均值为45.4%，而大制造业的平均杠杆水平最低，仅为41.1%。在进行均值差异检验后，三大产业两两之间的杠杆率均值都存在显著差异。

表 3-6　不同产业的杠杆率描述性统计

产业类型	样本量	平均值	标准差	最小值	中位数	最大值	均值差异检验	
(1) 农林牧渔业	600	0.428	0.189	0.051 2	0.414	0.887	(1) − (2)	0.017** ($t=2.002$)
(2) 大制造业	32 206	0.411	0.201	0.051 2	0.406	0.887	(2) − (3)	−0.042*** ($t=18.60$)
(3) 大服务业	11 201	0.454	0.218	0.051 2	0.449	0.887	(1) − (3)	−0.025** ($t=-2.80$)

续表

产业类型	样本量	平均值	标准差	最小值	中位数	最大值	均值差异检验
Total	44 007	0.422	0.206	0.051 2	0.416	0.887	— —

注：**、***分别表示在5%、1%的水平上显著。

为了探明三大产业中企业杠杆率差异产生的原因，本节从各大产业中的行业入手，将杠杆率最高的三个行业和杠杆率最低的三个行业做进一步统计分析，结果如表3-7所示。可以看出，在除金融业以外的18个具体行业中，杠杆水平最高的是建筑业，其次是房地产业，再次是批发和零售业。与之相对的是，平均杠杆水平最低的三个行业分别为信息传输、软件和信息技术服务业，文化、体育和娱乐业，科学研究和科技服务业。从产业隶属角度来看，在杠杆水平最高的三个行业中，建筑业属于大制造业，而房地产业和批发零售业均为大服务业，这两大行业推升了大服务业的杠杆水平。杠杆水平最低的三个行业均属于大服务业，但由于样本量较小，且其他属于大服务业的行业杠杆水平同样处于相对较高的水平，因此无法扭转整个大服务业高杠杆的现状。该结果同时也表明，大服务业包含的行业类型较多，不同行业之间的杠杆水平差距较大，该特征可以从表3-6中大服务业较高的标准差得到印证。

从我国当前现实状况来看，在杠杆水平最高的三个行业中，建筑业和房地产业的高杠杆特征与我国金融危机之后借助房地产业拉动经济增长的举措有关。在杠杆水平最低的三个行业中，科学研究和科技服务业以及信息传输、软件和信息技术服务业均属于高科技企业，说明我国高科技企业的杠杆水平相对较低。究其原因，由于该类企业研发投资的风险较大、产品信息不透明、抵押物（有形资产占比）较少，往往更有可能受到更为严格的债务融资约束，致使其被动选择低杠杆经营。通过以上分析可以发现，控制建筑业和房地产业的杠杆水平是守住系统性风险不发生的关键。

表3-7 不同行业的杠杆率描述性统计

排名	行业名称	样本量	平均值	标准差	最小值	中位数	最大值
1	建筑业	1 125	0.655	0.162	0.066 8	0.684	0.887
2	房地产业	1 761	0.630	0.181	0.070 4	0.665	0.887
3	批发和零售业	2 213	0.540	0.198	0.051 2	0.565	0.887
16	科学研究和科技服务业	502	0.354	0.181	0.051 2	0.335	0.887
17	文化、体育和娱乐业	547	0.344	0.173	0.051 2	0.327	0.887
18	信息传输、软件和信息技术服务业	2 913	0.321	0.182	0.051 2	0.296	0.887

3.1.3.3 基于地区分布的企业杠杆率比较分析

由于我国幅员辽阔，不同省市的经济基础存在差异，目前还存在不同地区之间发展不平衡的问题，因此来自不同地区的企业财务政策会受到所在地区发展环境的影响，从而可能会呈现不同的杠杆率特征。参考才国伟等（2023）的地区划分标准，本章按照企业所处的省（自治区、直辖市）将样本划分为东部、中部和西部三个样本组，并对三组分别进行了描述性统计。其中，东部地区包括北京、天津、河北、辽宁、上海、江苏、浙江、福建、山东、广东、海南11个省（直辖市）；中部地区包括山西、内蒙古、吉林、黑龙江、安徽、江西、河南、湖北、湖南9个省（自治区）；西部包括四川、贵州、云南、西藏、陕西、甘肃、宁夏、青海、新疆、重庆、广西11个省（自治区、直辖市）。由于个别企业的注册地为香港或开曼群岛，本部分分析对此类企业样本予以剔除，最终剩余43 995个公司。

从表3-8的描述性统计结果可以看出，东部地区的上市企业最多，西部地区的上市企业最少。平均意义上而言，东部地区上市企业的杠杆水平最低，这可能是因为东部地区经济较为发达，金融市场发展更为完善，因此企业的融资渠道更多，融资来源更广，这在一定程度上能够减少企业对债务融资的依赖。相反，西部地区上市企业的平均杠杆水平最高，而这与当地金融发展水平较低不无关系，债务融资尤其是银行借款在企业融资选择中占据着更为重要的地位。因此，大力发展西部地区经济，促进西部地区的金融市场化进程，从而拓宽当地企业的融资渠道，尤其是增加企业的直接融资来源，是防范地方性债务风险以及全国范围内系统性金融风险的重要举措。

表3-8 按地区分组的杠杆率描述性统计

地区	样本量	平均值	标准差	最小值	中位数	最大值	均值差异检验	
(1) 东部	30 798	0.411	0.204	0.051 2	0.403	0.887	(1) - (2)	-0.036*** ($t=-13.76$)
(2) 中部	7 606	0.447	0.205	0.051 2	0.447	0.887	(2) - (3)	-0.008*** ($t=-2.06$)
(3) 西部	5 591	0.454	0.211	0.051 2	0.448	0.887	(1) - (3)	-0.044*** ($t=-14.59$)
Total	43 995	0.422	0.206	0.051 2	0.416	0.887	—	—

注：***表示在1%的水平上显著。

3.2 我国企业杠杆监管制度变迁与动因分析

考虑到杠杆监管政策的作用对象主要是企业，而出台监管政策的主要目标是确保宏观经济发展目标的实现，因此，本部分将从企业层面入手，首先梳理企业融资和国企业绩考核相关的杠杆监管政策，继而从我国宏观经济发展目标角度分析杠杆监管政策变迁的思路。

3.2.1 外部融资相关杠杆监管政策梳理

3.2.1.1 杠杆监管政策的内容

杠杆率不仅能反映企业的资本结构，也是衡量企业长期偿债能力的基本指标，与企业的财务风险密切相关。一般而言，杠杆率过高意味着企业的偿债压力较大，潜在财务风险和债务违约风险较高。一旦企业的经营状况恶化，高杠杆企业很可能陷入财务困境，由此可能导致企业无法按时还本付息，甚至还会面临破产风险。与此同时，企业陷入财务困境后不仅无法保证债权人的利益，而且还会向资本市场传递利空信号，造成股价异常波动甚至导致股价崩盘，损害股东利益。因此，为保护债权人和股票投资者的利益，维护资本市场稳定和防止系统性金融风险，证监会、证券交易所等金融监管部门针对证券发行人的杠杆水平做出了一系列规定。考虑本书的研究对象为上市公司，故外部融资相关杠杆监管政策的梳理从股权融资入手，依次包括普通股融资、优先股融资、银行借款、普通债券融资、可转债融资。

就普通股而言，国务院、证监会和证券交易所均出台了相关规定，对股票发行企业的杠杆率提出了明确要求。首先，国务院1993年发布的《股票发行与交易管理暂行条例》规定：原企业改组设立股份有限公司的，IPO前一年的净资产占比不得低于30%。此后，实务界和证券监管部门将资产负债率是否超过70%作为公司杠杆率是否过高的评判标准。

其次，在证监会监管层面，2002年10月证监会发布的《关于拟公开发行股票公司资产负债率等有关问题的通知》规定：发行前一年末资产负债率高于70%的，应当充分、完整、准确地反映公司财务信息，披露是否存在重大财务风险；发行前资产负债率高于70%的，发行完成后资产负债率原则上不得高于70%。随后，证监会2006年发布的《首次公开发行股票并上市管理办法》规定，企业IPO要保证资产负债结构合理；在后续多次修订的《首次公开发行股票并上市管理办法》中，该规定一直沿用。直到在2023年全面实行注册制改革之后，证监会新修订的《首次公开发行股票注册管理办法》对以上规定做出了修改，但仍然强调发行人应当业务完整，具有直接面向市场独立持续经营的能力，其中包括企业不存在重大偿债风险。

最后，证券交易所对于上市企业杠杆水平的监管主要从信息披露和强制退市两个方面做出规定。在信息披露层面，《深圳证券交易所股票上市规则》和《上海证券交易所股票上市规则》（统称"上市规则"）以资不抵债为标准，要求企业提前向交易所报告并公告其偿债能力存在的风险，此规定可以追溯到2001年。即使后来沪深交易所的"上市规则"经过多次修订，此要求也只在形式上发生了变化，其内在实质一直得以保留。直到2022年，沪深交易所新修订的上市规则将此项要求改放入"定期报告"章节，同时达成了规定在形式上的统一：若上市公司预计期末净资产为负值，应当在会计年度结束之日起一个月内进行业绩预告。此项修订更突出了交易所对上市公司杠杆信息披露的强有力监督。在强制退市方面，2012年沪深交易所新修订的上市规则在退市条件中增加了净资产指标要求，强调"若上市公司最近一个会计年度经审计的期末净资产为负值，或者追溯重述后最近一个会计年度期末净资产为负值，其股票交易将被实施退市风险警示（ST），如果连续两个会计年度存在上述情形，则会被强制退市"。在2023年全面推行注册制改革后，上述信息披露和强制退市两条规定在新修订的上市规则中仍然沿用。

就企业发行优先股股票而言，其发行规模会受到自身杠杆率的制约。具体而言，2014年证监会发布的《优先股试点管理办法》规定，上市公司发行优先股筹资金额不得超过发行前净资产的50%，在2023年证监会新修订的办法中该规定依旧沿用。

为保护债权人利益，银行也对企业借款设置了杠杆率相关的约束条款。一方面，银行在向企业贷款时会参照企业信用评价体系，2023年国家市场监督管理总局和国家标准化管理委员会联合发布的《企业信用评价指标》包含企业资产负债率，并将其作为评价企业财务能力的重要指标；另一方面，为控制房地产业债务增长趋势，中国人民银行和住建部于2020年8月出台了重点房地产企业资金监测和融资管理的"三线四档"规则。其中，"三道红线"是指重点房地产企业剔除预收款后的资产负债率大于70%、净负债率大于100%、现金短债比小于1倍。按照踩线情况，房地产企业被分为红、橙、黄、绿四档，"红档"企业有息负债规模不能高于现有水平，"橙档"企业有息负债年增速不得超过5%，"黄档"企业不得超过10%，"绿档"企业不得超过15%。此外，证监会针对企业发行普通债券和可转债的杠杆水平也设置了相应的约束条款。从普通债券角度来看，2015年1月，证监会发布的《公司债券发行与交易管理办法》（证监会令第113号）规定，公开发行公司债券的发行人应当及时披露债券存续期内发生的可能影响其偿债能力或债券价格的重大事项，包括"发行人当年累计新增借款或对外提供担保超过上年末净资产的百分之二十"。可见，发债企业的信息披露要求及其本年债务融资能力均受限于前期的资本结构。2021年新修订的办法不仅继续沿用了上述规定，而且还明确指出，公开发行公司债券的发行人应当具有合理的资产负债结构和正常的现金流量。自此，资产负债率与公开发行公司债券的资格条件挂钩。

从发行可转债来看，证监会2006年发布的《上市公司证券发行管理办法》（以下简称《办法》）规定，可转债发行后企业累计债券余额不能超过最近一期期末净资产的40%，该规定在2020年修订的《办法》中继续沿用。2020年发布的《科创板上市公司证券发行注册管理办法（试行）》和《创业板上市公司证券发行注册管理办法（试行）》亦规定，上市公司发行可转债应当"具有合理的资产负债结构"；在2023年全面实行注册制后，该规定也推行至主板上市公司。

证券发行方面的企业杠杆监管政策见表3-9。

表3-9 证券发行方面的企业杠杆监管政策

政策出台方	政策文件	适用时间	具体规定
Panel A：普通股融资相关规定			
国务院	《股票发行与交易管理暂行条例》	1993年至今	原企业改组设立股份有限公司的，IPO前一年净资产占比不得低于30%
证监会	《关于拟公开发行股票公司资产负债率等有关问题的通知》	2002年至今	发行前一年末资产负债率高于70%的，应当充分、完整、准确地反映公司财务信息，披露是否存在重大财务风险；发行之前资产负债率高于70%的，发行之后资产负债率原则上不得高于70%
证监会	《首次公开发行股票并上市管理办法》	2006年5月—2023年1月	企业IPO要保证资产负债结构合理
证监会	《首次公开发行股票注册管理办法》	2023年2月至今	发行人业务完整，具有直接面向市场独立持续经营的能力，不存在重大偿债风险
证券交易所	《深圳证券交易所股票上市规则》《上海证券交易所股票上市规则》	2012年至今	上市公司最近一个会计年度经审计的期末净资产为负值，或者追溯重述后最近一个会计年度期末净资产为负值，其股票交易将被实施退市风险警示（ST），若连续两个会计年度存在上述情形，则会被强制退市

续表

政策出台方	政策文件	适用时间	具体规定
证券交易所	《深圳证券交易所股票上市规则》《上海证券交易所股票上市规则》	2022年至今	若上市公司预计年末净资产为负值，应当在会计年度结束之日起一个月内进行预告

Panel B：优先股融资相关规定

证监会	《优先股试点管理办法》	2014年至今	上市公司发行优先股筹资金额不得超过发行前净资产的50%

Panel C：银行借款相关规定

中国人民银行、住建部	房地产企业资金监测和融资管理的"三线四档"规则	2020年8月	若企业剔除预收款后的资产负债率大于70%、净负债率大于100%、现金短债比小于1倍，则按企业踩线程度划分为四档，不同档次企业的有息负债增长会受到不同程度限制①
国家市场监督管理总局、国家标准化管理委员会	《企业信用评价指标》	2023年至今	以资产负债率作为评价企业长期偿债能力的指标②

Panel D：普通债券融资相关规定

证监会	《公司债券发行与交易管理办法》	2015年至今	公开发行公司债券的发行人应当及时披露债券存续期内发生的可能影响其偿债能力或债券价格的重大事项，包括"发行人当年累计新增借款或对外提供担保超过上年末净资产的20%"
	《公司债券发行与交易管理办法》	2021年至今	公开发行公司债券的发行人应当具有合理的资产负债结构和正常的现金流量

Panel E：可转债融资相关规定

证监会	《上市公司证券发行管理办法》	2006年5月—2023年2月	可转债发行后，企业累计债券余额不能超过最近一期期末净资产的40%
	《创业板上市公司证券发行注册管理办法（试行）》	2020年6月—2023年2月	创业板上市公司发行可转债应当"具有合理的资产负债结构"

43

续表

政策出台方	政策文件	适用时间	具体规定
证监会	《科创板上市公司证券发行注册管理办法（试行）》	2020年7月—2023年2月	科创板上市公司发行可转债应当"具有合理的资产负债结构"
	《上市公司证券发行注册管理办法》	2023年2月至今	上市公司发行可转债应当"具有合理的资产负债结构"

注：① "三线四档规则"资料来源于央视网（cctv.com），标题为"央行再次明确：坚持'房住不炒'推动金融、房地产同实体经济均衡发展"。

② 企业信用评级指标体系原文链接：在线预览 | GB/T 23794—2023（gb688.cn）。

3.2.1.2 政策含义解读

从上述监管政策的变化可以看出，无论是股票发行还是债券发行，证监会或证券交易所都会对发行方的杠杆率提出监管要求。纵向来看，尽管《深圳证券交易所股票上市规则》、《上海证券交易所股票上市规则》以及《上市公司证券发行注册管理办法》等政策文件几经修订，但有关企业杠杆监管的要求一直得以沿用，这足以说明维持合理的杠杆水平对于企业发行证券融资具有重要意义。

从普通股票发行角度看，在《股票发行与交易管理暂行条例》和《关于拟公开发行股票公司资产负债率等有关问题的通知》提出以70%作为企业资产负债率的判断标准后，虽然证监会对股票发行的相关政策不再做出定量要求，仅以合理杠杆水平、不存在重大偿债风险等定性要求对发行方的杠杆率进行监管，但70%仍然成了判断公司杠杆率是否过高的基本标准，不少拟上市企业因为资产负债率超过70%被认为具有较高的财务风险而被股票发行审核委员会否决。这将增强拟发行股票上市的企业维持合理杠杆水平的动机。为了成功完成IPO，企业有足够的动力在股票发行之前采用各种方式降低杠杆水平。从优先股发行角度来看，杠杆率会制约企业的发行规模，即发行之前的债务占比越高，通过发行优先股筹集的资金就会越少。因此，为扩大优先股的发行规模，企业也有动机在发行前减少债务或增加净资产。

在发行新股上市之后，企业仍然会面临沪深交易所对其资产负债率的监管。企业如果存在资不抵债的情况，一方面应对外预告，另一方面则面临退市风险警示（ST）。不难理解，如果企业因资不抵债提前公告并被冠名"ST"，很可能会引起资本市场上投资者的消极反应，进而导致股价大幅下跌。进一步地，银行等债权人接收到企业偿债能力恶化的信息后，也会收紧对企业的信贷额度，由此会加剧企业面临的融资约束。与此同时，供应商等交易性债务的债权人也会因此减少对企业的信用销售，从而可能会影响企业的日常经营。更有甚者，为防止本息无法收回，债权人可能会迫使企业提前偿还债务，从而给企业现金流带来更大的压力，这一系列潜在的不良后果也将促使企业尽量维持合理的杠杆水平。退一步讲，如果企业真的因为净资产小于 0 而被退市警告，那么企业就需要在第二年及时改进，降低资产负债率水平，否则企业可能会因连续两年资不抵债而被强制退市，这就使得企业为保留上市资格而努力在第一次资不抵债后降低杠杆率。

从债券发行角度而言，2021 年以前，杠杆率仅会影响发债企业的信息披露；而在 2021 年之后，"合理的资产负债结构"成了普通债券的发行条件之一，说明证监会等证券监管部门提高了对发债企业的杠杆监管要求。与此同时，证监会对发行可转债的杠杆监管也具有相同的发展趋势。在实行注册制后，资产负债率由企业可转债发行规模的制约条件上升至企业能否成功发行的关键条件，由此加紧了对可转债发行方的杠杆约束。不难理解，以上债券发行的杠杆要求是证监会面对我国微观企业部门近年来杠杆率高企、债券违约事件频发的现实状况所做出的及时反应，其目的在于从监管角度来降低企业债券违约的概率，进而维护资本市场的安全稳定，保护投资者的合法权益。

通过以上分析可以发现，无论申请发行股票还是发行债券，目前证券监管部门都要求企业的资产负债结构合理，不存在重大偿债风险；而在证券发行上市后，发行方仍会面临杠杆率相关的监管，上市公司的杠杆率过高还可能会导致其股票退市。上述监管政策的发布和实施旨在提高资本市场上企业的质量，维护我国资本市场的安全稳定，防止发生系统性金融风险。相应地，企业为通过证券发行获取资金，就必须满足以上政策要求，因此就有足够的动机来维持合理的杠杆水平。

3.2.2 国有企业业绩考核相关杠杆监管政策梳理

3.2.2.1 杠杆监管政策内容

为了切实降低中央企业和地方国有企业的杠杆水平，提高国有企业管理层的防风险意识和控杠杆动力，国资委在国有企业负责人业绩考核中增加了资产负债率指标，进而增强了对国有企业杠杆率的监管。根据监管政策变动的关键时间节点，本节分别对 2009 年、2012 年、2016 年和 2019 年国企高管业绩考核中的相关杠杆监管要求进行梳理。

2009 年 12 月，国务院国资委发布的《中央企业负责人经营业绩考核暂行办法》（以下简称《考核暂行办法》）强调，以利润总额和经济增加值（EVA）作为中央企业负责人考核的两大基础指标。其中，经济增加值等于企业税后净营业利润减去调整后资本与资本成本率的乘积，而资本成本率的选取与企业的杠杆水平挂钩。具体而言，中央企业的资本成本率原则上定为5.5%和4.1%两档，但资产负债率在75%以上的工业企业和80%以上的非工业企业，资本成本率要求上浮0.5个百分点，且资本成本率一经确定，三年内保持不变。与此同时，若企业的资产负债率超过了以上阈值（工业企业为75%，非工业企业为80%），则企业负责人当年不能参评"管理进步企业奖"。该政策自2010年1月1日起生效，自此中央企业负责人开始面临"增业绩"和"控杠杆"的双重考验。

2012年12月，国务院国资委对《考核暂行办法》进行修订，继续借助EVA业绩考核对中央企业的杠杆率进行间接监管，并在《关于报送2012年度中央企业负责人经营业绩考核有关材料的说明》中指出，资产负债率在75%以上的工业企业和80%以上的其他企业，原则上应将负债水平作为分类指标或限制性指标，纳入经营负责人的年度业绩考核范围。

2016年12月，国务院国资委发布了新修订的《中央企业负责人经营业绩考核办法》（以下简称《考核办法》），并在此基础上制定了《中央企业负责人年度经营业绩考核实施方案》和《中央企业负责人经济增加值考核实施方案》。与2012年的《考核暂行办法》相比，此次修订对资本成本率与杠杆率挂钩的要求进行了细化，增加了杠杆率的纵向对比要求，并且把2015年底中央政府提出的"去杠杆"任务直接纳入中央企业负责人的业绩考核体系。具体地，在EVA业绩考核中，对于资产负债率高于上年且在70%（含）至75%的工业企业或75%（含）至80%的非工业企业，平均资本成本率上浮0.2个百分点；资产负债率高于上年且在75%（含）以上的工业企业或80%（含）以上的非工业企业，平均资本成本率上浮0.5个百分点。

2019年3月，国务院国资委重新修订了《考核办法》，对于与经济增加值计算密切相关的资产负债率标准做出进一步细化，单独要求资产负债率高于上年且在65%（含）至70%的科技企业的平均资本成本率上浮0.2个百分点，资产负债率在70%以上的科技企业平均资本成本率上浮0.5个百分点。更为重要的是，除了通过经济增加值指标对企业杠杆率进行间接考核外，新修订的《考核办法》还要求各级国资委要结合企业实际情况，将资产负债率设为约束性考核指标，对高杠杆企业的杠杆水平进行直接考核。

业绩考核方面的杠杆监管政策见表3-10。

3 杠杆监管制度变迁与企业杠杆行为选择

表 3-10 业绩考核方面的杠杆监管政策

时间	政策内容
2009 年	在 EVA 考核中，中央企业的资本成本率原则上定为 5.5%，而资产负债率在 75% 以上的工业企业和 80% 以上的非工业企业，资本成本率要上浮 0.5 个百分点；若工业企业的资产负债率超过 75%、非工业企业的资产负债率超过 80%，则企业负责人不能参评"管理进步企业奖"
2012 年	保留 2009 年版《考核暂行办法》中与 EVA 考核相关的企业资产负债率的规定；同时要求资产负债率在 75% 以上的工业企业和 80% 以上的其他企业将负债水平作为分类指标或限制性指标，纳入中央企业经营责任人年度业绩考核范围
2016 年	在 EVA 考核中，对于资产负债率高于上年且在 70%（含）至 75% 的工业企业或 75%（含）至 80% 的非工业企业，平均资本成本率上浮 0.2%；资产负债率高于上年且在 75%（含）以上的工业企业或 80%（含）以上的非工业企业，平均资本成本率上浮 0.5%。将资产负债率作为高杠杆企业的限制性指标，纳入其经营负责人年度业绩考核体系
2019 年	在 EVA 考核中，对于资产负债率高于上年且在 65%（含）至 70% 的科技企业、70%（含）至 75% 的工业企业或 75%（含）至 80% 的非工业企业，平均资本成本率上浮 0.2%；资产负债率高于上年且在 70% 以上的科技企业、75%（含）以上的工业企业或 80%（含）以上的非工业企业，平均资本成本率上浮 0.5%。要求国资委将资产负债率设为约束性指标，纳入所有商业类企业的年度业绩考核体系

3.2.2.2 政策含义解读

在中国独特的制度背景下，国有企业一方面拥有政府的信用背书，另一方面要承担一定的政策性任务，积极履行社会责任，其债务融资约束相对较小。相应地，国有企业的杠杆水平也处于较高水平。因此，若要降低微观企业的杠杆率，进而防止发生系统性金融风险，就势必要降低国有企业的杠杆水平。然而，国有企业的所有者缺位加上国有企业高管的任期较短，致使管理层代理问题严重，其中，典型的问题包括国有企业通过高杠杆经营来实现利润总额增长，而投资效率偏低，且财务风险不断累积。为此，国务院国资委出台相应政策，把控制杠杆水平与管理层业绩考核挂钩，以此减少企业管理层的道德风险，增强其控杠杆和防风险的动力，进而优化国有企业资本结构，维护资本市场安全稳定与国民经济健康发展。

从经济增加值指标的设置可以看出，随着时间的推移，国务院国资委逐渐细化了中央企业业绩考核中的杠杆考核要求，增强了指标设置的合理性和科学性，同时把"降杠杆"目标纳入业绩考核体系。一方面，对工业企业、非工业企业和科技企业的杠杆率标准进行了区分，充分考虑了不同企业的行业特点，具有较强的可操作性。另一方面，自 2016 年起，国务院国资委对各类企业的资产负债率分别设置了两个阈值,超出不同阈值的企业将面临不同幅度的平均资本成本率上浮。但总体来看,杠杆水平越高,则企业的平均资本成本率越高,这就促使企业管理层有动力将杠杆率降低至阈值以下,以满足业绩考核要求。与此同时,在2016年新修订的《考核办法》中,对于阈值设置增加了与上一年杠杆率进行纵向对比的要求,由此把"去杠杆"任务纳入中央企业年度经营业绩考核体系当中,增强了高杠杆中央企业负责人降低资产负债率的动机。

从约束性指标的设置可以看出,国资委对中央企业的杠杆监管力度日趋增强。2012年修订的《考核办法》仅强调对超出资产负债率阈值的企业,原则上要将负债水平作为分类指标或限制性指标,但并未做出强制性要求。而在2019年新修订的《考核办法》中,国资委要求根据企业的实际情况将资产负债率设置为约束性指标,据此对中央企业的杠杆水平实现了业绩考核层面的直接监管,这不仅体现了中央控杠杆和防风险的决心,也进一步凸显企业部门控制杠杆水平的必要性和重要性,据此切实提高了高杠杆中央企业和地方国有企业管理层的降杠杆动力。

通过以上分析可以发现,国资委在中央企业业绩考核办法中逐渐增加了对企业杠杆水平的监管力度,相应地,对资产负债率的考核方式从间接考核转向间接与直接同时考核,指标本身也从分类指标上升为约束性指标。在此背景下,高杠杆中央企业负责人将面临去杠杆压力和产生降杠杆动力,以此保障自身利益最大化目标的实现。

3.2.3 经济发展目标与杠杆监管政策调整

3.2.3.1 杠杆监管政策内容

作为促进我国经济发展的重要力量,企业的融资结构应与宏观经济发展目标相适应,在为自身创造良好的外部发展环境的同时,保证经济发展目标的顺利实现。现阶段,我国经济已从高速增长阶段转向高质量发展阶段,政府部门和监管机构对微观企业的杠杆监管政策也做出了阶段性调整。为了充分揭示经济发展目标与杠杆监管政策之间的内在关系,本节参照我国的五年规划和党的全国代表大会提出的经济发展要求,对2007—2022年我国的经济发展目标进行了梳理,并对不同阶段的杠杆监管政策进行了分析,具体内容如下。

2007—2011年,我国经济追求快速发展,企业总体的杠杆水平呈现增长趋势。此阶段跨越"十一五"和"十二五"两个时期,2006年发布的《中华人民共和国国民经济和社会发展第十一个五年规划纲要》指出,"十一五"期间要保持经济平稳较快发展,实现国内生产总值年均增长7.5%的经济增长目标。随后，2011年出台的《国民经济和社会发展第十二个五年规划纲要》同样提出，"十二五"期间要保持经济平稳较快发展，实现国内生产总值年均增长7%的五年发展目标。在该阶段，受2008年全球性金融危机的影响，为了恢复国民经济发展，我国实行较为宽松的货币政策，企业的债务规模也因此快速增长，导致企业杠杆水平随之上升。

2012年及以后，我国经济转向中高速增长阶段，此时政府开始防范企业债务风险，并制定了一系列企业层面的杠杆监管政策。在2012年末召开的中央经济工作会议上，习近平总书记强调不能不顾客观条件、违背规律盲目追求高速度。这也意味着我国经济结束了近20年的高速增长，进入增速换挡期。随后，在2013年中央经济工作会议上，习近平总书记正式提出了"新常态"的概念，强调要理性对待经济由高速增长转向中高速增长的新常态。进一步地，2017年习近平总书记在中国共产党第十九次全国代表大会上明确指出我国经济已由高速增长阶段转向高质量发展阶段。在该阶段，我国的经济发展目标做出了相应调整。2016年出台的《中华人民共和国国民经济和社会发展第十三个五年规划纲要》中指出，"十三五"期间我国经济保持中高速增长，发展质量和效益明显提高，并明确指出要防风险，关注企业面临债务水平上升等问题。2021年《中华人民共和国国民经济和社会发展第十四个五年规划和2035年远景目标纲要》提出经济发展取得新成效的目标，并强调必须坚持新发展理念，在质量效益明显提升的基础上实现经济持续健康发展，国内生产总值年均增长保持在合理区间。

随着我国经济进入新常态，经济发展质量显得越来越重要。相应地，政府出台了一系列政策旨在降低企业杠杆水平，防止发生系统性金融风险。2012年国务院国资委下发了《关于进一步加强中央企业债务风险管控工作的通知》，强调国有企业应严格管控公司债务，不仅明确将资产负债率这一指标纳入国有企业负责人、董事会及总会计师经营业绩考核或履职评价范围，还将约谈债务风险控制不力、资产负债率持续上升的中央企业主要负责人。2015年底召开的中央经济工作会议明确提出了"三去一降一补"五大任务，自此我国进入强制"去杠杆"阶段。2016年12月召开的中央经济工作会议明确在控制总杠杆率的前提下，要把降低企业杠杆率作为去杠杆的重中之重。在步入经济高质量发展阶段后，2018年4月中央财经委员会第一次会议首次提出结构性去杠杆，要求分部门、分债务类型提出不同的杠杆率监管要求。2019年国家发展改革委等五部门出台的《降低企业杠杆率工作要点》强调，要综合运用多种降杠杆措施，防止国有企业虚假降杠杆；同年12月召开的中央经济工作会议进一步强调，要保持宏观杠杆率基本稳定，压实各方责任。2020年中央经济会议指出，保持宏观杠杆率基本稳定，处理好恢复经济与防范风险之间的关系，并强调防风险和保增长并行。进入"十四五"之后，2021年中央经济工作会议强调经济工作要稳字当头、稳中求进，完善金融风险处置机制；2022年中央经济工作会议则提出要有效防范化解优质头部房企的债务风险，改善资产负债状况。

经济发展目标与杠杆监管政策见表3-11。

表3-11 经济发展目标与杠杆监管政策

经济发展阶段		经济发展目标	杠杆监管政策
2007—2011年经济高速增长阶段		保持经济平稳较快发展	较为宽松的货币政策；通过EVA业绩考核对企业杠杆率进行间接监管
2012年以后进入经济中高速增长的新常态	2012—2016年	经济保持中高速增长	2012年国务院国资委下发《关于进一步加强中央企业债务风险管控工作的通知》，强调国有企业应严格管控公司债务，将资产负债率纳入国有企业经营负责人、董事会及总会计师经营业绩考核或履职评价范围，并约谈了债务风险控制不力、资产负债率持续上升的中央企业主要负责人。2015年中央政府将"去杠杆"列为供给侧结构性改革的五大任务之一，我国自此进入强制"去杠杆"阶段。2016年中央经济工作会议明确要在控制总杠杆率的前提下，把降低企业杠杆率作为去杠杆的重中之重
	2017年进入高质量发展阶段	"十三五"期间我国经济保持中高速增长，发展质量和效益明显提高，明确指出要防风险，关注企业面临债务水平上升等问题	2018年中央财经委员会第一次会议首次提出"结构性去杠杆"。2018年、2019年国家发展改革委等五部门连续出台《降低企业杠杆率工作要点》，强调企业要综合运用多种降杠杆措施，防止国有企业虚假降杠杆。2019年中央经济工作会议强调，要保持宏观杠杆率基本稳定，压实各方责任。2020年中央经济工作会议指出，保持宏观杠杆率基本稳定，处理好恢复经济与防范风险之间的关系
	2021年以后	2021年《中华人民共和国国民经济和社会发展第十四个五年规划和2035年远景目标纲要》提出经济发展取得新成效的目标，强调必须坚持新发展理念	2021年中央经济工作会议强调经济工作要稳字当头、稳中求进，完善金融风险处置机制。2022年中央经济工作会议提出要有效防范化解优质头部房企风险，改善企业资产负债状况

3.2.3.2 政策含义解读

通过以上政策梳理可以看出,我国杠杆监管政策的出台与宏观经济发展阶段基本相适应。在 2012 年之前,我国经济追求高速增长。为了摆脱 2008 年全球性金融危机造成的负面影响,我国政府采取较为宽松的货币政策来刺激经济复苏,并因此推升了微观企业杠杆率。同时,尽管加大投资力度带来了经济总量增长,但投资效率随着资产规模的上升出现下降;相应地,自 2012 年起我国经济发展进入中高速增长阶段。此时,政策制定者逐渐注重经济发展质量,并开始关注高杠杆可能带来的金融风险,因此开始对企业的资产负债率进行管控。而随着 2015 年供给侧结构性改革的全面实施,我国正式开启了强制去杠杆阶段,随后国务院连同各部委出台一系列政策,以强化对企业杠杆水平的监管力度。进入 2020 年后,在全球新冠疫情、国际贸易摩擦等因素的冲击下,为促进经济复苏和稳定发展,我国政府将杠杆监管方向从降杠杆调整为稳杠杆。

从实施效果来看,我国杠杆监管政策有效推动了经济发展目标的实现。纵向来看,随着我国经济发展阶段的转换,政府出台的杠杆监管政策经历了加杠杆—去杠杆—稳杠杆三个阶段。在加杠杆阶段,宽松的信贷政策有利于企业依靠债务融资获得资金增加投资,由此推动了我国经济在全球性金融危机中快速复苏。在去杠杆阶段,截至 2020 年末,中央企业实现了"平均资产负债率三年降低两个百分点"的监管目标[①],在很大程度上有助于防范和化解国民经济运行风险。由此可见,我国去杠杆政策均实现了预期的实施目标,对宏观经济发展目标的实现起到了助推作用。

综上所述,我国杠杆监管政策的变化是由我国所处不同经济发展阶段的目标所决定的,而不同阶段杠杆监管政策的实时调整有助于经济发展目标的实现。

3.3 杠杆监管背景下的企业杠杆行为选择

前已述及,目前我国的宏观杠杆率高于新兴资本市场的平均杠杆水平,且整体呈现上升趋势。与此同时,随着我国经济由高速增长转向中高速增长,中央和地方政府开始注重经济发展质量,经济发展模式由需求端拉动转向供给端推动,在此背景下如何防范和化解金融风险也就成了政策制定者和监管者重点关注的问题。相应地,政府和监管机构从企业发行证券融资资格及国

---

① 数据来源:国新办举行 2020 年央企经济运行情况新闻发布会图文实录(scio.gov.cn)。

企业绩考核两个方面入手,对企业资产负债率加强了监管,由此增大了企业控制杠杆的压力。一般情况下,企业要想降低资产负债率,则需要增加股东权益或减少债务。然而,基于日常经营对债务融资的需要,以上两种实质降杠杆的方式在短时间均难以实现,从而催生了企业的杠杆操纵行为。结合前文梳理的杠杆监管政策和既有文献的研究成果,本节将对企业杠杆操纵的动机及和手段进行详细阐述,并通过案例分析对典型的杠杆操纵手段进行具体说明。

3.3.1 企业杠杆操纵的动机

3.3.1.1 满足外部融资资格条件

从前文对证券发行杠杆监管政策的分析可以看出,发行股票和债券均要求企业具有合理的资产负债水平,不存在重大偿债风险。与此同时,企业通过银行贷款进行债务融资也会受到杠杆率的制约。具体而言,随着企业资产负债率的上升,其偿债能力通常会下降,而银行等债权人将以提高借款利率、设置苛刻的债务契约条款等方式来规避本息无法收回的风险,由此会增加企业的债务融资成本(许晓芳和陆正飞,2020)。可见,无论是权益融资还是债务融资,高杠杆都会增加企业融资成本和限制企业的融资规模,从而导致企业面临严重的融资约束。为此,高杠杆企业就有动机通过杠杆操纵来降低资产负债表呈现的名义杠杆率,由此达到缓解融资约束的目的。

3.3.1.2 迎合证券监管的信息披露要求

企业在发行股票和债券之后,仍然会面临资产负债率相关的信息披露监管。一方面,证券交易所要求预计资不抵债的上市公司提前进行业绩预告;另一方面,证监会要求公开发行债券的企业及时披露债券存续期内发生可能影响其偿债能力或债券价格的重大事项,如发行人当年累计新增借款或对外提供担保超过上年末净资产的百分之二十。以上规定意味着,企业需要提前披露资产负债率较高等影响企业偿债能力的事项,而披露财务风险相关的信息很可能改变投资者的预期,从而导致股价下跌的负向市场反应,此时企业的股价可能会被低估,甚至出现股价崩盘以及被监管机构问询等问题。此外,如果企业存在资不抵债的情况,需要提前对外预告,且面临退市风险警示。因此,为规避上述一系列不利影响,企业就有动机借助杠杆操纵来降低名义资产负债率,进而减少因杠杆率过高而增加的信息披露负担及其不良经济后果。

3.3.1.3 达到国有企业的业绩考核目标

杠杆率的持续攀升将导致企业的财务风险加大,为守住系统性金融风险不发生的底线，我国政府自2012年开始实施去杠杆政策。根据前文的描述性统计可知，我国国有企业的平均杠杆水平显著高于非国有企业。与此同时，国有企业存在所有者缺失、高管任期较短以及经营负责人追求政治晋升等原因导致的代理问题，因此管理层降低杠杆率的动力不足。为了保证国有企业去杠杆目标的顺利实现，国务院国资委与地方国资委将杠杆率指标纳入国有企业负责人的业绩考核体系，由此将保持合理的杠杆水平转换为国有企业负责人的业绩考核压力，促使其积极完成去杠杆的任务。因此，国有企业管理层有动机通过杠杆操纵实现形式上去杠杆，从而满足经营业绩考核要求。

3.3.2 企业杠杆操纵的手段

许晓芳和陆正飞（2020）的研究将企业普遍采用的杠杆操纵手段概括为表外负债、名股实债和会计手段三大类。其中，狭义的杠杆操纵主要包括表外负债和名股实债，而广义的杠杆操纵还包含会计手段的影响。本节将对以上三类手段分别进行介绍，具体分析如下。

3.3.2.1 表外负债

表外负债是指企业通过会计处理将债务和对应的资产同时移出资产负债表，由此降低企业资产负债率的行为。一般而言，常见的表外负债手段主要包括使用创新性衍生金融工具、隐瞒或有负债、避免高杠杆子公司并表等。首先，创新性衍生金融工具具有业务复杂和不确定性高的特征，且相关会计准则制定存在一定的滞后性，因此很多衍生金融工具还不能在表内进行反映，这也意味着企业可以将衍生金融工具形成的金融负债出表，形成企业的表外负债。其次，隐瞒或有负债。目前会计准则规定，或有负债的确认条件之一是履行义务很可能导致经济利益流出企业，其披露条件为"除非或有负债极小可能导致经济利益流出企业"，否则企业应该予以披露。不难看出，或有负债的会计处理存在对发生概率的主观判断，这就导致有些企业对于该类事项的处理不够规范，不仅可能会低估本应在资产负债表列示的"预计负债"，还可能会刻意隐瞒或有负债，进而低估表外披露的或有负债。最后，避免并表是指企业将实质上达到了控制条件的高负债子公司确认为"不控制"，进而避免将其纳入合并报表范围，以此降低合并报表显示的资产负债率的行为。一般而言，避免并表的对象有两类——结构化主体投资和处于清算状态的子公司。对于结构化主体投资，企业在通过签订"抽屉协议"享有实际控制权的同时，可以借助信托计划、资管计划或多种嵌套工具将其设置为"不控制"，或者刻意忽视结构性主体的设立目的和企业享有的实际权力，仅根据"持股比例"等标准将其判定为"不控制"，进而达到不并表的目的。对于清算中的子公司，按照现行会计准则规定，企业仍应根据"控制"的原则判断是否应该将其纳入合并报表范围；但在实务中，企业往往以该公司已进入清算程序、停产待注销等为由将其作为可供出售的金融资产核算（许晓芳和陆正飞，2020），进而避免将其纳入合并范围，降低合并资产负债表显示的杠杆率。

3.3.2.2　名股实债

名股实债是指企业利用投融资创新实践和巧妙的会计处理，将债务确认为权益的杠杆操纵行为，其具体手段包括非实质性债转股、设立结构化主体融资、发行永续债等。首先，非实质性债转股是指企业与债权人签订"抽屉协议"，名义上将债权人对企业的债权转化为对企业的权益投资，但实质上企业会按期给予债权人固定金额收益，且在约定时点会将该部分股权赎回。由此可见，企业仍然在承担固定时点还本付息的义务，并未实质上降低企业的财务风险。其次，设立结构化主体融资。企业与金融中介机构设立结构化主体融资时，中介机构会以权益投资的方式向企业提供资金，但同时也会要求固定收益、企业到期赎回股权等，因此企业具有到期还本付息的义务，此类融资实质上为企业的债务融资。最后，发行永续债并将其确认为"其他权益工具"。尽管可续期和利息延后支付的发行条款为企业将永续债划分为权益融资提供了依据，但事实上发行方通常会按期支付利息，并在发行几年后（续期之前）主动将其赎回（许晓芳和陆正飞，2020；王海滨，2023），可见永续债更多地体现为"债性"而非"股性"，而发行方将该类永续债确认为权益工具很大程度上是为了操纵杠杆。

3.3.2.3　会计手段

企业可以通过向上盈余管理的方式来高估盈余，虚增所有者权益，进而降低资产负债率。常见的会计手段有不恰当的折旧（摊销）和减值准备的计提、研发支出过度资本化等，具体解释如下：

不恰当的折旧（摊销）和减值准备的计提，是指企业可以忽略固定资产价值损耗的实际情况，通过调整折旧期限、折旧方法等方式来减少某一期间的折旧金额，进而增加企业的资产总额。此外，企业还可以忽视造成其资产减值的因素，进而不确认或不合理（少）确认资产减值，因此高估资产价值，达到操纵杠杆的目的。

现行会计准则规定，企业的研发活动分为研究阶段和开发阶段。在研究阶段和尚未达到资本化时点的开发阶段，企业需要将其发生的研发投入进行费用化处理；而在达到资本化时点之后，研发投入可以进行资本化处理。但在实务中，资本化时点的确定存在一定的主观判断，因此企业管理层可能会出于减少费用和增加账面资产的目的，提前进行资本化处理，由此造成研发费用过度资本化，而企业的资产负债率也会因此降低。

3.3.3 杠杆操纵的典型案例分析

狭义的杠杆操纵是指企业利用表外负债和名股实债手段降低账面杠杆率的行为。在表外负债和名股实债的众多具体操纵手段中，利用结构化主体投资出表和发行永续债融资是两大典型的杠杆操纵行为。因此，为深入了解杠杆操纵在实务中的具体应用及其对企业的影响，本部分分别以北京东方园林环境股份有限公司（以下简称"东方园林"）和北京金隅集团股份有限公司（以下简称"金隅集团"）为例，对企业利用结构化主体投资出表和发行永续债筹资进行杠杆操纵的原理进行简要分析。

3.3.3.1 东方园林将结构化主体投资出表

东方园林是一家聚焦于生态与环保业务的上市企业，其主要业务包括水环境综合治理、全域旅游、矿山和土壤修复等。自2014年起，该公司进行了PPP合作模式的探索，到2015年末，PPP已经成为该公司主要的业务模式。然而，从会计处理来看，2015—2018年，东方园林将其PPP项目中的股权投资款计入"其他非流动资产"。在2019年境内上市公司正式执行《企业会计准则第22号——金融工具确认和计量（2017年修订）》《企业会计准则第23号——金融资产转移（2017年修订）》《企业会计准则第24号——套期会计（2017年修订）》《企业会计准则第37号——金融工具列报（2017年修订）》之后，东方园林改将PPP项目股权投资款计入"其他非流动金融资产"。从历年财务报表及报表附注来看，东方园林通常选择将PPP项目中的股权投资款计入"其他非流动资产"或"其他非流动金融资产"，而非将持股比例超过50%的PPP项目公司都纳入合并报表范围，甚至没有将其确认为"长期股权投资"，而该项会计处理引起了证监会和深圳证券交易所的高度关注。

根据东方园林年报披露的数据，本章将2015—2022年东方园林的资产、负债、名义杠杆率和计入"其他流动资产"或"其他非流动金融资产"科目的PPP项目投资款进行了梳理。从表3-12可以看出，该公司的PPP项目投资额占企业总资产的比重最高达到19.33%。从变化趋势来看，在2019年之前，该企业的PPP项目投资规模增长速度较快，2019年以后增长速度放缓，2022年甚至出现了规模下降的趋势。根据《北京东方园林环境股份有限公司关于对深圳证券交易所2022年年报问询函回复的公告》，该变化产生的主要原因在于：一方面，按照最新的 PPP 监管政策要求，对于 PPP 项目财政支出责任超过本级一般公共预算支出 10% 红线的地区，不得新上 PPP 项目；另一方面，部分存量 PPP 项目因融资约束出现停工停产、退出等问题。可以看出，东方园林的融资能力难以支撑其前期快速扩张的 PPP 项目投资，较大的资金压力使其不得不放弃部分已投项目。

表 3-12　东方园林的资产负债水平和 PPP 投资规模

项目	2015	2016	2017	2018	2019	2020	2021	2022
总负债（亿元）	112.95	145.68	237.44	291.84	311.22	320.86	330.71	347.18
总资产（亿元）	176.96	240.06	351.14	420.93	438.12	453.79	452.47	407.73
名义杠杆率（%）	63.83	60.68	67.62	69.33	71.04	70.71	73.09	85.15
计入其他非流动资产或其他非流动金融资产的 PPP 项目公司股权投资款（亿元）	5.23	19.15	55.37	79.94	83.24	84.02	86.16	78.82
占总资产比重（%）	2.96	7.98	15.77	18.99	19.00	18.51	19.04	19.33

根据《企业会计准则第 33 号——合并财务报表》的相关规定，投资人需以控制为基础确定合并范围，编制反映投资人和其全部子公司形成的企业集团整体财务状况、经营成果和现金流量的合并财务报表。因此，如果东方园林对其投资的 PPP 项目公司享有控制权，则应当将其纳入合并报表。从持股比例来看，东方园林对大部分项目公司的持股比例在 50% 以上，达到了形式上的控制标准，但该公司并未将其纳入合并范围，而是将这些股权投资计入"其他非流动资产"或者"其他非流动金融资产"，这使得证监会对东方园林会计处理的合理性提出了质疑。

具体地，在东方园林 2015 年年报披露之后，证监会随即发布问询函，要求企业对其 PPP 项目投资的会计处理做出具体说明。东方园林回复称，由于其设立项目公司并非为了获取投资收益，且其不具有对项目公司的实际控制权，所以将 PPP 项目投资计入了"其他非流动资产"。进一步地，证监会对东方园林在 2016 年、2017 年、2018 年的年报问询函中都质疑了其 PPP 项目投资会计处理的合理性。然而，东方园林一直以"PPP 项目收益稳定，企业无法控制项目公司"为由，坚称其会计处理是合理的。从监管者角度看，即使东方园林对其投资的项目公司大多持有 50% 以上的股份，但其是否具备实际控制权难以核实①，这也正是东方园林在问询函回复中始终坚持其会计处理合理的重要原因。然而，从深交所多次问询的情况来看，东方园林给出的理由并不具有说服性。

根据东方园林在回复深交所对其 2015 年年报问询函时对项目公司业务的描述，项目公司的设立仅限于融资和支付工程款，因此会具有较高的杠杆水平。不难理解，如果东方园林将其纳入合并范围，无疑会提高东方园林合并报表的资产负债率，但东方园林选择不并表就可以帮助其掩盖项目公司的债务负担，从而降低公司总体的杠杆水平。从表 3-12 可以看出，2015—2022 年东方园林的名义杠杆率呈现逐年递增趋势，且在 2019 年超过了 70%。参照《股票发行与交易管理暂行条例》对企业资产负债率的判断标准，东方园林已经达到了"高杠杆"水平。一方面，较高的资产负债率会导致企业面临证监会的严格监管。例如，在对东方园林 2019 年年报问询函中，证监会要求其补充有息负债的详细情况，并说明应对偿债风险的具体措施。另一方面，高杠杆水平给企业带来了较大的融资压力。东方园林在对 2018 年年报问询函的回复中提到，2018 年企业融资压力剧增，资金流动性较差，甚至出现了拖欠员工工资的现象。从表 3-13 可以看出，在 2018 年之后，东方园林的有息负债规模呈逐年上升趋势。可以推测，企业通过杠杆操纵帮助其取得债务融资，这说明缓解融资约束是其杠杆操纵的动机之一。与此同时，该公司在其 2022 年的问询回复函中声明，由于资金难以周转，部分已投项目被迫停工。通过以上资料可以看出，东方园林很可能是为了缓解杠杆监管压力和融资约束而选择将 PPP 项目公司出表，据此降低资产负债表显示的名义杠杆率，从而美化企业财务状况。

表 3-13 东方园林的有息负债规模及占比

项目	2015	2016	2017	2018	2019	2020	2021	2022
IRD（亿元）	41.34	60.22	52.06	59.98	120	152.3	154.7	140.1
IRDR	0.234	0.251	0.148	0.142	0.274	0.336	0.342	0.344

---

① 课题组成员对东方园林、岭南园林等多家涉及 PPP 项目的建筑业上市公司的年报进行了追踪，发现不将 PPP 项目公司并表甚至不确认长期股权投资是业内的常见做法。为此，我们还对中国交建和岭南园林负责 PPP 项目融资的管理人员进行了访谈，发现部分具有地方政府背景（如城投公司）的项目合作方对项目实施过程中的重大决策可能具有"一票否决权"，由此对项目公司形成事实上的控制；同时，他们也不否认让 PPP 项目公司不并表的做法存在降杠杆意图。

不难理解，将PPP项目出表的杠杆操纵手段只在形式上帮助企业隐藏债务，但东方园林仍然要承担还本付息义务。自2019年开始，东方园林出现债务逾期；而到2021年年末，其逾期借款金额达到5.01亿元。即使东方园林在对2021年证监会问询函回复中声称，公司将优化债务结构、拓宽融资渠道，近期不存在重大投资性支出，因而不存在偿债风险。但事实上，该公司真实的财务风险较高。到2022年末，该公司仍因资金紧张而存在3.48亿元逾期应付账款，且停工了部分已投PPP项目。

通过以上梳理可以看出，东方园林的杠杆率长期处于较高水平，所面临的融资负担和监管压力较大，而选择将高杠杆的PPP投资项目公司计入"其他非流动资产"或"其他非流动金融资产"，从而避免纳入合并报表，短期内可以帮助其隐藏真实杠杆水平，在一定程度上缓解融资约束和杠杆监管压力。实际上，企业真实的财务风险并没有因杠杆操纵而降低，自2019年以来该企业就因资金紧张而出现了债务逾期。

3.3.3.2 金隅集团发行永续债融资

金隅集团是一家主要从事水泥及预拌混凝土、新型建材制造及商贸物流、房地产开发、物业投资与管理业务的A+H股国有上市公司，实际控制人为北京市人民政府国有资产监督管理委员会。自2015年起，金隅集团开始发行永续债融资，且将其全部计入"其他权益工具"。本部分从发行规模、发行期限、是否设置利率跳升条款、是否支付利息以及是否赎回等方面对该公司的永续债发行情况进行了梳理，具体数据见表3-14。

从表3-14可以看出，除2019年外，金隅集团近8年内连续发行永续债，其中2021年的发行规模高达84.49亿元。从发行期限来看，金隅集团的永续债大多以3年或5年为基础发行期限，部分永续债以2年或7年为基础发行期限。与此同时，所有的永续债均设置了利率跳升机制和利息递延支付条款，但每年都按时支付了利息，且截至2022年末，公司已将到期的永续债全部赎回。

表3-14　金隅集团的永续债发行情况

项目	2015	2016	2017	2018	2019	2020	2021	2022
永续债融资金额（亿元）	9.9	39.92	49.9	49.9	—	25.5	84.49	55
发行期限（年）	5+N	5+N	5+N	3+N	—	3+N	7+N; 2+N	3+N; 5+N

续表

项目	2015	2016	2017	2018	2019	2020	2021	2022
是否设置利率跳升条款	是	是	是	是	—	是	是	是
是否付息	否	是	是	是	是	是	是	是
是否赎回	是	是	是	是	—	否	否	否
赎回年份	2020	2021	2022	2021				

金隅集团对外宣称，其发行的永续债无固定期限，且可以自行选择将利息延期支付，即该公司没有偿还本金或支付债券利息的合同义务，所以将发行的永续债全部计入了"其他权益工具"，符合会计准则的规定。然而，从表3-14可以看出，即使金隅集团在发行条款中设置了可续期和利息延期支付的条款，但截至2022年末，该企业不仅每年都按时支付了永续债利息，还赎回了全部已到期永续债。换言之，即使金隅集团将永续债计入了"其他权益工具"，但利率跳升机制和赎回条款导致其在到期时主动赎回已发行的永续债，以此避免承担高额的利息费用。因此，事后来看，金隅集团仍然承担了永续债按时还本付息的义务；相应地，该公司发行的永续债表现出更多的"债性"而非"股性"。据此初步推断，金隅集团将永续债计入"其他权益工具"可能是为了操纵杠杆率，利用会计准则赋予的选择空间"隐藏"真实的债务水平，以减轻杠杆监管压力。

进一步地，为探究金隅集团杠杆操纵的动机和对企业财务风险的影响，本节对金隅集团的杠杆率以及考虑永续债后的杠杆水平进行了统计，具体见表3-15。不难看出，自2015年起金隅集团的杠杆率持续高于65%，特别是在2017—2019年超过了70%。2018年中共中央办公厅和国务院办公厅联合印发的《关于加强国有企业资产负债约束的指导意见》强调，要以资产负债率为基础约束指标，对不同行业、不同类型国有企业实行分类管理并动态调整，原则上以本行业上年度规模以上全部企业平均资产负债率为基准线，基准线加5个百分点为本年度资产负债率预警线，基准线加10个百分点为本年度资产负债率重点监管线。2015—2022年，金隅集团所属"非金属矿制品业"的行业平均杠杆率分别为43.46%、41.92%、41.90%、41.32%、41.14%、40.32%、41.44%和42.97%。据此不难判断，按照上述提到的监管标准，金隅集团的杠杆水平已经超过重点监管线，面临较大的杠杆监管压力。在将永续债划分为债务后，本节重新计算了该企业的资产负债率。可以看出，金隅集团的杠杆水平大约会增加5%，这也说明发行永续债可以帮助企业降低账面杠杆水平。

表 3-15　金隅集团的杠杆水平

项目	2015	2016	2017	2018	2019	2020	2021	2022
总负债（亿元）	885.65	1 454.88	1 622.9	1 890.62	1 995.92	1 968.96	1 908.23	1 866.24
计入其他权益工具的永续债（亿元）	9.9	49.82	99.72	149.62	149.62	165.22	159.89	164.99
总资产（亿元）	1 307.47	2 083.97	2 083.97	2 682.76	2 682.76	2 913.52	2 863.57	2 815.2
杠杆率（%）	67.74	69.81	77.88	70.47	74.40	67.58	66.64	66.29
调整永续债的杠杆率（%）	68.49	72.20	82.66	76.05	79.98	73.25	72.22	72.15

注：调整永续债的杠杆率=（总负债+计入其他权益工具的永续债）÷总资产×100%。

　　根据前文政策梳理可知，金隅集团作为北京市属国有企业，近年来持续面临杠杆监管压力。一方面，金隅集团的管理层业绩考核直接受制于企业资产负债率，因此管理层会为满足业绩考核而主动选择发行永续债来进行杠杆操纵；另一方面，在2015年"三去一降一补"政策实施之后，金融机构加强了对高负债国有企业的授信约束，金隅集团的融资压力也因此有所增加[①]。在此背景下，发行永续债不仅可以获取外部资金，还可以通过灵活设置发行条款将融得的"债务"资金计入"其他权益工具"，进而增加企业的账面所有者权益，降低其名义杠杆率。基于以上分析，金隅集团管理层有可能会为满足业绩考核和缓解融资约束而选择发行永续债进行杠杆操纵。

　　从经济后果来看，赎回条款和利率跳升机制会促使企业到期赎回已发行的永续债。然而，如果企业经营不利，在永续债到期时无法利用自有资金按时赎回，那么企业将面临债务延期，并因此承担跳升后的高额利息，由此增加企业的财务负担；当然，企业也可以选择举借新债来筹集资金，但这会提升企业杠杆率，从而增加偿债风险。因此，通过发行永续债融资来操纵杠杆会增加企业的财务风险。

　　综上所述，金隅集团作为国有企业面临较高的杠杆监管压力。自2015年起，金隅集团开始发行永续债并将所筹资金全额计入所有者权益。但从其实际业务处理来看，金隅集团仍然按时承担了"还本付息"义务，因此该公司

---

① 金隅集团2015年年报中"管理层分析与讨论"部分指出，2016年，央行将继续实施稳健的货币政策，利率市场化改革步伐将进一步加快。公司处于快速发展阶段，维持日常经营和满足未来发展仍面临一定的资金压力。

的永续债本质上属于"债务"融资，而公司选择将其划分为其他权益工具，从某种意义上来说只是其隐藏债务的杠杆操纵手段而已。

3.4 本章小结

为深入了解我国杠杆监管制度变迁的现实背景，本章首先将我国宏观杠杆率进行横向和纵向对比，据此揭示我国杠杆水平的国际位置和历史发展趋势。进一步地，本章对微观企业的债务类型和不同企业的杠杆率进行异质性分析，进而明晰了我国微观企业杠杆率的分布状况。在此基础上，本章从证券发行、国企业绩考核和经济发展目标角度对杠杆监管制度做出详细梳理和深入解读，指出高杠杆会制约企业的融资能力、信息披露和管理层的业绩考核。此外，杠杆监管政策主要通过调控微观企业的杠杆率来促进经济发展目标的实现，政策的变动总是与我国的经济发展阶段相适应的。最后，基于企业面临杠杆监管压力的客观现实，并结合已有研究成果，本章系统介绍了企业杠杆操纵的动机和手段，并以东方园林和金隅集团为例，对表外负债和名股实债这两类典型的操纵手段进行深入分析，进而从实务角度阐释杠杆操纵降低企业名义杠杆率的内在逻辑。

首先，基于大数据的统计分析发现，我国宏观杠杆水平的整体变动趋势与全球主要经济体基本一致，但与新兴资本市场的平均水平相比，我国的宏观杠杆水平偏高；特别是在2008年全球"金融危机"之后，我国宏观杠杆率的攀升速度明显高于其他经济体。在微观层面上，从企业的债务构成来看，经营性负债的占比较高；从债务的期限结构来看，短期负债占比较高，这主要源于经营性负债多为短期负债，且银行倾向于向企业发放短期贷款；从企业杠杆率的截面特征来看，国有控股企业、大服务业企业以及处于西部地区的企业，其杠杆率相对较高。

其次，本章从证券发行上市、国有企业业绩考核及经济发展目标三个角度对我国杠杆监管制度的变迁进行梳理和解读。基于比较分析发现，在证券发行方面，无论申请发行股票还是发行债券，目前证券监管部门都要求企业的资产负债结构合理，不存在重大偿债风险；而在证券发行上市后，发行方仍会面临杠杆率相关的监管，上市公司的杠杆率过高可能会导致其股票退市。在业绩考核方面，国务院国资委以（中央）国有企业负责人经营业绩考核为抓手，逐步强化国有企业的杠杆率监管，先后推行"将EVA计算中的资本成本率与资产负债率挂钩"的间接监管和"将资产负债率设置为商业类企业的约束性指标"的直接监管举措。在经济发展目标方面，我国杠杆监管政策的变化是由不同经济发展阶段及发展目标所决定的，迄今经历了全面去杠杆、结构性去杠杆、稳杠杆三个主要阶段。相应地，为满足外部融资条件和业绩考核要求，面临杠杆监管压力的企业有动机利用表外负债、名股实债和会计手段进行杠杆操纵，以此降低和控制资产负债表显示的杠杆水平，从而美化企业财务状况和隐藏债务风险。

最后，从东方园林和金隅集团的案例分析可知，表外负债和名股实债是高杠杆企业常用的杠杆操纵手段。然而，会计准则赋予了企业管理层较大的会计选择空间，使得杠杆操纵通常并不违法违规，但因此将增加利益相关者进行财务报表分析的难度，甚至有可能诱使其做出错误的投融资决策。

本章在明确我国宏微观经济主体的杠杆率特征的基础上，通过系统地梳理不同方面和不同时期的杠杆监管法规，从政策监管角度阐明了企业实施杠杆操纵的现实背景、主要动机及具体手段，继而为后续章节从实证角度考察企业杠杆操纵的影响因素、经济后果及治理机制奠定了基础。

4 企业杠杆操纵的测度与影响因素分析

4.1 杠杆操纵程度的测度方法

4.1.1 基本的 XLT-LEVM 法

承前所述，许晓芳和陆正飞（2020）给出了狭义和广义的杠杆操纵的定义。在此基础上，许晓芳等（2020）结合杠杆操纵的手段和以下基本假设，创造性地构建出杠杆操纵程度的计算方法——XLT-LEVM 法，具体分为基本的 XLT-LEVM 法和拓展的 XLT-LEVM 法。其中，基本的 XLT-LEVM 法的假设为：公司只存在为掩盖风险而向下操纵杠杆的动机，不存在故意夸大风险而向上操纵杠杆的动机；公司只存在表外负债和名股实债两种财务活动安排而进行的杠杆操纵；账面销售收入反映了公司运用全部资产（包括表内资产和表外资产）所实现的销售收入，即真实的销售收入；公司的表外负债均不需要支付利息。

基于上述假设，基本的 XLT-LEVM 法下杠杆操纵程度的测度公式如下：

$$LEVM_{i,t} = (DEBTB\_TOTAL_{i,t} + DEBT\_OB_{i,t} + DEBT\_NSRD_{i,t}) \div (ASSETB\_TOTAL_{i,t} + DEBT\_OB_{i,t}) - LEVB_{i,t} \quad (4-1)$$

其中，$LEVM_{i,t}$ 代表公司 i 在第 t 期的杠杆操纵程度；$DEBTB\_TOTAL_{i,t}$ 为公司 i 在 t 期末的账面负债总额；$DEBT\_OB_{i,t}$ 为公司 i 在 t 期末的表外负债总额，可以采用许晓芳等（2020）的总资产周转率预期模型法和行业中位数法进行估计；$DEBT\_NSRD_{i,t}$ 为公司 i 在第 t 期的名股实债总额，可采用许晓芳等（2020）的有息负债利息率预期模型法和行业中位数法进行估计；$ASSETB\_TOTAL_{i,t}$ 代表公司 i 在第 t 期末的账面资产总额；$LEVB_{i,t}$ 代表公司 i

在第 t 期末的账面杠杆率。

接下来分别介绍基于表外负债和名股实债手段的杠杆操纵程度的估算方法。

4.1.1.1 估计表外负债手段的杠杆操纵程度

（1）总资产周转率预期模型法

当公司存在表外负债时，相应的资产也就成了表外资产，且表外负债与表外资产的金额相等。因此，可以通过构建模型估计公司的表外资产，进而推测公司存在的表外负债。在总资产周转率预期模型法下，首先依据账面杠杆率、资产规模、盈利能力等影响总资产周转率的基础性指标构建模型，以此预测公司真实的总资产周转率。然后，通过账面实际销售收入除以真实的总资产周转率推导出真实总资产，继而计算真实总资产与账面总资产之间的差异，由此获得公司的异常资产（即表外资产）和等额的异常负债（即表外负债）。

首先，根据以下模型估计真实的总资产周转率。

$$TURNOVER_{i,t} = \beta_0 + \beta_1 LEVB_{i,t} + \beta_2 SIZE_{i,t} + \beta_3 PROFIT\_SALE_{i,t} + \beta_4 SOE_{i,t}$$
$$+ \beta_5 FIRST_{i,t} + \beta_6 GROWTH_{i,t} + \beta_7 MARKET\_SHARE_{i,t} + \beta_8 NONEXPER_{i,t} + \varepsilon \quad (4-2)$$

其中，因变量 $TURNOVER_{i,t}$ 为公司账面总资产周转率，等于营业收入与资产总额的比值；自变量包括公司账面杠杆率（$LEVB$）、资产规模（$SIZE$）、销售利润率（$PROFIT\_SALE$）、产权性质（SOE）、股权结构（$FIRST$）、公司成长性（$GROWTH$）、市场竞争力（$MARKET\_SHARE$）、非执行董事占比（$NONEXPER$）。对该模型进行回归预测出来的总资产周转率（$TURNOVER_{i,t}^*$）即为公司真实的总资产周转率。

具体地，先将模型（4-2）对总样本进行分年度分行业的 Tobit 回归，再将各变量的回归系数代入模型，计算出公司预期（真实）总资产周转率（$TURNOVER_{i,t}^*$）。

其次，计算表外负债。

根据"公司只存在掩盖风险而向下操纵杠杆的动机，而不存在故意夸大风险而向上操纵杠杆的动机"这一假设，异常总资产周转率（$TURNOVER\_AB_{i,t}$）是指公司存在与表外负债对应的表外资产，使得公司账面总资产周转率（$TURNOVER_{i,t}$）高于预期（真实）总资产周转率（$TURNOVER_{i,t}^*$），而高出部分即为异常总资产周转率，据此计算表外负债。具体包括以下两种情况：

①当 $TURNOVER_{i,t} < TURNOVER_{i,t}^*$ 时，$TURNOVER\_AB_{i,t} = 0$，异常资产为0，表外负债也为0，即 $DEBT\_OB_{i,t} = ASSET\_AB_{i,t} = 0$。

② 当 $TURNOVER_{i,t} \geqslant TURNOVER_{i,t}^*$ 时，$TURNOVER\_AB_{i,t}$ 等于 $TURNOVER_{i,t}$ 与 $TURNOVER_{i,t}^*$ 的差额，表外负债等于异常资产，异常资产为真实总资产（$ASSET\_T_{i,t}$）减去账面总资产（$ASSET\_B_{i,t}$）。其中，真实总资产等于真实销售收入（即账面销售收入 $INCOME_{i,t}$）除以预期（真实）总资产周转率（$TURNOVER_{i,t}^*$）。具体计算见公式（4-3）。

$$DEBT\_OB_{i,t}=ASSET\_AB_{i,t}=ASSET\_T_{i,t}-ASSET\_B_{i,t}=\frac{INCOME_{i,t}}{TURNOVER_{i,t}^*}-ASSET\_B_{i,t} \quad (4-3)$$

（2）行业中位数法

行业中位数法是将同一行业同一年度公司的某一变量的中位数理解为该行业该年度所有公司正常（真实）值，亦即没有进行操纵的值。采用行业中位数法估计表外负债和名股实债时，在预期模型法的三个基本假设之上，增加以下两个假设：处于同一行业的公司，在同一年度具有同等水平的资产运营能力（总资产周转率）；处于同一地区同一行业的公司，在同一年度可以按同等水平的利息率获得债务资金。需要注意的是，行业中位数法直接将中位数认定为正常值而忽视了行业中各企业间的异质性，未能考虑企业经营周期、发展战略等个体特质因素对估计值的影响。因此，中位数法下的估计值较预期模型法下的估计值造成的偏差可能更大，并有可能造成一定概率的误判，这也是中位数法的局限性所在。

采用行业中位数法估计表外负债，将同一行业同一年度公司的总资产周转率中位数（$IND\_TURNOVER_{i,t}$）理解为该行业该年度所有公司正常（真实）的总资产周转率，然后用该值替代预期模型法中估计的预期总资产周转率（$TURNOVER_{i,t}^*$），依次代入预期模型法的公式（4-3），估计公司的表外负债（$DEBT\_OB_{i,t}$）。

4.1.1.2 估计名股实债手段的杠杆操纵程度

（1）有息负债利息率预期模型法

当公司通过名股实债融资隐藏了需要支付利息的负债时，账面实际支付的利息金额会高于预期（真实）应支付的利息。因此，首先可依据公司层面的一些变量构建模型，预测公司真实的有息负债利息率。当公司实际有息负债利息率高于预测的真实有息负债利息率时，即认为公司有息负债利息率存在异常，进而推测公司支付了高于公司特征因素决定的有息负债利息。然后将异常有息负债利息率乘以账面有息负债总额，估算出公司存在的异常利息；再根据该异常利息结合真实的有息负债利息率推导出异常负债数额（即名股实债）。

首先，估计真实有息负债利息率。

$$IR_{i,t} = \beta_0 + \beta_1 LEVB_{i,t} + \beta_2 SIZE_{i,t} + \beta_3 CFO_{i,t} + \beta_4 SOE_{i,t} + \beta_5 ROA_{i,t} + \beta_6 GROWTH_{i,t} +$$
$$\beta_7 MARKET\_SHARE_{i,t} + \beta_8 PPE_{i,t} + \beta_9 CASHNEED_{i,t} +$$
$$\beta_{10} CURRENT_{i,t} + \beta_{11} FIRMAGE_{i,t} + \beta_{12} LOAN_{i,t} + \varepsilon \quad (4-4)$$

构建模型（4-4）对总体样本分年度分行业进行 Tobit 回归，再将各变量回归系数代入该模型，得出各公司预期有息负债利息率（$IR_{i,t}^*$）。模型（4-4）中，因变量 $IR_{i,t}$ 为公司账面有息负债利息率，等于公司账面利息支出与账面有息负债总额的比值。将公司账面杠杆率（LEVB）、资产规模（SIZE）、经营活动现金流（CFO）、产权性质（SOE）、盈利能力（ROA）、成长性（GROWTH）、市场竞争力（MARKET_SHARE）、有形资产比例（PPE）、筹资需求（CASHNEED）、流动比率（CURRENT）、上市年限（FIRMAGE）、银行借款总额（LOAN）等因素作为估算一个公司真实有息负债利息率的自变量。该模型预测的预期有息负债利息率 $IR_{i,t}^*$ 即为公司真实的有息负债率。

其次，计算异常利息支出。

根据"公司只存在掩盖风险而向下操纵杠杆的动机，而不存在故意夸大风险而向上操纵杠杆的动机"这一基本假设，异常利息支出（$IE\_AB_{i,t}$）是指公司为隐藏有息负债，导致真实负债未以负债的形式而以股权的形式入账（即"名股实债"），使得账面实际支付的利息（$IE\_BOOK_{i,t}$）高于预期（真实）的利息（$IE\_REAL_{i,t}^*$）的部分，据此计算公司存在的名股实债。$IE\_REAL_{i,t}^*$ 等于账面有息负债总额（$DEBT\_BI_{i,t}$）乘以估计真实有息负债利息率（$IR_{i,t}^*$）。具体包括以下两种情况：

①当 $IE\_BOOK_{i,t} < IE\_REAL_{i,t}^*$ 时，$IE\_AB_{i,t} = 0$。

②当 $IE\_BOOK_{i,t} \geq IE\_REAL_{i,t}^*$ 时，$IE\_AB_{i,t}$ 等于 $IE\_BOOK_{i,t}$ 与 $IE\_REAL_{i,t}^*$ 的差额。具体计算如公式（4-5）所示。

$$IE\_AB_{i,t} = IE\_BOOK_{i,t} - IE\_REAL_{i,t}^* = IE\_BOOK_{i,t} - IR_{i,t}^* \times DEBT\_BI_{i,t} \quad (4-5)$$

最后，计算名股实债。

名股实债即公司异常负债额（$DEBT\_AB_{i,t}$），等于公司异常利息支出（$IE\_AB_{i,t}$）除以公司真实有息负债利息率（$IR_{i,t}^*$），具体计算见公式（4-6）。

$$DEBT\_NSRD_{i,t} = DEBT\_AB_{i,t} = \frac{IE\_AB_{i,t}}{IR_{i,t}^*} \quad (4-6)$$

（2）行业中位数法

运用行业中位数法估计名股实债的思路与前述估计表外负债的思路一致。具体地，将同一地区同一行业同一年度账面有息负债利息率的中位数（$IND\_BIR_{i,t}$）视为该地区该行业该年度所有公司正常（真实）的有息负债利息率；然后用该值替代预期模型法中估计的预期有息负债利息率（$IR_{i,t}^*$），再依次代入预期模型法的公式（4-5）和公式（4-6），估计公司的名股实债总额（$DEBT\_NSRD_{i,t}$）。

4.1.2 扩展的 XLT-LEVM 法

在基本的 XLT-LEVM 法基础上，扩展的 XLT-LEVM 法进一步考虑了企业利用会计手段进行杠杆操纵的行为。除前述假设外，扩展的 XLT-LEVM 法增加了以下假设：公司只存在利用表外负债、名股实债以及固定资产折旧和研发支出资本化等会计手段进行杠杆操纵的行为；相同行业和年度的公司具有同等水平的固定资产折旧率；相同行业和年度的公司具有同等水平的研发支出资本化率。扩展的 XLT-LEVM 法对表外负债、名股实债的估计与基本的 XLT-LEVM 法相似，也包括预期模型法和行业中位数法两种计算方法；与基本的 XLT-LEVM 法不同的是，它包含利用会计手段的杠杆操纵程度。而在具体估计会计手段杠杆操纵程度时，参考许晓芳等（2020）的研究，可以采用直接法和间接法两种方法。采用直接法估计会计手段杠杆操纵程度时，为了简化，只考虑利用固定资产折旧和研发支出资本化这两种手段进行的杠杆操纵行为；间接法则考虑了所有会计手段（或称"盈余管理手段"）带来的杠杆操纵程度。

在扩展的 XLT-LEVM 法下，直接法的测度如公式（4-7）所示。

$$ExpLEVM_{i,t} = (DEBTB\_TOTAL_{i,t}+DEBT\_OB_{i,t}+DEBT\_NSRD_{i,t}) \div (ASSETB\_TOTAL_{i,t}+DEBT\_OB_{i,t}-DM\_ASSET_{i,t}-RDM\_ASSET_{i,t}) - LEVB_{i,t} \quad (4-7)$$

其中，$ExpLEVM_{i,t}$ 为扩展的 XLT-LEVM 法（直接法）下公司杠杆操纵程度；$DM\_ASSET_{i,t}$ 为公司利用固定资产折旧高估的资产总额；$RDM\_ASSET_{i,t}$ 为公司利用研发支出资本化高估的资产总额；其他变量与公式（4-1）中的定义相同。

在扩展的 XLT-LEVM 法下，间接法测度如公式（4-8）所示。

$$ExpLEVMI_{i,t} = (DEBTB\_TOTAL_{i,t}+DEBT\_OB_{i,t}+DEBT\_NSRD_{i,t}) \div (ASSETB\_TOTAL_{i,t}+DEBT\_OB_{i,t}-DA_{i,t}) - LEVB_{i,t} \quad (4-8)$$

其中，$ExpLEVMI_{i,t}$ 为扩展的 XLT-LEVM 法（间接法）下公司杠杆操纵程度；$DA_{i,t}$ 为公司操控性应计的估计值；其他变量与公式（4-1）中的定义相同。

下面分别介绍利用固定资产折旧和研发支出资本化高估的资产总额及操控性应计项的估算方法。

4.1.2.1 利用固定资产折旧高估的资产总额

首先，估计异常固定资产折旧率。

将同一行业、年度所有公司的固定资产折旧率中位数（IND_FADR_t）作为该行业、年度所有公司正常（真实）的固定资产折旧率，而公司账面固定资产折旧率（$FADR_{i,t}$）低于行业固定资产折旧率的部分即为异常固定资产折旧率（$FADR\_AB_{i,t}$）。具体分两种情况：

①当 $FADR_{i,t} > IND\_FADR_t$ 时，$FADR\_AB_{i,t} = 0$；

②当 $FADR_{i,t} \leq IND\_FADR_t$ 时，$FADR\_AB_{i,t}$ 为 IND_FADR_t 与 $FADR_{i,t}$ 的差异，计算公式如下：

$$FADR\_AB_{i,t} = IND\_FADR_t - FADR_{i,t} \tag{4-9}$$

其次，估计利用固定资产折旧高估的资产总额。

利用固定资产折旧高估的资产总额（$DM\_ASSET_{i,t}$）等于异常固定资产折旧率（$FADR\_AB_{i,t}$）乘以固定资产总额（$FIX\_ASSET_{i,t}$），计算公式如下：

$$DM\_ASSET_{i,t} = FADR\_AB_{i,t} \times FIX\_ASSET_{i,t} \tag{4-10}$$

4.1.2.2 利用研发支出资本化高估的资产总额

首先，估计异常研发支出资本化率。

将同一行业、年度所有公司的研发支出资本化率中位数（IND_RDCR_t）作为该行业、年度的正常（真实）研发支出资本化率，而公司账面研发支出资本化率（$RDCR_{i,t}$）高于行业研发支出资本化率（IND_RDCR_t）的部分即为异常研发支出资本化率（$RDCR\_AB_{i,t}$）。具体分两种情况：

①当 $RDCR_{i,t} < IND\_RDCR_t$ 时，$RDCR\_AB_{i,t} = 0$；

②当 $RDCR_{i,t} \geq IND\_RDCR_t$ 时，$RDCR\_AB_{i,t}$ 为 $RDCR_{i,t}$ 与 IND_RDCR_t 的差额，计算公式如下：

$$RDCR\_AB_{i,t} = RDCR_{i,t} - IND\_RDCR_t \tag{4-11}$$

其次，估计研发支出资本化高估的资产总额。

研发支出资本化高估的资产总额（$RDM\_ASSET_{i,t}$）等于异常研发支出资本化率（$RDCR\_AB_{i,t}$）乘以公司研发支出总额（$RD_{i,t}$），计算公式如下：

$$RDM\_ASSET_{i,t} = RDCR\_AB_{i,t} \times RD_{i,t} \tag{4-12}$$

4.1.2.3 公司操控性应计的估计值

首先，按照 Dechow 等（1995）提出的修正琼斯模型（4-13）进行回归，估计出残差 $\varepsilon_{i,t}$。

$$\frac{TA_{i,t}}{A_{i,t-1}} = \beta_0 \frac{1}{A_{i,t-1}} + \beta_1 \frac{\Delta REV_{i,t} - \Delta REC_{i,t}}{A_{i,t-1}} + \beta_2 \frac{PPE_{i,t}}{A_{i,t-1}} + \varepsilon_{i,t} \tag{4-13}$$

其次，估计公司的操控性应计值。即将残差 $\varepsilon_{i,t}$ 乘以上年末总资产（$A_{i,t-1}$），得到公司操控性应计项的估计值（$DA_{i,t}$）。

需要指出的是，按照许晓芳等（2020）测算杠杆操纵程度的基本假设，企业仅存在掩盖风险而向下操纵杠杆的动机，不存在故意夸大风险而向上操纵杠杆的动机。依此逻辑，只有高杠杆公司才有动力进行杠杆操纵，而低杠杆公司尽管也可以利用表外负债、名股实债等手段降低账面杠杆率，但考虑到举债经营能带来利息税盾、放大收益等好处，理论上应当不会或不必进行杠杆操纵，那么现实中观测到的低杠杆公司的杠杆操纵又该如何解释？可见，企业实施杠杆操纵并非都是为了降低账面杠杆率而达到业绩考核、外部融资等监管要求，也有可能只是据此进行资本结构动态调整，因而杠杆操纵不能被简单视为贬义词，而是具有中性性质。基于此，实证研究设计有必要对样本进行区分。借鉴卿小权等（2023）的研究，考虑到杠杆操纵的中性性质，实证检验可以将过度负债企业作为计量样本，该类企业的杠杆操纵动机可视为负面的，而其他企业的杠杆操纵动机则并非负面的。具体而言，参考 Chang 等（2014）及陆正飞等（2015）的研究，将实际观测的负债率（即账面杠杆率）高于目标负债率的公司年份定义为过度负债样本，据此对企业杠杆操纵行为进行分类分析。

4.2 杠杆操纵程度的截面特征分析

4.2.1 样本选择和数据来源

本章以 2007—2022 年全部 A 股上市公司作为初选样本。考虑到我国上市公司自 2007 年 1 月 1 日起全面实施新企业会计准则，为保证样本期间的财务数据可比，与第 3 章的做法类似，本章以 2007 年作为取样起始年份。然后按以下标准进行筛选：①剔除 ST 公司；②剔除金融类上市公司；③剔除资产负债率大于 100%的公司；④剔除杠杆操纵影响因素（变量）观测值缺失的样本，最终得到 29 066 个公司年份样本。此外，为了消除异常值对研究结果的影响，本章对连续型变量进行上下各 1%水平的缩尾（winsorize）处理。本章所涉及的变量数据主要来自国泰安（CSMAR）数据库。

4.2.2 杠杆操纵程度的总体水平及构成情况

承前所述，采用基本的 XLT-LEVM 法测算的杠杆操纵程度仅包含表外负债和名股实债两类操纵方式，本书将其称为狭义的杠杆操纵程度（*LEVM*）；与之相对的是，按照扩展的 XLT-LEVM 法测算的杠杆操纵程度被称为广义的杠杆操纵程度（*ExpLEVM*）。基于此，样本总体的狭义杠杆操纵程度（*LEVM*）和广义杠杆操纵程度（*ExpLEVM*）的描述性统计的结果见表 4-1 Panel A。总体来看，狭义杠杆操纵程度（*LEVM*）的均值为 0.133、中位数为 0.046，广义杠杆操纵程度（ExpLEVM）的均值为 0.135、中位数为 0.055，该结果与许晓芳等（2020）的测算结果大体一致。同时，两个杠杆操纵指标的中位数均低于均值，说明半数以上公司的杠杆操纵程度低于整体平均水平，但各公司年份间的杠杆操纵程度区别较大。此外，杠杆操纵程度（LEVM）的第 25 分位数为 0，说明从狭义的角度看，25%以上的公司年份没有进行杠杆操纵[①]。

进一步地，对表外负债、名股实债和会计手段三种形式下的杠杆操纵程度分别进行描述性统计，结果见表 4-1 的 Panel B。从均值来看，名股实债形式的杠杆操纵程度最高，表外负债次之，会计手段最低。从最大值来看，杠杆操纵程度从高到低依然为名股实债、表外负债和会计手段。三类形式下杠杆操纵程度的中位数均为 0，说明采用任意一类杠杆操纵手段的公司数量都不到样本总量的一半。

表 4-1 杠杆操纵程度的分布特征

PanelA：杠杆操纵程度的总体分布特征								
变量	样本量	均值	标准差	最小值	25 分位	中位数	75 分位	最大值
LEVM	29 066	0.133	0.265	0	0	0.046	0.169	2.031
ExpLEVM	29 066	0.135	0.273	−0.110	0.005	0.055	0.175	2.086
PanelB：三种形式下杠杆操纵程度的分布特征								
变量	样本量	均值	标准差	最小值	25 分位	中位数	75 分位	最大值
表外负债	29 066	0.060	0.096	0	0	0	0.095	0.412
名股实债	29 066	0.077	0.255	0	0	0	0.031	1.932
会计手段	29 066	−0.01	0.057	−0.484	0	0	0	0.046

4.2.3 基于名义杠杆水平的分布特征

从企业实施杠杆操纵的动机来看，前期杠杆率高的公司在监管压力下更有可能进行杠杆操纵，因此，本书根据名义杠杆水平的高低考察企业杠杆操纵程度的分布特征。名义杠杆为企业总负债与总资产的比值，按照该变量的行业年度中位数将样本分为名义杠杆水平较低组和较高组，然后分别进行杠杆操纵的描述性统计，结果见表 4-2 的 Panel A。可以看到，无论狭义还是广义计算口径，名义杠杆水平较高组的杠杆操纵程度（LEVM、ExpLEVM）均较大，且组间差异在 0.01 的水平上显著。该结果初步说明，企业的名义杠杆率

---

① 杠杆操纵程度（LEVM）等于 0 的样本量为 10 209 个，占总样本的 35.12%。

越高，则越有可能进行杠杆操纵，以达到应对外部监管和掩盖风险等目的。进一步地，从行业角度看，房地产企业通常具有高杠杆率，是银行等债权人的重点监管对象，其杠杆操纵动机可能较强。因此，本章分别对房地产业和其他行业的企业杠杆操纵程度进行比较，结果见表4-2的Panel B。可以发现，正如上述推测，房地产上市公司的平均杠杆操纵程度明显要高于其他行业，广义口径下的杠杆操纵程度尤为明显。该结果再次说明，高杠杆企业进行杠杆操纵的可能性更大。

表4-2 基于名义杠杆率分组的杠杆操纵程度比较

变量	名义杠杆率	样本量	均值	标准差	最小值	中位数	最大值	均值差异
			Panel A 不同名义杠杆率的分组比较					
LEVM	低	14 576	0.111	0.195	0	0.034	2.031	−0.043***
	高	14 490	0.154	0.319	0	0.055	2.031	($p=0.000$)
	合计	29 066	0.133	0.265	0	0.046	2.031	—
ExpLEVM	低	14 576	0.116	0.199	−0.110	0.044	2.086	−0.040***
	高	14 490	0.155	0.330	−0.110	0.064	2.086	($p=0.000$)
	合计	29 066	0.135	0.273	−0.110	0.055	2.086	—
			Panel B 房地产行业与其他行业的比较					
变量	行业	样本量	均值	标准差	最小值	中位数	最大值	均值差异
LEVM	房地产业	1 324	0.137	0.278	0	0.055	2.031	0.004
	其他行业	27 742	0.133	0.264	0	0.045	2.031	($p=0.284$)
	合计	29 066	0.133	0.265	0	0.046	2.031	—
ExpLEVM	房地产业	1 324	0.159	0.299	−0.110	0.084	2.086	0.025***
	其他行业	27 742	0.134	0.272	−0.110	0.053	2.086	($p=0.001$)
	合计	29 066	0.135	0.273	−0.110	0.055	2.086	—

注：***表示在1%的水平上显著。

4.2.4 基于融资约束的分布特征

企业内外部多种因素的作用致使企业实施杠杆操纵。从企业内部视角看，融资约束强是企业进行杠杆操纵的一大关键诱因（Mills and Newberry, 2005）。杠杆水平是投资者评判公司偿债能力和财务风险的重要指标之一，因而公司为了增强融资能力、获取较低成本的外部资金（Mills and Newberry, 2005），往往会采用各种操纵手段来隐藏过高的真实杠杆水平。尤其当企业面临融资约束时，为了满足融资需求，其进行杠杆操纵的动机将越强。为验证企业杠杆操纵是否因融资约束的不同而有所差异，参考 Kaplan 和 Zingales（1997）、谭跃和夏芳（2011）、魏志华等（2014）的研究，采用 KZ 指数衡量企业的融资约束程度，KZ 指数越大，表明上市公司面临的融资约束程度越高。然后，根据企业融资约束程度的行业年度中位数分组，将样本分为融资约束低组和融资约束高组，分别进行描述性统计并检验组间差异。基于融资约束差异的描述性统计结果见表 4-3，不难看出，对于融资约束较高的样本组，狭义与广义口径下的杠杆操纵程度都更高，且针对组间均值差异的 t 检验具有统计显著意义。该结果表明，企业面临的融资约束越严重，则越有可能进行杠杆操纵。

表 4-3 基于融资约束程度的分组分析

变量	融资约束	样本量	均值	标准差	最小值	中位数	最大值	均值差异
LEVM	低	14 533	0.113	0.195	0	0.044	2.031	-0.040***
	高	14 533	0.153	0.319	0	0.047	2.031	(p=0.000)
	合计	29 066	0.133	0.265	0	0.046	2.031	—
ExpLEVM	低	14 533	0.110	0.199	-0.110	0.044	2.086	-0.051***
	高	14 533	0.161	0.329	-0.110	0.063	2.086	(p=0.000)
	合计	29 066	0.135	0.273	-0.110	0.055	2.086	—

注：***表示在1%的水平上显著。

4.2.5 基于产权性质的分布特征

本节按照企业产权性质的不同将样本分为国有企业组和非国有企业组。表 4-4 列示了分产权性质的杠杆操纵程度统计指标及两组样本的杠杆操纵程度（LEVM、ExpLEVM）差异的显著性检验结果。不难看出，非国有企业的狭义杠杆操纵程度（LEVM）的均值为 0.130，而国有企业的狭义杠杆操纵程度（LEVM）的均值为 0.137，两者间在 5%的水平上存在显著差异；类似地，非国有企业的广义杠杆操纵程度（ExpLEVM）的均值为 0.132，国有企业的广义杠杆操纵程度（ExpLEVM）的均值为 0.140，两者间也在 5%的水平上存在显著差异。从中位数来看，国有企业样本组的杠杆操纵程度（LEVM、ExpLEVM）同样显著高于非国有企业组。可见，平均意义上而言，国有企业的杠杆操纵程度高于非国有企业。

表 4-4 基于产权性质的分析

变量	产权性质	样本量	均值	标准差	最小值	中位数	最大值	均值差异
LEVM	非国有	16 900	0.130	0.251	0	0.045	2.031	−0.007**
	国有	12 166	0.137	0.284	0	0.047	2.031	($p=0.012$)
	合计	29 066	0.133	0.265	0	0.046	2.031	—
ExpLEVM	非国有	16 900	0.132	0.259	−0.110	0.053	2.086	−0.008**
	国有	12 166	0.140	0.291	−0.110	0.057	2.086	($p=0.005$)
	合计	29 066	0.135	0.273	−0.110	0.055	2.086	—

注：**表示在5%的水平上显著。

4.2.6 业绩考核制度调整前后的分布特征

从前文的监管政策梳理可以发现，国务院国资委对中央企业和地方国有企业经营负责人进行业绩考核时，先将EVA业绩考核与资产负债率指标挂钩，对国有企业杠杆进行间接监管；继而在强制去杠杆阶段将资产负债率设为业绩考核的约束性指标，以此对国有企业杠杆水平进行直接监管。特别地，2015年中央启动强制去杠杆政策后，国有企业特别是高杠杆国有企业面临巨大的降杠杆压力。在此背景下，不少杠杆率偏高但又难以实质性降杠杆的国有企业可能会通过杠杆操纵达到形式上降杠杆。借鉴池国华等（2013）、何威风等（2019）、杨兴全等（2020）、许晓芳等（2020）的研究思路，本章将高管业绩考核定义为：当企业属于中央企业或地方国有企业且年份在2015年及之后，取值为1，否则取0。选取2015年作为分界点的合理性在于，去杠杆政策正式出台之前，国有企业通常会获悉制度预案；且国务院国资委2012年已下发《关于进一步加强中央企业债务风险管控工作的通知》，将资产负债率纳入国有企业高管的业绩考核范围，因而国有企业很可能在"强制"去杠杆政策启动当年甚至更早就会采取行动。据此，本节将样本分为高管业绩考核组和非高管业绩考核组，分别进行杠杆操纵程度的描述性统计，并通过单变量检验比较两组样本的差异。从表4-5列示的结果可以看出，无论狭义还是广义计算口径下的杠杆操纵，高管业绩考核样本组的杠杆操纵程度都明显高于非业绩考核组，且组间均值差异均显著，表明高管业绩考核会使企业提高杠杆操纵程度。

表 4-5 基于高管业绩考核的分析

变量	业绩考核	样本量	均值	标准差	最小值	中位数	最大值	均值差异
LEVM	是	6 407	0.141	0.294	0	0.043	2.031	0.011***
	否	22 659	0.130	0.256	0	0.046	2.031	(*p*=0.002)
	合计	29 066	0.133	0.265	0	0.046	2.031	—
ExpLEVM	是	6 407	0.139	0.299	−0.110	0.048	2.086	0.005*
	否	22 659	0.134	0.265	−0.110	0.056	2.086	(*p*=0.094)
	合计	29 066	0.135	0.273	−0.110	0.055	2.086	—

注：*、***分别表示在10%、1%的水平上显著。

4.2.7 基于地区法治化水平的分布特征

法治水平的好坏一定程度上决定了企业能够实施杠杆操纵的空间和难度，因此，企业的杠杆操纵程度可能会受其所在地法治水平的影响。参考俞红海等（2010）的研究，本章采用樊纲市场化指数的分指标——"市场中介组织的发育和法律制度环境"来度量地区法治化水平，并根据其中位数将样本分为法治水平较高组和法治水平较低组，从而分别进行杠杆操纵的描述性统计，结果列示于表4-6中。可以看到，当企业位于法治水平较高的地区时，其平均杠杆操纵程度明显要低于法治水平较低地区的企业，该结果对于广义杠杆操纵程度更为显著。这意味着较高的法治水平能够发挥更强的外部治理作用，对其所在地的企业杠杆操纵行为形成一定程度的限制，是杠杆操纵的重要影响因素之一。

表 4-6 基于法治水平的分组分析

变量	法治水平	样本量	均值	标准差	最小值	中位数	最大值	均值差异
LEVM	低	14 548	0.134	0.271	0	0.046	2.031	0.003
	高	14 518	0.131	0.259	0	0.045	2.031	(*p*=0.178)
	合计	29 066	0.133	0.265	0	0.046	2.031	—
ExpLEVM	低	14 548	0.141	0.280	−0.110	0.060	2.086	0.012***
	高	14 518	0.130	0.266	−0.110	0.048	2.086	(*p*=0.000)
	合计	29 066	0.135	0.273	−0.110	0.055	2.086	—

注：***表示在1%的水平上显著。

4.2.8 注册制改革前后的分布特征

从试点到提出全面推进，我国的注册制改革取得重大进展。2018年11月，上海证券交易所设立科创板并试点注册制，2019年7月首批试点企业上市；2020年8月，深圳证券交易所创业板改革并上市首批试点注册制企业。其间，2019年12月新修订的《中华人民共和国证券法》支持积极推行注册制改革。直到2022年3月，《政府工作报告》提出要"全面推进注册制"。注册制以信息披露为核心，对上市公司的信息披露提出更高要求。因此，在推行注册制的背景下，企业通过杠杆操纵美化资产负债表的空间进一步缩小，资产负债表质量将得到提升。科创板和创业板的注册制试点为研究注册制改革提供了良好的现实条件。为检验企业杠杆操纵程度是否因注册制改革而有所不同，本书参考莫国莉等（2023）的研究，设定注册制改革变量（RSI），其定义为：若创业板公司在2020年后IPO上市或者样本公司为科创板上市公司，则RSI赋值为1，否则为0。然后根据是否进行注册制改革将样本分为两组，分别对其进行描述性统计和组间差异检验，相应的结果如表4-7所示。可以看到，与未实施注册制改革的样本相比，实施注册制改革的样本组的狭义杠杆操纵和广义杠杆操纵的均值、中位数都较低，且组间差异均在1%的水平上显著。该结果意味着股票发行的注册制改革能够显著抑制企业的杠杆操纵行为。

表4-7 基于注册制改革的分析

变量	注册制	样本量	均值	标准差	最小值	中位数	最大值	均值差异
LEVM	是	437	0.080	0.220	0	0	2.031	−0.054***
	否	28 629	0.134	0.266	0	0.047	2.031	(p=0.000)
	合计	29 066	0.133	0.265	0	0.046	2.031	—
ExpLEVM	是	437	0.088	0.228	−0.056	0.019	2.086	−0.048***
	否	28 629	0.136	0.274	−0.110	0.056	2.086	(p=0.000)
	合计	29 066	0.135	0.273	−0.110	0.055	2.086	—

注：***表示在1%的水平上显著。

4.3 企业杠杆操纵的影响因素

基于前文对企业杠杆操纵程度的多维特征分析，本节将采用多元线性回归方法对杠杆操纵的影响因素进行检验，回归模型如下：

$$LEVM_{i,t}/ExpLEVM_{i,t}=\alpha_0+\alpha_1 VARIABLES_{i,t}+\alpha_2 CONTROLS_{i,t}+\sum Year+\sum Industry+\varepsilon_{i,t}$$

(4-14)

其中，$LEVM_{i,t}$ 和 $ExpLEVM_{i,t}$ 为被解释变量，表示企业的杠杆操纵程度（$LEVM$、$ExpLEVM$），其定义与前文规定相一致；$VARIABLES_{i,t}$ 为解释变量，表示待检验的各个影响因素变量，包括账面杠杆率（LEV）、融资约束（KZ）、产权性质（SOE）、国有企业高管业绩考核（$DELEV$）、地区法治化水平（LAW）和股票发行注册制改革（RSI）；$CONTROLS_{i,t}$ 为控制变量，参考许晓芳等（2020）的做法，此处选取的控制变量包括公司规模（$SIZE$，等于公司总资产取自然对数）、经营活动现金流（CFO，等于经营活动现金净流量除以总资产）、市场估值（$TOBINQ$，等于负债和股东权益的市值之和除以其总资产）、董事会独立性（$INDP$，等于独立董事人数占全体董事人数的比例）、股权结构（$FIRST$，等于第一大股东持股比例）和盈利能力（ROA，等于净利润除以总资产）；i 代表公司，t 代表年份，$\varepsilon_{i,t}$ 为随机扰动项，$Year$ 为时间固定效应，$Industry$ 为行业固定效应。为避免异方差造成的估计偏误，回归模型需进行稳健标准误修正。

从表4-8列示的回归结果不难看出，在控制行业、年份等公司特征和考虑多重共线性的影响后，前述分组变量的回归系数均具有统计显著意义，表明名义杠杆率、融资约束、产权性质、国有企业高管的业绩考核压力、发行新股的注册制改革等都是企业实施杠杆操纵的重要影响因素。

表 4-8 杠杆操纵影响因素的回归结果

变量	(1) LEVM	(2) LEVM	(3) ExpLEVM	(4) ExpLEVM
LEV	0.147 9***	0.167 6***	0.150 8***	0.167 0***
	(10.46)	(10.99)	(10.42)	(10.70)
KZ	0.006 2***	0.008 5***	0.007 2***	0.010 0***
	(5.31)	(6.75)	(6.08)	(7.75)
SOE	-0.024 9***	-0.021 4***	-0.020 7***	-0.019 1***
	(-5.26)	(-4.06)	(-4.28)	(-3.54)
DELEV	0.023 6***	0.013 1*	0.019 2***	0.010 6
	(4.08)	(1.96)	(3.26)	(1.55)
LAW	0.000 4	0.001 0	-0.000 4	0.000 7
	(0.73)	(1.43)	(-0.76)	(1.00)

续表

变量	(1) LEVM	(2) LEVM	(3) ExpLEVM	(4) ExpLEVM
RSI	-0.031 7***	-0.032 5***	-0.032 4***	-0.033 0***
	(-2.96)	(-2.93)	(-2.95)	(-2.90)
SIZE	-0.005 8***	-0.008 7***	-0.004 8***	-0.007 6***
	(-3.30)	(-4.73)	(-2.67)	(-4.05)
CFO	0.048 2	0.042 3	-0.430 6***	-0.427 2***
	(1.47)	(1.21)	(-12.73)	(-11.88)
TOBINQ	-0.004 0***	-0.009 0***	-0.004 9***	-0.010 5***
	(-3.12)	(-6.17)	(-3.72)	(-6.95)
INDP	0.026 4	0.038 8	0.017 9	0.034 1
	(0.87)	(1.27)	(0.58)	(1.10)
FIRST	0.030 3***	0.030 9***	0.035 0***	0.034 3***
	(2.77)	(2.79)	(3.15)	(3.04)
ROA	0.195 2***	0.270 5***	0.683 2***	0.755 7***
	(5.51)	(7.15)	(19.29)	(19.94)
Constant	0.166 8***	0.241 1***	0.159 4***	0.229 3***
	(4.37)	(5.59)	(4.14)	(5.24)
Year	No	Yes	No	Yes
Industry	No	Yes	No	Yes
N	29 066	29 066	29 066	29 066
Adj. R^2	0.014 7	0.022 9	0.034 0	0.041 6

注：***、**和*分别表示在1%、5%和10%的水平上显著；括号内的数字为t值，回归结果经过Robust标准误处理。若无特别说明，后述表格中符号的含义与本表一致。

4.4 本章小结

在探究我国企业杠杆操纵行为的经济后果及治理机制之前，本章利用基本的XLT-LEVM法和扩展的XLT-LEVM法对A股非金融类上市公司的杠杆操纵程度进行测算，并通过描述性统计和单变量t检验来考察杠杆操纵程度的截面特征，在此基础上进行多元线性回归分析，从而探明企业杠杆操纵的主要影响因素。

  从基于上市公司年度报表数据的测算结果可以看出，总体而言，我国大多数上市公司存在杠杆操纵行为，且不同企业的杠杆操纵程度存在明显差异。其中，从杠杆操纵的手段来看，企业利用名股实债手段实现的杠杆操纵程度最大，表外负债手段次之，纯会计手段实现的操纵程度最低。从公司自身特征及其所处环境来看，在名义杠杆率较高、融资约束程度较大、具有国有产权性质、面临去杠杆业绩考核压力、所在地法治化水平较低及实施注册制改革之前的公司年份中，其杠杆操纵程度较大。多元线性回归结果显示，企业的名义杠杆率、融资约束程度、产权性质、国企高管业绩考核压力、注册制改革等变量均为企业杠杆操纵的主要影响因素。由此可见，企业的杠杆操纵行为同时受到自身条件和外部环境的影响，因而可以从这些因素入手，通过提升企业自身的财务能力和完善内外部治理环境，对其杠杆操纵行为进行有效管控。

5 杠杆操纵对企业融资的影响：作用机制与经验证据

5.1 制度背景与研究问题

5.1.1 制度背景与研究假说

债务融资是企业日常经营与创新实践重要的资金来源，也是企业调整资本结构、提升公司业绩有效的金融工具（Jensen and Meckling，1976；Frank and Goyal，2003）。众所周知，适度的债务融资能够帮助企业抓住良好的增长机会，包括将借入资金用于扩大生产能力、开发新产品或进入新市场等，由此提高企业的市场竞争力和盈利能力。然而，杠杆率过高会导致企业的财务负担加重、破产风险增加、盈利能力减弱等一系列问题（Berk et al.，2010；DeAngelo et al.，2018；刘晓光和刘元春，2019）。近年来国内企业的债务违约事件时有发生，引起了社会各界的广泛关注。为了防止高杠杆带来的区域性和系统性金融风险，政府将"去杠杆"列为供给侧结构性改革的五大任务之一，我国企业尤其是高杠杆国有企业自此启动了强制去杠杆程序。随着去杠杆政策的全面推进，一部分企业已通过正当手段切实降低了资产负债率，因而中央财经委员会第一次会议适时提出了"结构性去杠杆"的监管思路。从降杠杆的手段来看，企业通过减少负债而降低杠杆率的代价高昂，而发行股票融资的机会较少且周期较长，故利用表外负债、名股实债等手段人为降低账面杠杆率已然成为不少企业应对杠杆监管的常用手段。然而，通过杠杆操纵来粉饰企业的财务状况不仅会加大其财务风险，还可能因信息披露质量低而误导报表使用者的决策行为（许晓芳和陆正飞，2020）。相应地，党的十九大和二十大报告相继提出要"健全资本市场功能，提高直接融资比重"，即通过金融供给侧结构性改革不仅能拓宽微观企业的融资渠道，提高其股权融资效率，还能在宏观层面上为防范化解区域性和系统性金融风险提供制度保障。

前已述及，杠杆操纵的基本动机主要包括两个方面：一是粉饰企业的财务状况，以增强外部融资能力；二是迎合政策和监管要求，在形式上完成去杠杆任务。具体地，一方面，从满足融资条件角度看，随着企业杠杆率的不断攀升，债权人可能拒绝给企业提供贷款，或者设置严苛的债务契约条款，从而增加企业的债务融资难度和提高企业的债务融资成本。因此，杠杆率过高的企业有动机通过杠杆操纵而隐藏债务，降低账面杠杆率，从而达到满足与债权人订立债务契约和降低融资成本之目的。同理，杠杆率过高的企业进行股权融资时，也可能因财务风险过大而降低发行成功率和发行价格，因而也有动机进行杠杆操纵。另一方面，从杠杆监管角度看，早在2012—2015年，企业的高杠杆率风险就受到了银行等金融机构的密切关注。政府部门对企业高杠杆率问题高度重视，国务院国资委2012年下发《关于进一步加强中央企业债务风险管控工作的通知》，确定了各类企业资产负债率的警戒线。自2015年底进入强制"去杠杆"阶段以来，中央多次强调企业去杠杆这一政策性任务，包括要求国有企业在2017年到2020年将平均杠杆率下降2%。因此，为了顺应杠杆监管要求，部分杠杆率较高且难以做到实质性去杠杆的企业就有动机进行杠杆操纵，以降低账面杠杆水平。然而，杠杆操纵是否能够真正缓解企业所面临的"融资难"与"融资贵"问题？现有研究分别探讨了杠杆操纵在公司治理（许晓芳等，2021；李世辉等，2021；卿小权等，2023）、企业绩效（许晓芳和陆正飞，2022）、财务风险（DeAngelo，2018）、审计质量（徐亚琴和宋思淼，2021）等方面的影响后果；然而，现有文献尚未探讨杠杆操纵对企业融资的作用效果与影响机制。由于融资是企业日常经营与长远发展的基础，因此探究杠杆操纵行为对企业融资的影响，不仅可以深化学界和业界对杠杆操纵经济后果的认识，还能为企业合理制定融资规划、提升资金配置效率等提供启示。

基于我国持续深化金融供给侧结构性改革这一制度背景，本章以企业的杠杆操纵为研究对象，选取2007—2022年中国A股上市公司为样本，并参考许晓芳等（2020）的方法测算企业的杠杆操纵水平，系统地检验了上市公司的杠杆操纵行为对其不同融资方式下的融资规模与融资成本等的影响。实证研究发现：第一，杠杆操纵能提高企业的风险承担意愿，进而增加企业的债务融资规模，由此减少企业在债务市场获取资金的融资难度。同时，企业自身规模与市场竞争优势会弱化杠杆操纵与债务融资规模之间的正相关关系，但产权性质并不影响两者之间的关系;进一步地,杠杆操纵只能促使短期债务融资规模提升,而不能增加长期债务融资规模,这就说明杠杆操纵仅能在短期内解决企业面临的"融资难"问题。第二,杠杆操纵会降低企业的信息透明度,加剧债务违约风险,从而增加企业的债务资本成本,表明管理层的杠杆操纵行为不利于缓解企业的"融资贵"问题。同时,较强的资金流动性与较弱的代理问题会削弱杠杆操纵与债务资本成本的正相关关系,且抵押贷款能力更弱时,两者之间的关系更显著。进一步地,杠杆操纵能够显著增加银行贷款资本成本,而对于发行债券资本成本不具有显著提升作用。第三,企业存在为发新股而降杠杆的杠杆操纵动机,然而杠杆操纵会减少企业的股权再融资规模,尤其是定向增发融资规模,加剧投资者情绪波动与增加市场风险是杠杆操纵抑制股权再融资规模的重要机制;同时,对于市场化程度更高的地区和债务融资约束更强的企业,杠杆操纵对股权再融资规模的抑制作用更显著。进一步地,杠杆操纵还能够抑制定向增发融资规模,而对于企业的可转债发行规模不存在显著影响。第四,杠杆操纵会增加股票投资的基本面风险和市场风险,从而提高企业的权益资本成本,据此再次验证了杠杆操纵无法有效缓解甚至加剧了企业"融资贵"问题;同时,新租赁准则的颁布实施有效地抑制了企业杠杆操纵及由此造成的负面影响;相较于名股实债,投资者对表外负债形式的杠杆操纵更为敏感,要求更高的风险补偿;对于非国有控股企业、机构投资者持股比例更低的企业而言,杠杆操纵提升权益资本成本的作用更显著。

5.1.2 研究假说

5.1.2.1 杠杆操纵与企业债务融资规模

债务融资作为企业获取外部资金的重要方式,其资本成本通常低于股权融资,且利息负担相对固定,因而适当的负债规模与合理的债务结构不仅有利于提升企业的资金使用效率,帮助企业降低融资成本,获得更有利的融资条件(代昀昊等,2023),而且能够帮助企业应对不确定性和外部风险,对其生产经营、投资活动以及内部治理意义重大。然而,债务融资是一把"双刃剑",过高或过低的负债率都会阻碍企业发展。不难理解,负债率过低可能会增加企业的生产经营成本、压缩企业投资、削弱扩张能力、限制企业发展(牟策和马小勇,2023);而较高的负债水平则给企业带来较大的偿债压力,增加企业的利息负担和财务风险,限制企业的资金运作和自主决策权。随着我国经济发展进入"新常态",为了推动资本市场化改革、调整产业结构和促进经济高质量发展,我国启动供给侧结构性改革,并提出"三去一降一补"

五项任务，首次把"去杠杆"提升到国家战略层面，其重要性可见一斑。尽管国务院国资委和其他部委不断出台和完善杠杆监管政策，但在强制去杠杆政策落地后的几年里，房地产企业的债务危机和地方债居高不下等对宏观经济稳定和可持续发展造成了一定冲击。实际上，在以间接融资为主的中国制度背景下，对于大多数处于成长期、成熟期的企业而言，直接减少负债或者过于依靠发行股票融资都不太可取，而较高的账面杠杆率又会使其面临融资约束，因而通过财务或者会计手段来美化财务状况，就成了不少高杠杆企业的优先选择。

前已述及，杠杆操纵是指企业为迎合政策和监管要求（许晓芳和陆正飞，2020），利用表外负债、名股实债及其他会计手段降低名义杠杆率的行为（Mills and Newberry, 2005；Scott et al., 2011；Spencer and Webb, 2015）。虽然杠杆操纵通过隐藏债务、扭曲会计确认等手段降低了企业的名义杠杆率，但其真实杠杆率并未发生变化，甚至还会因为某些操纵手段的使用而上升，其结果势必会改变企业的风险承担意愿。一方面，杠杆操纵能帮助企业隐藏债务风险，提高企业管理层的风险承担意愿。真实杠杆率反映了企业资产和负债之间的实际关系，能够准确衡量企业的财务杠杆水平。当企业维持相对较高的实际杠杆率时，由于其名义杠杆率较低，债权人感知（可观察到）的债务水平仍处在合理范围内。这有助于降低债权人对企业负债和财务风险的敏感性，从而增强其向企业提供信贷资金的意愿。特别地，若企业处于风险较高或泡沫过大的行业或市场中，主动压缩泡沫、控制资产泡沫的膨胀对于企业满足信贷条款、获取外部资金至关重要。因此，通过杠杆操纵降低名义杠杆率，提高风险承担意愿，企业可能更容易获得贷款。另一方面，杠杆操纵短期内可能产生高回报机会，从而增强企业的风险应对能力。相应地，若企业偏好债务融资，则意味着企业看中了具有高回报的投资机会。尽管高杠杆率会带来更大的财务风险，但如果风险投资能够为企业带来更高的收益，那么企业可利用自身较高的资金储备以承担相应风险，并创造增量价值。与此同时，稳定资本结构给企业带来的投资收益能够提高企业的风险应对能力，一旦企业面临较大的资金波动，对投资收益的保证将有助于企业获得债权人的稳定支持，而利用债务融资可以支持企业的投资和扩张计划（吴超鹏等，2012）。

综上所述，较高的风险承担意愿代表企业愿意承担更多的投资和经营风险，而杠杆操纵能通过隐藏债务风险而提高企业的风险承担意愿，从而减少债权人对企业偿债能力的担忧，据此帮助企业获取更多的债务资金支持，进而提高其财务灵活性。杠杆操纵带来的高投资回报能够对企业的业务增长、进入新市场、进行产品研发或扩大生产能力等起到支持作用，从而提高企业的风险应对能力（潘越等，2013）。向债权人做出按期偿还债务的有效背书，有利于增加企业的债务资金的净获得量。因此，一旦企业通过杠杆操纵行为降低了名义杠杆率，从而满足债务融资的资格条件，同时其财务风险尚未积累到爆发的水平，则企业的债务融资规模可能会增加。换言之，若企业对内外部风险的承担意愿和应对能力得到强化，则企业可以利用债务融资获取更多的资金支持。基于此，提出本节假说如下：

H1：当其他条件不变时，企业实施杠杆操纵将有助于提高风险承担意愿，强化自身的风险应对能力，从而增加债务融资规模。

5.1.2.2 杠杆操纵与企业债务融资成本

企业生产与经营的实现以与各利益相关方缔结契约为基础，作为企业外部融资的主要渠道，企业与债权人间的债务契约是维护债权人合法利益、约束管理层行为的重要治理机制，直接决定了企业债务资本成本的高低。债务融资成本不仅能够衡量企业为获取信贷资金付出的代价，也是企业进行一系列生产经营和投融资决策的关键依据（Easley and O'Hara，2004），对公司的生存及可持续发展有着重要影响。随着利益相关者对企业内在风险的愈发重视（于李胜和王艳艳，2006），风险程度已成为决定企业举债成本的关键因素。一方面，借款企业不能履行到期债务的信用风险是债权人与企业建立借贷契约的重要考虑依据（Fisher，1959）。如果企业的偿债能力较弱或偿债风险较高，会降低债权人对企业的信誉评级（Yu，2001；王雄元和高开娟，2017），致使债权人不愿以较低的报酬率提供借贷资金，而且在较长的债务偿还期限内，经济和市场环境的变化可能会进一步增加债权人的风险（范从来等，2012；吴德胜等，2021），因此长期债务债权人往往要求更高的风险补偿。另一方面，企业自身的经营风险也是债权人确定借款利率的重要考量。债权人在评估企业的偿债能力和风险时，通常会考虑其盈利能力和现金流量状况。良好的经营业绩能够降低银行对企业信用风险的感知（胡奕明和谢诗蕾，2005），银行给予企业的贷款条件越宽松，贷款利率越低。反之，较高的经营风险不仅可能会增加债权人对债务偿还能力的担忧，还可能对公司的市场形象产生负面影响，进而影响债权人对企业的信誉评估。出于风险控制的考虑与避免过高的违约损失，债权人可能设置更严格的信贷条件（Francis et al.，2014；宫汝凯等，2019），并尽量缩短贷款期限（Fan et al.，2012；Pan et al.，2019；李增福等，2022），进而抬高企业的用资成本。

已有研究证明，企业为了获取有利的融资条件，可能会粉饰财务报表，掩盖自身过高的账面杠杆率，从而降低其会计信息可靠性（刘文欢等，2017）。例如，上市公司为达到再融资业绩门槛会进行盈余操纵（汪德华和刘志彪，2004），而有发行债券意愿的上市公司为满足杠杆率条件也会在发债前进行杠杆操纵（李晓溪和杨国超，2022）。基于信号传递假说，企业的盈余管理或杠杆操纵行为都是管理层向外界传递公司财务状况与未来价值信号的重要手段。然而，杠杆操纵会加剧企业的债务偿还风险和持续经营风险，由于资金成本需要弥补债权人可能面临的违约风险，因此企业的债务资本成本会相应提高。杠杆操纵行为实质上是企业向外界披露不真实、不准确的资产负债表信息，导致信息质量的降低。一方面，杠杆操纵会导致企业财务报表中的数字不真实或不准确，这将使得财务报表无法准确反映企业的真实经济状况和业绩表现（许晓芳和陆正飞，2022）。正因如此，外部利益相关方（如投资者、债权人、分析师等）难以获得准确和可靠的信息，从而降低了企业的信息透明度。另一方面，杠杆操纵可能掩盖企业自身的偿债与经营风险，使得表内财务指标所反映的财务状况优于实际情况。而投资者及其他利益相关方对企业真实状况的不准确认知将导致错误的风险评估结果和投资决策，企业的信息风险也将不断累积。

众所周知，信息不对称是导致企业债务资本成本上升的重要诱因（Sengupta，1998；Bharath et al.，2008；Ge and Liu，2015；郑登津和闫天一，2016；倪娟和孔令文，2016；Jung et al.，2018）。企业的信息透明度越低，内外部利益相关者之间的信息不对称程度越严重，因而信息透明度下降可能会导致企业的债务资本成本上升。一方面，信息透明度下降会增加债权人对企业的风险认知，从而使企业面临较高的风险溢价。当债权人无法获得足够准确和可靠的信息来评估企业的偿债能力和风险水平时，他们通常倾向于对借款企业施加更高的风险溢价（Grier and Zychowicz，1994），这意味着债务资本成本会上升，以反映债权人对风险的补偿要求。另一方面，信息透明度下降可能导致企业在债务融资市场上面临更差的信贷条件。当债权人对企业的信息缺乏信心时，他们可能要求提高抵押品价值、提供更多的担保或增加其他的保证措施以减少风险。这些额外要求可能导致企业在债务融资中面临更高的成本和更多的限制，从而增加债务资本成本。此外，信息透明度下降还可能会导致市场对企业的不确定性增加。当债权人因为缺乏可靠的信息而难以对企业的业绩、财务状况及前景做出准确的评估时，其感知的企业风险及要求的利率就会增加，从而将导致企业的债务资本成本上升。

综上可知，企业进行杠杆操纵会降低资产负债表信息质量，降低企业的信息透明度，进而对信息使用者的有关决策产生消极影响。对于债权人而言，企业信息透明度的降低将使其难以对企业真实的偿债能力和潜在违约风险做出准确判断,从而增加投资(信用)风险,而投资风险的增加将使债权人索要更高的回报作为补偿,由此会增加企业的债务资本成本。基于此,本节提出假说如下:

H2:当其他条件不变时,企业实施杠杆操纵可能会降低其信息透明度,增加债权人的决策风险,从而导致企业的债务资本成本上升。

5.1.2.3 杠杆操纵与企业股权再融资

对于上市公司而言,除了银行借款等债务融资外,还可以通过增发股票从资本市场获取经营所需资金,常见的股权再融资方式包括配股、公开增发和定向增发(即非公开发行股票)。其中,定向增发的业绩门槛较低、发行定价较为灵活且能引入战略投资者,因而自2006年正式引入中国资本市场以来就备受青睐,并迅速发展成为我国上市公司最重要的股权再融资方式[1]。2007年9月,中国证监会发布《上市公司非公开发行股票细则》,从方案审核与定价机制两方面确定了非公开发行的制度框架,定向增发自此开启规范化发展时代,其实施数量和募资规模均实现稳步增长,并在上市公司融资中占据重要地位(黄晓薇等,2014)。2014年,在国务院"新国九条"构建多层次资本市场体系的精神指引下,再融资市场进入快速发展期。2017年证监会对定向增发实施细则进行修订,在政策收紧后,再融资市场规模出现回落,尤其是定向增发项目的数量和筹资规模均大幅缩减[2]。2020年2月,中国证监会发布了《关于修改〈上市公司非公开发行股票实施细则〉的决定》,对非公开发行股票的发行对象、定价规则和锁定期等方面进行调整,大幅放宽了企业进行股权再融资的条件,但同时加强了对名股实债式杠杆操纵行为的监督与信息披露要求。伴随着监管政策松紧不一,股权再融资市场规模也不断波动。

股权再融资渠道的开辟为上市公司募集资金提供了便利,与债务融资相比,该融资方式无还本付息压力,能为企业的日常经营与长期发展提供可靠

---

[1] Wind数据库的统计结果显示,2006年我国上市公司再融资总额为1 023.15亿元,其中定向增发募资887.76亿元,占当年再融资总额的86.77%;2013年我国上市公司再融资总额为4 580.45亿元,其中定向增发募资3 470.42亿元,占当年再融资总额的75.77%;2022年我国上市公司再融资总额为11 013.02亿元,其中定向增发募资3 470.42亿元,占当年再融资总额的65.64%。

[2] Wind数据库统计结果显示,2014年和2015年我国资本市场中定向增发融资总额增长率分别为78.51%和84.71%;2016年再融资市场规模达到峰值,其中定向增发规模高达17 864亿元。2017—2018年,定向增发融资规模连续两年同比下滑超过20%,2018年募资总额降至7 855亿元,相比2016年的峰值下降了56%。

的资金保障。前已述及，尽管企业进行杠杆操纵能降低名义杠杆率，但实际上也会引发潜在债务违约风险和信息质量风险（李晓溪和杨国超，2022），不利于企业融资环境的改善，因而可能会降低股权再融资规模。具体来说，首先，杠杆操纵会降低企业的股权融资需求。操纵杠杆通常意味着企业倾向于使用更多的债务融资来满足其资金需求，从而减少对股权融资的依赖（许晓芳和陆正飞，2022）。与股权融资相比，债务融资可以在一定程度上降低企业的资金成本，且能避免控制权被稀释。因此，如果企业通过操纵杠杆的债务融资获取了资金，可能导致其对股权再融资的需求减少。其次，实施杠杆操纵不利于企业股权再融资申请通过审核。尽管2020年证监会发布了《关于修改〈上市公司非公开发行股票实施细则〉的决定》，对非公开发行股票的发行对象、定价规则和锁定期等进行了调整，大幅放宽了企业进行股权再融资的条件，但也加强了对名股实债式杠杆操纵的监督。如果企业实施杠杆操纵，将会面临严格的监管（发行审核）风险，由此可能降低发行成功率，从而减少企业的股权再融资规模。最后，企业的杠杆操纵行为还会对股票市场反应和公司估值产生连锁影响。如果企业通过杠杆操纵隐藏负债和债务违约风险，一旦累积的财务风险真正爆发，则股票投资者可能会质疑企业的财务稳定性和风险承受能力，从而对公司估值产生负面影响（许晓芳等，2021）。此时，企业可能面临股权融资成本上升、融资难度加大等问题，而资本市场融资约束的增强将会降低上市公司的股权再融资规模。

更为重要的是，企业因进行杠杆操纵而释放的信用风险一定程度上会影响投资者情绪（苏洁和王勇，2023）。长期内杠杆操纵会加剧企业未来的信用风险（李晓溪和杨国超，2022），这可能导致投资者面临的潜在损失与不确定性增加。而当投资者感知到市场风险增加时，出于对投资损失的担心和焦虑其可能会产生负面情绪，进而影响他们的投资决策。一方面，企业对较高的真实杠杆率进行掩盖，凭借较低的名义杠杆率进行融资，隐瞒了潜在的债务风险，降低了信息披露质量（卿小权等，2023），会对企业价值造成损害，进而影响投资者利益（Beneish and Press，1995；Glover，2016）。投资者一旦意识到自身利益受到侵害，则会产生负面情绪，可能选择尽早抛售所持有的企业股份，进而引发二级市场上较大的投资者情绪波动。另一方面，信用风险具有较强的传染效应，尤其会在行业内发生风险传染（Leitner，2005）。虽然这一表现会波及行业内其他公司，使后者的风险随之加剧，但同时也能作为增量信息，提高外部信息使用者的风险感知水平（Bernet and Getzen，2008），起到一定程度的风险警示作用。因此，杠杆操纵可能会引起市场对企业财务状况和风险的质疑，导致投资者对企业前景的不确定性增加。此外，操纵杠杆往往涉及违反财务规定、舞弊等行为，企业可能面临法律和监管的风险。一旦企业涉嫌违法行为被曝光或受到监管部门调查，可能进一步影响投资者的信心和情绪。

已有研究发现，投资者情绪对股票市场存在一定影响（Brown and Cliff，2004），能够解释股票收益（Baker et al., 2012），而投资者情绪的波动可能会降低企业的股权再融资规模，进而影响其市场价值。一方面，投资者情绪波动会导致其投资动机和需求下降。投资者情绪的波动可能导致投资者对公司的信心下降，对投资风险的敏感度增加。在情绪低迷的市场环境下，投资者可能不愿意购买新发行的股票，从而降低公司进行股权再融资的需求。公司很难达到规定的融资目标，因为投资者对购买公司股票的意愿降低。另一方面，投资者情绪波动给公司带来市场估值压力。情绪波动可能导致股价的波动和下跌，进而影响公司的市值。在股价低迷的情况下，公司进行股权再融资可能会面临市场估值的压力。投资者可能对公司进行低估，对股票定价抱有怀疑态度，导致公司难以以较高的价格出售新股份，投资者可能更倾向于保守的投资策略，降低对股权再融资的需求，从而减少公司再融资的规模。

李晓溪和杨国超（2022）研究发现，企业在债券发行前存在机会主义的杠杆操纵行为，以达到临时性降杠杆的目的。类似地，上市公司管理层可能出于业绩考核、市值管理等原因，给未来创造增发有利时机而选择操纵杠杆，进而美化企业财务状况，即上市公司也可能存在为了发行新股而操纵杠杆这一杠杆操纵动机。但是，定向增发的发行对象主要是控股股东和机构投资者，前者属于公认的"内部人"，知悉甚至主导着管理层的杠杆操纵行为；后者出于规避投资风险，除了会派出分析师团队对公司财务报表进行专业分析和实地调研外，还有可能随着持股比例增加而向公司派驻董事，直接参与公司包括杠杆操纵所属财务行为在内的经营管理决策，从而能实时观测和抑制企业的杠杆操纵行为，并据此做出是否参与新股认购及认购份额等股权投资决策。因此，企业当前的杠杆操纵程度越大，则未来期间的股权融资规模将会越小。

综上所述，杠杆操纵行为可能会加大企业的股票收益波动以及投资者的情绪波动，从而引发市场风险，并通过溢出效应进一步削弱企业在再融资市场获取资金支持的能力。基于此，本节提出以下假说：

H3：当其他条件不变时，企业实施杠杆操纵会加剧股票收益波动和投资者情绪，从而降低同期股权再融资规模。

5.1.2.4 杠杆操纵与企业权益资本成本

企业风险是影响投资者投资决策的关键要素，理性的投资者会根据风险水平向企业索要风险补偿，此即企业的权益资本成本。从权益资本成本的影响因素来看，首先，在理论上，证券的预期回报率由无风险收益率与投资者要求的风险溢价两部分组成，可见风险是决定权益资本成本的最重要因素，且企业的风险越高，权益资本成本越高。具体地，从基本面来看，企业经营风险较大时业绩波动也较大，甚至可能陷入财务困境乃至破产。面对较高的企业基本面风险，投资者便会提高要求的必要报酬率，从而引致较高的权益资本成本（Trueman and Titman, 1988；曾颖和陆正飞, 2006；Suijs, 2008；王化成等, 2017）。从市场层面来看，市场风险即系统风险，其与权益资本成本正相关（Sharpe, 1964；Fama and French, 1996）。通常贝塔系数（β）越高、股票回报率的波动性越大，投资者面临的风险和为应对未来不确定性而要求的风险补偿越高，因此权益资本成本也就越高（毛新述等, 2012）。由此可见，企业基本面风险和市场风险的增加均会提高权益资本成本。

其次，在我国资本市场实践中，企业风险与权益资本成本的关系也得到了很好的体现。随着我国资本市场的逐步发展，投资者不断成熟，其对风险的关注和厌恶程度随之提高，企业风险在资本市场上的角色也越来越重要。不同于发达经济体成熟的资本市场，中国股市发展至今仅经历了三十多年，自诞生以来，历经数次牛熊更迭，且总体上表现为"牛短熊长"，股票投资风险极高。在此过程中，经历了大起大落的投资者也从中汲取教训而不断成长，他们在关注和厌恶风险的同时寻求风险补偿，进而确保投资收益和实现资金增值。对于较高的企业风险，他们会要求更高的投资报酬率，而这将提高企业的股权融资成本，因此高风险企业的权益资本成本理论上也应当更高。在成熟资本市场中，股价的波动通常与宏观经济运行状况及企业经营情况的变化密切相关，而受政策影响的程度相对较小，由此可以推测，随着我国投资者的不断成长，企业风险与其权益资本成本的联系将越来越紧密。

进一步地，企业杠杆操纵行为会直接影响其风险水平。杠杆操纵通过表外负债、名股实债和会计方法等各种手段在形式上降低资产负债率以掩盖公司杠杆风险，实际上反而会增加企业风险。一方面，企业通常会选择向下操纵杠杆率，而实质上的高杠杆本身就蕴含着高风险。上市公司通过杠杆操纵掩盖真实资产负债率，隐藏财务风险过高的真实状况（Sengupta and Wang, 2011；Spencer and Webb, 2015；Kraft, 2015；Morales and Zamora, 2018），但没有改变其真实杠杆率过高的事实。根据MM定理可知，企业的资产负债率越高，破产风险越大（叶康涛和陆正飞, 2004）。因此，即便企业管理层通过各种手段降低了账面杠杆率，但其实际负债率并未下降，甚至会因特定的操纵手段而有所上升（比如名股实债式杠杆操纵）；相应地，企业真实的债务风险亦不会因杠杆操纵而减少，甚至会随着时间的推移而增加。另一方面，杠杆操纵行为会进一步推高企业风险。对于企业自身而言，杠杆操纵对高杠杆率的掩盖增大了会计信息风险，即便是作为内部信息使用者的管理层，也可能很难对企业真实财务状况和风险做出正确的判断（许晓芳和陆正飞，2020），而经营决策和财务决策可能因此出现失误和偏差，从而导致企业的基本面风险增加。进一步地，经营风险大的公司的利润波动往往也较大，而厌恶风险的投资者将不愿意参与其股票交易，由此将降低私人信息融入股票的速度和股票的流动性，投资者之间的信息不对称和分析师的盈余预测分歧因此加大（Peress，2010），这将使其股票收益受到冲击，市场风险由此增加。同时，作为外部信息使用者的股东，杠杆操纵对真实信息的掩盖使其难以判断企业的经营管理状况，因信用评级机构难以识别复杂的杠杆操纵导致的企业低信用评级，同样不利于投资者判断企业的真实质量，因而杠杆操纵也会增加投资者面临的市场风险。不难看出，杠杆操纵通过增加企业基本面风险和市场风险，使得企业的整体风险水平上升。

综上可见，企业的杠杆操纵行为会增加其基本面风险和市场风险，而风险与权益资本成本紧密相关，根据风险与收益的权衡机制，股票投资者面对较高的投资风险时将会索要风险补偿，从而使得企业的权益资本成本上升。因此，提出本节的假说如下：

H4：企业的杠杆操纵程度越大，其权益资本成本将会越高。

5.2 样本数据、模型设定与变量定义

5.2.1 样本数据

本章以沪深 A 股的上市公司为初始研究样本，因我国于 2007 年开始实施新会计准则，为保证财务数据的可比性，故确定样本区间为 2007—2022 年，并按照以下顺序对样本进行处理：①剔除金融类行业上市公司；②剔除 ST、PT、*ST 等公司；③剔除财务数据缺失以及异常的上市公司。此外，在检验杠杆操纵对企业债务融资规模的影响时，额外剔除了债务融资规模为 0 的上市公司，因此该小节样本量为 23 488；在检验杠杆操纵对企业债务融资成本的影响时，进一步剔除了利息支出为负值的观测值，因此 5.3.2 节样本量为 22 314；在检验杠杆操纵对企业股权再融资规模的影响时，进一步剔除了定向增发失败的上市公司样本，因此 5.3.3 节样本量为 23 073；在检验杠杆操纵对权益资本成本的影响时，另外剔除资本成本大于 1 或小于 0 的公司（Easton，2004；王化成等，2017；张修平等，2020），因此 5.3.4 节样本量为

16 677。为排除极端值对本章结果的影响，对连续变量在首尾 1% 处进行了缩尾处理。借鉴许晓芳等（2020）的研究，本书通过手工计算得到上市公司杠杆操纵程度数据。主要财务数据来自国泰安数据库、CNRDS 数据库与 Wind 数据库。

5.2.2 模型设定与变量定义

5.2.2.1 模型设定

为验证本章研究假说 H1，本书使用固定效应模型以最大限度地缓解计量误差问题，具体设计基准回归模型（5-1）如下：

$$DEBT_{i,t}=\alpha_0+\alpha_1 L\_LEVM_{i,t}+\alpha_2 Controls_{i,t}+\sum Industry+\sum Year+\varepsilon_{i,t} \quad (5-1)$$

为验证本章的研究假说 H2，本书使用固定效应模型以最大限度地缓解计量误差问题，具体设计基准回归模型（5-2）如下：

$$DCOST_{i,t}=\alpha_0+\alpha_1 L\_LEVM_{i,t}+\alpha_2 Controls_{i,t}+\sum Industry+\sum Year+\varepsilon_{i,t} \quad (5-2)$$

为验证本章的假说 H3，参考滕飞（2022）等，本书使用固定效应模型以最大限度地缓解计量误差问题，具体设计基准回归模型（5-3）如下：

$$ISSUE_{i,t}=\alpha_0+\alpha_1 LEVM_{i,t}+\alpha_2 L\_LEVM_{i,t}+\alpha_3 Controls_{i,t}+\sum Industry+\sum Year+\varepsilon_{i,t} \quad (5-3)$$

为验证本章的研究假说 H4，构建回归模型（5-4）如下：

$$PEG_{i,t}=\alpha_0+\alpha_1 L\_LEVM_{i,t}+\alpha_2 Controls_{i,t-1}+\sum Industry+\sum Year+\varepsilon_{i,t} \quad (5-4)$$

5.2.2.2 变量定义

（1）被解释变量

DEBT 为企业的债务融资规模。债务融资规模反映了企业的负债情况，如前文所述，依据是否存在税盾效应可将债务融资分为金融性融资和经营性融资（刘行等，2017），即债务融资和商业信用。考虑到供应链企业之间的商业信用融资状况与杠杆操纵间无直接关联，故在基准回归中，参考黄小琳等（2015），本节选取企业的有息负债规模作为被解释变量，以检验企业杠杆操纵与债务融资规模之间的关系。为消除量纲影响，在回归中对该变量以资产总额进行去规模化处理，具体定义为：

$$DEBT=有息负债总额/资产总额$$

其中，有息负债＝短期借款＋一年内到期的非流动负债＋长期借款＋应付债券＋交易性金融负债。在稳健性检验中，还使用有息负债总额的自然对数作为被解释变量。

DCOST 为企业的债务资本成本。企业的债务资本成本是指企业通过债务融资所支付的资金成本，即为了筹集债务资金而需支付给债权人的利息和其他相关费用。债务资本成本通常以利率的形式来衡量，企业需要向债权人支

付的利率取决于多个因素，包括企业的信用评级、债务期限、市场利率水平等。参考苏冬蔚和曾海舰（2011）、Karjalainen（2011）、蒋琰（2009）、魏志华等（2012）、Pittman 和 Fortin（2004），本书分别使用以下两类变量衡量企业的债务资本成本。第一，基准回归中，使用有息负债资本成本（*DCOST*），具体定义为当年发生的利息支出除以有息负债平均值。第二，稳健性检验中，使用总括债务资本成本（*DCOST*1），具体定义为当年发生的利息指出除以平均负债总额。

ISSUE 为企业的股权再融资。如前文所述，定向增发是最具有代表性的企业再融资方式（刘行等，2017）。故在基准回归中，本节选取企业当年的定向增发实际募资金额作为被解释变量，以定向增发发行日期确定发行年度，以检验企业杠杆操纵与股权再融资规模之间的关系。为消除量纲影响，在回归中对该变量以取自然对数方式、除以资产规模进行去规模化处理，基准回归中的定义为：ISSUE = 企业当年定向增发实际募集资金总额/年末资产总额；在稳健性检验中，该变量定义为：ISSUE1 = log（1+企业当年定向增发实际募集资金总额）。

$PEG_{i,t}$ 为企业的权益资本成本。Easton（2004）的 PEG 模型和 MPEG 模型是目前我国常用的权益资本成本估算方法之一。不同于事后权益资本成本模型，PEG 模型和 MPEG 模型属于事前权益资本成本模型，主要运用预测数据而非历史数据。对比各类权益资本成本估算技术，PEG 模型和 MPEG 模型假设较少且估计结果准确可靠，能够恰当地捕捉到各项风险因素的影响，更加适合中国的市场环境（何玉和张天西，2006；李超，2011；毛新述等，2012；许志等，2017）。因此借鉴王化成等（2017）的研究，本书分别采用 PEG 模型和 MPEG 模型对企业权益资本成本进行估计，其中 MPEG 模型的计算结果用于稳健性检验，相应的计算公式设计如下：

$$PEG_t = \sqrt{\frac{EPS_{t+2} - EPS_{t+1}}{P_t}} \quad (5-5)$$

$$MPEG_t = \sqrt{\frac{EPS_{t+2} + MPEG_t \times DPS_{t+1} - EPS_{t+1}}{P_t}} \quad (5-6)$$

其中，PEG_t 和 $MPEG_t$ 为第 t 期的权益资本成本。EPS_{t+1} 和 EPS_{t+2} 分别表示 $t+1$ 期和 $t+2$ 期末的预测每股盈余。P_t 为 t 期的股票价格，采用当年年末股价计算。DPS_{t+1} 为 $t+1$ 期末的预测股利，等于预测盈余乘以当年的实际股利支付率（毛新述等，2012）。预测每股盈余数据采用证券分析师预测数据的均值。

（2）解释变量

LEVM 为企业杠杆操纵程度。参照许晓芳等（2020）的研究，本书使用基本的 XLT-LEVM 法对杠杆操纵程度进行衡量，在稳健性检验中使用扩展的 XLT-LEVM 法（直接法）对杠杆操纵程度进行衡量。由于债权人、股票投资者及管理层通常会结合企业公开披露的财务报表数据、行为特征（比如债务违约、被监管问询等）和自身获悉的其他信息来判断企业的杠杆操纵程度，评估企业当前及未来期间的风险水平，进而做出贷款（购买债券）、股票投资及各类经营投资决策，因而在检验杠杆操纵的经济后果时，本章 5.3.1 节、5.3.2 节、5.3.4 节均使用滞后一期的杠杆操纵程度（L_LEVM）作为解释变量。而在 5.3.3 节中，为了验证"上市公司为了发行新股而操纵杠杆"这一杠杆操纵动机的存在性，同时使用本期和滞后一期的杠杆操纵程度作为被解释变量。

（3）控制变量

$Controls$ 为控制变量，以上模型统一控制的企业特征变量为：公司规模（$SIZE$）、杠杆率（LEV）、公司年龄（AGE）、产权性质（SOE）、股权集中度（TOP）、董事会规模（$BOARD$）。考虑到回归模型的差异性，在模型（5-1）、模型（5-2）、模型（5-3）中增加了管理层持股比例（MH）、经营活动现金流（CFO）、有形资产比例（PPE）、盈利能力（ROA）作为控制变量。此外，模型（5-1）、模型（5-2）中增加了银企关系（BER）。模型（5-3）、模型（5-4）中增加了市账比（MB）、成长性（$GROWTH$）。模型（5-4）中增加了董事会独立性（$INDP$）、两职合一（$DUAL$）、贝塔系数（$BETA$）。同时，为控制行业和年份的影响，本章在模型中加入了行业和年份虚拟变量。

控制变量定义见表 5-1。

表 5-1 控制变量定义表

变量	变量名称	变量描述
SIZE	公司规模	企业总资产的自然对数
LEV	杠杆率	总负债/总资产
AGE	公司年龄	企业成立年限的自然对数
SOE	产权性质	国有控股企业，取值为 1，否则为 0
TOP	股权集中度	前十大股东持股比例之和
BOARD	董事会规模	董事会总人数的自然对数
MH	管理层持股比例	监管层持股数/总股数
CFO	经营活动现金流	经营活动产生的现金流量净额/资产总额

续表

变量	变量名称	变量描述
PPE	有形资产比例	固定资产净额/期末总资产
ROA	盈利能力	净利润/净资产平均余额
BER	银企关系	根据银行是否持有企业股份、企业是否持有银行股份、企业高管是否有银行背景设置虚拟变量,符合任意一项条件,取值为1,否则取0
MB	市账比	公司市场价值与账面价值之比
GROWTH	成长性	营业收入的增长率
INDP	董事会独立性	公司董事会中独立董事的比例
DUAL	两职合一	董事长与总经理为同一人,取值为1,否则为0
BETA	贝塔系数	公司股票收益率与市场收益率的相关度

5.3 实证结果分析

5.3.1 杠杆操纵与债务融资规模

5.3.1.1 描述性统计

表5-2展示了全样本的描述性统计结果。其中,被解释变量企业债务融资规模(DEBT)的均值为0.203,标准差为0.148,意味着不同企业的债务融资规模存在较大差异。解释变量杠杆操纵程度(LEVM)的平均值为0.133,中位数为0.048,二者较为接近,说明就解释变量而言,样本接近正态分布;标准差为0.263,说明不同企业的杠杆操纵程度不尽相同。其余控制变量与已有文献差异不大,故不再赘述。

表5-2 主要变量的描述性统计

变量	样本量	均值	标准差	最小值	P25	中位数	P75	最大值
DEBT	23 488	0.203	0.148	0.000	0.079	0.183	0.303	0.611
L_LEVM	23 488	0.133	0.263	0.000	0.000	0.048	0.169	2.031
SIZE	23 488	22.398	1.292	19.890	21.480	22.229	23.134	26.381
LEV	23 488	0.476	0.188	0.103	0.332	0.475	0.616	0.890

续表

变量	样本量	均值	标准差	最小值	P25	中位数	P75	最大值
AGE	23 488	2.373	0.622	1.099	1.946	2.485	2.890	3.332
SOE	23 488	0.423	0.494	0.000	0.000	0.000	1.000	1.000
CFO	23 488	0.047	0.067	−0.150	0.008	0.045	0.086	0.241
PPE	23 488	0.233	0.168	0.002	0.101	0.202	0.335	0.715
MH	23 488	0.050	0.113	0.000	0.000	0.000	0.023	0.544
ROA	23 488	0.030	0.061	−0.265	0.011	0.031	0.058	0.183
TOP	23 488	0.340	0.147	0.092	0.226	0.316	0.438	0.747
BOARD	23 488	2.784	0.213	2.303	2.639	2.773	2.944	3.367
BER	23 488	0.384	0.486	0.000	0.000	0.000	1.000	1.000

5.3.1.2 基准回归结果

为验证假说 H1，我们对模型（5-1）进行了回归，表 5-3 报告了基准回归结果。未加入控制变量时，列（1）自变量杠杆操纵程度的回归系数在 1% 的水平上显著为正，说明企业在进行杠杆操纵后，其债务融资规模会有所上升，初步验证了本章的研究假说。在逐步加入控制变量后，列（2）和列（3）中自变量的系数仍然在 1% 的水平上显著为正。以上结果表明，在控制了债务融资规模的其他影响因素后，杠杆操纵对企业即期负债规模的提升作用依然显著。进一步地，以列（3）为例，自变量的系数为 0.038 1，意味着当其他条件不变时，杠杆操纵程度每增加一个标准差，企业的债务融资规模将增加 0.46%，并且具有显著的统计意义与经济意义。上述结果意味着企业进行杠杆操纵将会提升债务融资水平，从而缓解企业的外部融资约束，因此假说 H1 得到验证。

表 5-3 基准回归结果

变量	(1) DEBT	(2) DEBT	(3) DEBT
L_LEVM	0.082 0***	0.047 7***	0.038 1***
	(15.87)	(14.22)	(12.64)
SIZE		0.010 8***	0.013 7***
		(6.24)	(7.69)

续表

变量	(1) DEBT	(2) DEBT	(3) DEBT
LEV		0.483 2***	0.482 9***
		(51.13)	(51.57)
AGE		−0.006 6**	−0.009 7***
		(−2.44)	(−3.68)
SOE		−0.011 8***	−0.021 4***
		(−3.00)	(−5.58)
CFO		−0.244 6***	−0.234 1***
		(−16.18)	(−16.60)
PPE		0.271 6***	0.193 9***
		(25.86)	(17.90)
MH		0.018 1*	0.027 9***
		(1.74)	(2.81)
ROA		−0.071 8***	−0.115 1***
		(−3.96)	(−6.63)
TOP		−0.034 5***	−0.048 8***
		(−3.11)	(−4.74)
BOARD		0.005 1	0.001 9
		(0.62)	(0.25)
BER		0.010 4***	0.000 6
		(4.21)	(0.26)
Constant	0.191 6***	−0.312 4***	−0.328 1***
	(75.00)	(−8.70)	(−9.17)
Industry FE	No	No	Yes
Year FE	No	No	Yes
N	23 488	23 488	23 488
Adj. R^2	0.021	0.216	0.622

5.3.1.3 稳健性检验

（1）替换被解释变量定义

本节使用替换被解释变量的方法来验证基准回归结果的稳健性。具体而言，重新定义的被解释变量债务融资规模 $DEBT1 = \log（1+$ 有息负债总额）。在其他变量保持不变的情况下，重新对模型（5-1）进行回归。表5-4列（1）结果显示，解释变量 L_LEVM 的回归系数仍保持在1%的水平上显著为正，意味着在更换企业债务融资规模的变量衡量方式后，杠杆操纵仍然能够显著提升企业的债务融资，初步验证了基准回归结果具有稳健性。

（2）缩小样本区间

重大突发公共事件对企业融资有着广泛而深远的影响。一方面，重大突发公共事件常常使企业面临新的挑战和困境，要求企业积极寻求融资解决方案。面对疫情引发的复杂问题和需求变化，企业的创新意识可能会得到提高。另一方面，公共卫生事件为科技和数字化领域的需求增长提供了机会。企业为加快技术创新的步伐，可能面临更多的融资需求。为了排除突发公共事件对企业债务融资的影响，本章剔除了2020—2022年的样本，并对模型（5-1）重新进行回归。表5-4列（2）结果显示，无论是否加入控制变量，解释变量的回归系数均在统计意义上显著为正。以上结果表明，在剔除了突发公共事件对企业债务融资的可能影响后，杠杆操纵对于企业负债融资规模依旧存在显著的正向影响，即本节基准回归结果具有稳健性。

（3）倾向得分匹配法

为了缓解样本企业固有特征导致的样本选择偏差问题，本部分使用倾向得分匹配法做稳健性检验，具体做法为给杠杆操纵程度较低的企业寻找匹配对象，以全部控制变量作为匹配条件进行1∶1无放回近邻匹配。表5-4列（3）结果显示，在控制其他因素后，无论是否加入控制变量，解释变量的回归系数均在统计意义上显著为正。以上结果表明，在运用PSM方法检验缓解了样本选择偏差问题后，杠杆操纵对于企业负债融资规模依旧存在显著的正向影响，进一步支持了本节基准回归得出的结论。

（4）排除宏观政策影响

由前文可知，不同企业的债务融资规模水平存在较大差异，以地区为实施单元的产业政策也可能是影响企业债务融资能力的宏观因素，为了剔除产业政策的影响，本部分尝试进一步控制地区-年度交叉固定效应，回归结果见表5-4列（4）。不难看出，在控制城市-年度交叉固定效应后，解释变量的回归系数仍在1%的水平上显著为正。该结果说明，当回归条件更加严格时，本节的基准回归结果依然稳健，研究结论不变。

表 5-4　稳健性检验结果

变量	替换变量定义 (1) DEBT1	缩短样本区间 (2) DEBT	PSM (3) DEBT	排除政策影响 (4) DEBT
L_LEVM	0.420 8***	0.036 5***	0.033 9***	0.037 8***
	(5.84)	(11.04)	(10.42)	(10.96)
SIZE	1.415 8***	0.015 1***	0.014 1***	0.013 1***
	(30.06)	(7.26)	(7.70)	(6.33)
LEV	6.275 0***	0.492 4***	0.489 2***	0.479 4***
	(20.04)	(46.75)	(50.33)	(45.64)
AGE	-0.135 0*	-0.009 5***	-0.010 5***	-0.008 8***
	(-1.66)	(-3.11)	(-3.88)	(-2.92)
SOE	-0.500 8***	-0.024 1***	-0.021 2***	-0.022 8***
	(-5.08)	(-5.49)	(-5.49)	(-5.05)
CFO	-4.156 8***	-0.225 0***	-0.221 0***	-0.230 3***
	(-8.58)	(-14.01)	(-13.83)	(-14.57)
PPE	2.605 1***	0.191 3***	0.183 7***	0.192 3***
	(9.11)	(15.94)	(16.47)	(15.10)
MH	0.391 8	0.025 9**	0.027 5***	0.028 1**
	(1.01)	(2.30)	(2.74)	(2.56)
ROA	-1.731 1***	-0.137 4***	-0.102 0***	-0.113 9***
	(-2.97)	(-6.77)	(-5.64)	(-5.90)
TOP	-1.593 3***	-0.047 0***	-0.054 0***	-0.050 9***
	(-5.16)	(-4.05)	(-5.12)	(-4.37)
BOARD	0.386 3**	0.004 1	-0.001 1	0.008 4
	(1.98)	(0.46)	(-0.14)	(0.97)
BER	0.153 4**	0.000 1	0.000 3	0.000 5
	(2.38)	(0.04)	(0.10)	(0.19)
Constant	-15.421 5***	-0.362 0***	-0.324 8***	-0.331 7***
	(-14.23)	(-8.77)	(-8.79)	(-8.00)
Industry FE	Yes	Yes	Yes	Yes
Year FE	Yes	Yes	Yes	Yes

续表

变量	替换变量定义 (1) DEBT1	缩短样本区间 (2) DEBT	PSM (3) DEBT	排除政策影响 (4) DEBT
City×year FE	No	No	No	Yes
N	23 488	17 382	20 358	23 488
Adj. R^2	0.382	0.631	0.630	0.629

5.3.1.4 机制检验

如理论分析部分所述，杠杆操纵虽然加剧了企业所处环境的风险程度，但同时也提升了企业对于内外部的风险承担意愿，有助于企业利用债务融资获取更多的资金支持。企业的风险承担意愿能够相对客观、及时地反映在业绩波动性上，因为企业可观测的业绩波动越明显，表明企业的风险承担水平越高，管理层的风险承担意愿越强。因此，借鉴 John 等（2008）的研究，本节采用公司近三年（$t-2$ 年至 t 年）总资产收益率（ROA）的标准差来衡量企业的风险承担意愿（Risk_ROA）。考虑到行业因素的可能影响，使用经行业均值调整后的 ROA 作为计算标准差的基数。基于前文的模型设计，我们使用三步中介法，以检验杠杆操纵对于企业债务融资规模的影响机制。

表 5-5 列示了风险承担意愿作为中介变量的回归结果。列（2）为杠杆操纵与机制变量（Risk_ROA）的回归结果，LEVM 系数在 5% 的水平上显著为正，代表企业进行杠杆操纵会提升企业的风险承担意愿；列（3）为杠杆操纵、风险承担意愿与债务融资规模的回归结果，解释变量和机制变量的系数均显著为正，说明在加入风险承担意愿进行回归后，杠杆操纵对债务融资规模的提升作用有一部分被风险承担意愿所替代，从而证明了提高风险承担意愿在二者关系中发挥了部分中介作用。以上结果说明，企业进行杠杆操纵将会提升其对内外部风险的承担意愿，有助于企业利用债务融资获取更多的资金支持，并进一步强化企业的债务融资能力。

表 5-5 风险承担意愿的中介效应检验

变量	(1) DEBT	(2) Risk_ROA	(3) DEBT
L_LEVM	0.038 1***	0.002 5**	0.035 7***
	(12.64)	(2.30)	(10.08)

续表

变量	(1) DEBT	(2) Risk_ROA	(3) DEBT
Risk_ROA			0.118 3***
			(3.13)
SIZE	0.013 7***	-0.004 2***	0.011 9***
	(7.69)	(-10.98)	(6.44)
LEV	0.482 9***	0.001 0	0.487 7***
	(51.57)	(0.38)	(48.84)
AGE	-0.009 7***	0.004 4***	-0.011 9***
	(-3.68)	(6.02)	(-3.66)
SOE	-0.021 4***	-0.004 2***	-0.021 4***
	(-5.58)	(-5.20)	(-5.27)
CFO	-0.234 1***	0.045 9***	-0.227 7***
	(-16.60)	(9.15)	(-14.39)
PPE	0.193 9***	-0.010 5***	0.194 7***
	(17.90)	(-4.11)	(16.55)
MH	0.027 9***	-0.008 1**	0.028 8**
	(2.81)	(-2.57)	(2.44)
ROA	-0.115 1***	-0.226 5***	-0.134 6***
	(-6.63)	(-29.35)	(-7.20)
TOP	-0.048 8***	-0.003 4	-0.050 7***
	(-4.74)	(-1.48)	(-4.49)
BOARD	0.001 9	-0.007 7***	0.001 8
	(0.25)	(-4.77)	(0.21)
BER	0.000 6	0.001 6**	0.001 5
	(0.26)	(2.46)	(0.60)
Constant	-0.328 1***	0.141 5***	-0.280 5***
	(-9.17)	(17.52)	(-7.38)
Industry FE	Yes	Yes	Yes

续表

变量	(1) DEBT	(2) Risk_ROA	(3) DEBT
Year FE	Yes	Yes	Yes
N	23 488	19 218	19 218
Adj. R^2	0.622	0.286	0.614

5.3.1.5 进一步分析

（1）企业规模

企业规模是企业行为的放大器。一旦出现杠杆操纵等机会主义行为，企业规模越大，则对于企业整体的影响越大。大规模企业在市场上受到的投资者关注越多，则其所披露的低质量信息所展现的市场形象与信用等级造成的影响将越严重。因此，本节将考察企业规模（SIZE）在杠杆操纵提升债务融资规模这一关系中所发挥的调节作用。表5-6列（1）结果显示，交乘项的系数在1%的水平上显著为负，意味着企业规模将弱化二者之间的正相关关系。该结果表明，拥有更高市场认可度的大企业进行机会主义行为的影响更大。

（2）市场竞争优势

市场竞争优势可以增加企业在市场上的声誉，企业可能获得更高的市场评级和信贷评级。较高的市场评级会吸引更多投资者的关注，并为企业提供更有利的融资条件。现有研究通常采用勒纳指数（LernerIndex）、行业集中度或赫芬达尔指数（HHI）来衡量企业竞争，但后两个变量仅能反映行业竞争程度，却不能刻画企业在行业内的定价能力与竞争地位（陈志斌和王诗雨，2015），故本节选取勒纳指数作为企业竞争程度的代理变量，并在考虑区位差异之后对行业勒纳指数加以改进。具体做法为：首先对同行业同城市的个股年度勒纳指数求和，再将其除以同行业同城市当年的企业总数，以此构造行业-地区勒纳指数，该指数越小，代表企业所处的地区竞争环境越好。基于此，本节通过构建交乘项（IndLNindex）考察企业市场竞争优势在杠杆操纵提升债务融资规模这一关系中所发挥的调节作用。表5-6列（2）的结果显示，交乘项系数显著为负，意味着企业规模将弱化二者之间的促进关系。这一结果启示企业在决策债务融资时需综合考虑多个因素，维持自身在资本市场上的竞争优势地位，并确保维持良好的财务状况和可持续的偿债能力。

5 杠杆操纵对企业融资的影响：作用机制与经验证据

表5-6 调节作用的回归结果

变量	(1) DEBT	(2) DEBT
L_LEVM_SIZE	-0.009 3***	
	(-3.17)	
L_LEVM_IndLNindex		-0.243 8**
		(-2.22)
L_LEVM	0.278 4***	0.039 2***
	(4.17)	(12.65)
SIZE	0.042 0***	0.014 1***
	(22.14)	(7.80)
IndLNindex		-0.107 8
		(-1.32)
LEV	0.482 8***	
	(2.98)	
AGE	0.000 9	0.482 2***
	(0.30)	(51.32)
SOE	-0.014 5***	-0.009 9***
	(-3.18)	(-3.73)
CFO	-0.286 8***	-0.021 8***
	(-17.54)	(-5.65)
PPE	0.207 4***	-0.233 0***
	(15.76)	(-16.50)
MH	0.025 8**	0.192 3***
	(2.03)	(17.96)
ROA	-0.585 1***	0.027 1***
	(-26.43)	(2.73)
TOP	-0.053 7***	-0.116 1***
	(-4.23)	(-6.72)
BOARD	0.009 8	-0.049 7***
	(1.05)	(-4.81)

续表

变量	(1) DEBT	(2) DEBT
BER	0.001 6	0.002 2
	(0.56)	(0.28)
Constant	-0.771 3***	-0.336 1***
	(-19.25)	(-9.23)
Industry FE	Yes	Yes
Year FE	Yes	Yes
N	23 488	23 225
Adj. R^2	0.412	0.620

(3) 产权性质

产权性质对企业融资状况的影响是多方面的，并受到许多因素的交互作用的影响，如行业竞争程度、市场需求、企业文化等。因此，在不同情境下，不同产权性质的企业可能具有不同的融资表现。为了考察杠杆操纵对不同产权性质企业债务融资的异质性影响，本节根据企业是否为国有控股企业将全样本分区为国有企业、非国有企业两个子样本，分别采用模型（5-1）进行回归。从表5-7列（1）、列（2）的结果可以发现，在非国有企业子样本中，列（1）解释变量的回归系数在1%的水平上显著；而在国有企业子样本中，列（2）解释变量的回归系数同样在1%的水平上显著。以上结果表明，无论企业性质为国有企业还是非国有企业，实施杠杆操纵对企业债务融资规模均存在显著的激励作用。这可能是因为资金需求的动机比较复杂，而企业产权性质在决定是否通过杠杆操纵获取更多债务融资的过程中并未发挥关键作用。

(4) 基于债务期限结构的进一步分析

债务融资根据流动性可以被分为短期负债和长期负债，不同期限结构的债务融资具有不同性质。短期负债通常具有较高的流动性和较低的成本，能够快速取得和偿还，而长期负债往往成本较高，还款期限较长，会对企业的资本结构和资金筹集产生长期影响。根据权衡理论，企业需要权衡短期债务和长期债务的交易成本、利息成本、破产成本和再融资风险（Kane et al.，1985；Jun and Jen，2003）。故在进一步分析中，本节分别检验了杠杆操纵与不同期限的债务融资规模之间的关系，即分别以短期负债规模与长期负债规模作为被解释变量进行回归。短期负债包括短期借款、一年内到期的非流动负债和交易性金融负债，长期负债包括长期借款和应付债券。为与主回归中被解释变量保持一致，同样对其进行去规模化处理，参考刘行等（2017），本节将两个被解释变量具体定义为：短期负债规模（$ShortDebt$）=（短期借款+一年内到期的非流动负债+交易性金融负债）/资产总额，长期负债规模（$LongDebt$）=（负债总额-短期借款-一年内到期的非流动负债-交易性金融负债）/资产总额。

从表5-7列（3）、列（4）的回归结果可以看出，列（3）解释变量的回归系数在1%的水平上显著为正，说明杠杆操纵对于企业的短期债务规模存在显著的促进作用；列（4）解释变量的回归系数在1%的水平上显著为负，表明杠杆操纵会显著抑制企业的长期债务规模。这一结果表明，进行杠杆操纵只能在短期内缓解企业的"融资难"问题，提升企业的短期债务融资规模；长期来看，杠杆操纵反而会降低企业的债务融资规模，不利于企业获得长期债务资金的支持。因此，出于长远利益的考虑，企业应减少杠杆操纵行为，根据自身的战略目标与经营计划合理安排债务期限。

表5-7 进一步分析的回归结果

变量	非国有企业 (1) $DEBT$	国有企业 (2) $DEBT$	短期负债 (3) $ShortDebt$	长期负债 (4) $LongDebt$
L_LEVM	0.035 8***	0.039 8***	0.029 2***	-0.030 2***
	(9.65)	(8.74)	(10.02)	(-10.04)
SIZE	0.015 3***	0.013 3***	-0.006 1***	0.006 5***
	(6.85)	(4.99)	(-4.62)	(5.03)
LEV	0.468 6***	0.496 5***	0.342 8***	0.650 4***
	(42.17)	(32.16)	(44.67)	(85.54)
AGE	-0.006 9**	-0.003 3	-0.002 8	0.002 5
	(-2.23)	(-0.68)	(-1.35)	(1.22)
SOE			-0.017 8***	0.017 9***
			(-5.93)	(5.97)
CFO	-0.229 5***	-0.238 1***	-0.161 1***	0.161 9***
	(-13.36)	(-10.27)	(-14.00)	(14.00)

续表

变量	非国有企业 (1) DEBT	国有企业 (2) DEBT	短期负债 (3) ShortDebt	长期负债 (4) LongDebt
PPE	0.180 8***	0.186 0***	0.087 0***	-0.084 4***
	(13.89)	(10.94)	(9.54)	(-9.10)
MH	0.016 6*	0.295 7***	0.009 5	-0.010 6
	(1.70)	(3.21)	(1.09)	(-1.20)
ROA	-0.088 5***	-0.184 6***	-0.117 1***	0.111 8***
	(-4.61)	(-5.37)	(-8.03)	(7.59)
TOP	-0.017 5	-0.074 2***	-0.031 5***	0.030 0***
	(-1.52)	(-4.39)	(-3.87)	(3.65)
BOARD	-0.010 7	0.015 1	0.006 4	-0.006 9
	(-1.24)	(1.14)	(1.05)	(-1.11)
BER	0.005 3*	-0.005 7	-0.000 8	0.000 6
	(1.96)	(-1.46)	(-0.41)	(0.29)
Constant	-0.345 3***	-0.378 4***	0.098 0***	-0.103 4***
	(-7.72)	(-6.74)	(3.57)	(-3.80)
Industry FE	Yes	Yes	Yes	Yes
Year FE	Yes	Yes	Yes	Yes
N	13 560	9 928	23 488	23 488
Adj. R^2	0.594	0.648	0.465	0.750

5.3.2 杠杆操纵与债务资本成本

5.3.2.1 描述性统计

表5-8展示了全样本的描述性统计结果。其中，被解释变量企业债务资本成本（DCOST）的均值为0.059，标准差为0.072，意味着不同企业的债务资本成本存在较大差异。解释变量杠杆操纵（L_LEVM）的平均值为0.135，中位数为0.050，二者较为接近，说明就解释变量而言，样本接近正态分布；标准差为0.267，说明不同企业的杠杆操纵程度不尽相同。其余控制变量与已

有文献差异不大,故不再赘述。

表 5-8　主要变量的描述性统计

变量	样本量	均值	标准差	最小值	P25	中位数	P75	最大值
DCOST	22 314	0.059	0.072	0.000	0.022	0.047	0.071	0.531
L_LEVM	22 314	0.135	0.267	0.000	0.000	0.050	0.171	2.031
SIZE	22 314	22.452	1.284	20.019	21.540	22.276	23.184	26.405
LEV	22 314	0.487	0.183	0.125	0.347	0.485	0.623	0.892
AGE	22 314	2.383	0.617	1.099	1.946	2.485	2.890	3.332
SOE	22 314	0.429	0.495	0.000	0.000	0.000	1.000	1.000
CFO	22 314	0.046	0.067	−0.150	0.008	0.045	0.085	0.235
PPE	22 314	0.236	0.169	0.002	0.103	0.205	0.339	0.716
MH	22 314	0.049	0.111	0.000	0.000	0.000	0.021	0.536
ROA	22 314	0.029	0.060	−0.265	0.010	0.030	0.056	0.178
TOP	22 314	0.472	0.153	0.027	0.358	0.463	0.575	0.983
BOARD	22 314	2.143	0.200	0.693	1.946	2.197	2.197	2.890
BER	22 314	0.391	0.488	0.000	0.000	0.000	1.000	1.000

5.3.2.2　基准回归结果

表 5-9 报告了模型（5-2）的基准回归结果。未加入控制变量时,列（1）和列（2）自变量杠杆操纵（L_LEVM）的回归系数均在1%的水平上显著为正,说明企业在进行杠杆操纵后,其债务资本成本会有所上升,初步验证了本章的研究假说 H2。在加入控制变量后,列（3）中自变量的系数仍然在1%的水平上显著为正。以上结果表明,在控制了影响债务资本成本的其他相关变量后,杠杆操纵对企业负债资本成本的提升作用依然显著。进一步地,以列（3）为例,自变量的系数为 0.005 1,意味着当其他条件不变时,杠杆操纵程度每增加一个标准差,企业的债务资本成本将增加 0.45%,并且具有显著的统计意义与经济意义。上述结果意味着企业进行杠杆操纵会提升其债务资本成本,难以缓解甚至加剧企业的"融资贵"问题,研究假说 H2 因此得到验证。

表 5-9　基准回归分析

变量	(1) DCOST	(2) DCOST	(3) DCOST
L_LEVM	0.008 3***	0.005 7***	0.005 1***
	(5.05)	(3.44)	(2.98)
SIZE		-0.009 6***	-0.009 3***
		(-13.27)	(-11.60)
LEV		0.035 8***	0.031 8***
		(7.46)	(6.06)
AGE		0.010 1***	0.011 1***
		(7.26)	(7.76)
SOE		-0.007 0***	-0.008 6***
		(-3.85)	(-4.43)
CFO		0.104 0***	0.107 9***
		(9.91)	(10.15)
PPE		0.027 8***	0.026 3***
		(6.57)	(4.66)
MH		-0.013 7**	-0.013 6**
		(-2.46)	(-2.43)
ROA		-0.122 9***	-0.118 4***
		(-8.84)	(-8.92)
TOP		-0.007 7*	-0.007 3
		(-1.75)	(-1.58)
BOARD		-0.002 7	-0.000 9
		(-0.84)	(-0.29)
BER		0.002 3*	0.000 1
		(1.91)	(0.08)
Constant	0.057 8***	0.235 5***	0.227 3***
	(74.25)	(16.55)	(14.30)
Industry FE	No	No	Yes
Year FE	No	No	Yes

续表

变量	(1) DCOST	(2) DCOST	(3) DCOST
N	22 314	22 314	22 314
Adj. R^2	0.001	0.057	0.078

5.3.2.3 稳健性检验

(1) 替换变量定义

本节使用替换被解释变量的方法来证明前文研究结论的稳健性。首先，替换被解释变量，将债务资本成本重新定义为 $DCOST1$ =企业当年发生的利息支出/平均负债总额；其次，替换解释变量，使用扩展的 XLT-LEVM 法（间接法）计算企业的杠杆操纵程度（$ExpLEVMI$）。在其余变量保持不变的情况下，重新使用模型（5-2）进行回归。表 5-10 列（1）、列（2）结果显示，解释变量的回归系数仍保持在1%的水平上显著为正，意味着在分别更换两类变量的衡量方式后，杠杆操纵仍然会提升企业的债务资本成本，证明了本节基准回归结果具有稳健性。

(2) 缩短样本期间

由于本节的研究样本区间较长，为了排除突发公共事件对企业债务融资成本的影响，本节剔除了2020—2022年的样本，并对模型（5-2）重新进行回归。表 5-10 列（3）的回归结果显示，解释变量的回归系数在统计意义上显著为正。以上结果表明在剔除了突发公共事件对企业债务融资的可能影响后，杠杆操纵对于企业负债融资成本依旧存在显著的正向影响，即本节的研究结论具有稳健性。

(3) 倾向得分匹配（PSM）

为了缓解样本企业固有特征导致的样本选择偏差问题，本部分使用倾向得分匹配法作为稳健性检验，具体做法为给杠杆操纵程度较低的企业寻找匹配对象，以全部控制变量作为匹配条件进行1:1无放回近邻匹配。表 5-10 列（4）的结果显示，在控制其他因素后，解释变量的回归系数在统计意义上显著为正。以上结果表明在运用 PSM 方法检验缓解了样本选择偏差问题后，杠杆操纵对于企业债务资本成本依旧存在显著的正向影响，进一步支持了本节的研究结论。

表 5-10 稳健性检验

变量	替换被解释变量 (1) DCOST1	替换解释变量 (2) DCOST	缩短样本期间 (3) DCOST	PSM (4) DCOST
L_LEVM	0.004 8***		0.003 6*	0.006 5***
	(11.67)		(1.93)	(3.33)
EXPLEVMI		0.003 3***		
		(2.09)		
SIZE	-0.001 1***	-0.009 4***	-0.009 0***	-0.009 3***
	(-6.11)	(-11.66)	(-10.62)	(-10.94)
LEV	0.020 1***	0.032 2***	0.029 9***	0.034 9***
	(17.38)	(6.15)	(5.32)	(6.17)
AGE	0.001 3***	0.011 1***	0.011 5***	0.011 9***
	(3.86)	(7.73)	(7.30)	(7.92)
SOE	-0.004 1***	-0.008 6***	-0.007 2***	-0.010 1***
	(-9.15)	(-4.42)	(-3.27)	(-5.41)
CFO	0.006 4***	0.108 5***	0.090 4***	0.093 5***
	(3.19)	(10.22)	(7.57)	(8.34)
PPE	0.025 1***	0.026 3***	0.032 1***	0.027 1***
	(18.26)	(4.66)	(5.06)	(4.66)
MH	-0.002 8**	-0.013 7**	-0.018 9***	-0.013 1**
	(-2.00)	(-2.45)	(-3.17)	(-2.25)
ROA	-0.038 6***	-0.118 3***	-0.099 4***	-0.120 1***
	(-15.41)	(-8.93)	(-6.58)	(-8.81)
TOP	-0.008 4***	-0.007 3	-0.010 5**	-0.004 5
	(-6.81)	(-1.58)	(-2.07)	(-0.99)
BOARD	-0.001 4	-0.000 9	-0.000 6	-0.001 2
	(-1.57)	(-0.28)	(-0.17)	(-0.36)
BER	0.000 2	0.000 1	-0.000 1	0.000 5
	(0.54)	(0.08)	(-0.07)	(0.35)
Constant	0.033 9***	0.228 2***	0.220 7***	0.224 4***
	(8.86)	(14.36)	(12.69)	(13.56)

续表

变量	替换被解释变量 (1) DCOST1	替换解释变量 (2) DCOST	缩短样本期间 (3) DCOST	PSM (4) DCOST
IndustryFE	Yes	Yes	Yes	Yes
Year FE	Yes	Yes	Yes	Yes
N	22 314	22 314	16 623	19 586
Adj. R^2	0.334	0.078	0.072	0.080

(4) 工具变量法

本节可能存在的内生性问题之一是潜在的反向因果关系，一方面，杠杆操纵的增加对企业的债务资本成本具有显著影响；另一方面，企业的债务资本成本也会影响企业操纵财务状况的意愿。此外，尽管本节已经尽可能地对企业债务资本成本的影响因素加以控制，但由于无法穷尽所有因素，故仍可能存在遗漏变量导致的估计偏误。为缓解上述内生性问题对回归结果产生的干扰，本节选取同地区（城市）中所有企业杠杆操纵程度的年度均值作为工具变量。由于城市特征具有相似性，故同一地区内其他企业的杠杆操纵行为会影响某个企业的操纵程度，满足工具变量的相关性要求；而地区整体的杠杆操纵程度不太可能会对某一企业的债务资本成本产生影响，故满足工具变量的外生性要求。由表5-11结果可知，列（1）为第一阶段的回归结果，当以 L_LEVM 为被解释变量时，工具变量 LEVM_CITY 的系数为 0.959 1，且在 1% 的水平上显著；列（2）为第二阶段的回归结果，L_LEVM 的回归系数为 0.006 2，且在 10% 的水平上显著。这一结果表明，在使用工具变量缓解了可能存在的内生性问题后，主要结论依然成立。

表 5-11 基于工具变量法的两阶段回归结果

变量	(1) 第一阶段回归 L_LEVM	(2) 第二阶段回归 DCOST
LEVM_CITY	0.959 1***	
	(41.78)	
L_LEVM		0.006 2*
		(1.78)

续表

变量	(1) 第一阶段回归 L_LEVM	(2) 第二阶段回归 DCOST
SIZE	-0.010 3***	-0.009 3***
	(-5.67)	(-16.05)
LEV	0.153 5***	0.031 6***
	(12.12)	(7.36)
AGE	-0.027 0***	0.011 2***
	(-6.85)	(10.15)
SOE	0.002 0	-0.008 6***
	(0.51)	(-6.67)
CFO	0.135 6***	0.107 7***
	(4.80)	(11.04)
PPE	-0.009 7	0.026 3***
	(-0.67)	(6.36)
MH	-0.040 7**	-0.013 5***
	(-2.47)	(-2.76)
ROA	0.082 3**	-0.118 5***
	(2.38)	(-10.15)
TOP	0.000 6	-0.007 3**
	(0.05)	(-2.14)
BOARD	0.000 0	-0.000 9
	(0.00)	(-0.38)
BER	0.003 2	0.000 1
	(0.95)	(0.10)
Constant	0.174 5***	0.239 1***
	(4.06)	(17.26)
Industry FE	Yes	Yes
Year FE	Yes	Yes
N	22 314	22 314
Adj. R^2	0.237	0.078

5.3.2.4 机制检验

如前文理论分析部分所述，企业进行杠杆操纵会降低资产负债表信息质量，通过降低所披露信息的透明度提升债权人面临的决策风险，因此债权人会向企业要求较高的报酬率，导致企业债务资本成本上升。因此，本节分析了杠杆操纵与债务资本成本关系中企业外部信息透明度的影响。我们使用CSMAR提供的上交所与深交所评价的信息透明度指标作为企业的外部信息透明度（CO）。具体而言，我们将上述指标分为A、B、C、D四个等级，并分别给予4、3、2、1的分值。如果企业未公开信息透明度评级，则用当年度行业均值进行替换。基于前文的模型设计，我们采用温忠麟等（2004）的三步中介法检验杠杆操纵对企业债务融资成本的影响机制。

表5-12列（1）至列（3）展示了信息透明度作为中介变量的回归结果。列（2）为杠杆操纵与机制变量（CO）的回归结果，L_LEVM系数显著为负，代表企业进行杠杆操纵会降低企业的信息透明度，不利于信息质量的提升；列（3）为杠杆操纵、信息透明度与债务资本成本的回归结果，解释变量的系数显著为正，机制变量的系数显著为负，说明在加入信息透明度进行回归后，杠杆操纵对债务资本成本的提升作用有一部分被信息透明度替代，从而证明了降低信息质量在二者关系中发挥了部分中介作用。

此外，我们还进行了债务违约风险的中介效应检验。参考许红梅和李春涛（2020）的研究，我们使用Bharath和Shumway（2008）提出的Naive模型估计违约概率（EDF）作为违约风险的替代变量。具体地，首先使用公司总市值、总债务面值、年度收益率、资产波动率与股票收益率波动率等指标计算出公司的违约风险距离，然后通过标准累计正态分布函数求出企业违约概率。该指标值越大，意味着企业的债务违约风险越高。基于前文的模型设计，我们使用了两步法（江艇，2022）以检验债务违约风险的机制作用。

表5-12列（4）至列（6）展示了债务违约风险作为中介变量的回归结果。列（4）为基准回归的结果，列（5）为杠杆操纵与机制变量（EDF）的回归结果，L_LEVM系数在1%的水平上显著为正，代表企业进行杠杆操纵会加剧债务违约风险；列（6）为杠杆操纵、债务违约风险与债务资本成本的回归结果，解释变量的系数显著为正，机制变量的系数为正不显著，但是通过了Sobel检验，说明在加入债务违约风险进行回归后，杠杆操纵对债务资本成本的提升作用有一部分被其替代，从而证明了提高风险在二者关系中发挥了部分中介作用。而且，公司债务成本取决于公司违约风险是经济学领域的共识（Fisher，1959），企业的违约风险越高，债务资本成本相应越高（朱红军等，2014）。假说H2得到验证。以上结果说明企业进行杠杆操纵将会降低信

息质量,加剧违约风险,进而会导致企业面临较高的债务资本成本,不利于资金状况的优化,并进一步削弱企业的外部融资能力。

表 5-12　中介效应检验的回归结果

变量	(1) DCOST	(2) CO	(3) DCOST	(4) DCOST	(5) EDF	(6) DCOST
L_LEVM	0.005 1***	-0.027 3*	0.005 0***	0.005 0***	0.001 5*	0.005 0***
	(2.98)	(-1.81)	(2.90)	(2.84)	(1.67)	(2.83)
CO			-0.007 6***			
			(-6.43)			
EDF						0.008 0
						(0.93)
SIZE	-0.009 3***	0.101 5***	-0.008 6***	-0.009 2***	0.002 6***	-0.009 2***
	(-11.60)	(16.49)	(-10.51)	(-11.54)	(5.73)	(-11.55)
LEV	0.031 8***	-0.338 5***	0.029 3***	0.030 0***	0.016 9***	0.029 9***
	(6.06)	(-9.03)	(5.56)	(5.69)	(5.65)	(5.65)
AGE	0.011 1***	-0.056 8***	0.010 7***	0.011 0***	-0.000 2	0.011 0***
	(7.76)	(-4.94)	(7.44)	(7.36)	(-0.38)	(7.36)
SOE	-0.008 6***	0.121 8***	-0.007 6***	-0.008 4***	-0.000 6	-0.008 4***
	(-4.43)	(8.21)	(-3.98)	(-4.17)	(-0.69)	(-4.17)
CFO	0.107 9***	0.103 1	0.108 5***	0.110 5***	-0.013 7***	0.110 7***
	(10.15)	(1.57)	(10.19)	(10.18)	(-2.94)	(10.19)
PPE	0.026 3***	-0.028 6	0.026 1***	0.026 6***	0.002 5	0.026 6***
	(4.66)	(-0.69)	(4.62)	(4.61)	(0.83)	(4.61)
MH	-0.013 6**	0.111 9**	-0.012 5**	-0.013 6**	0.001 8	-0.013 6**
	(-2.43)	(2.20)	(-2.25)	(-2.36)	(1.17)	(-2.36)
ROA	-0.118 4***	2.265 4***	-0.101 8***	-0.115 0***	-0.016 4**	-0.114 8***
	(-8.92)	(23.20)	(-7.80)	(-8.39)	(-2.30)	(-8.38)
TOP	-0.007 3	0.097 7**	-0.006 7	-0.008 8*	-0.003 0	-0.008 8*
	(-1.58)	(2.34)	(-1.45)	(-1.87)	(-1.02)	(-1.87)
BOARD	-0.000 9	0.062 2**	-0.000 4	-0.002 0	0.000 7	-0.002 0
	(-0.29)	(2.14)	(-0.13)	(-0.61)	(0.36)	(-0.61)

续表

变量	(1) DCOST	(2) CO	(3) DCOST	(4) DCOST	(5) EDF	(6) DCOST
BER	0.000 1	-0.054 3***	-0.000 3	0.000 1	-0.000 7	0.000 1
	(0.08)	(-5.27)	(-0.21)	(0.09)	(-1.05)	(0.09)
Constant	0.227 3***	0.763 2***	0.233 8***	0.230 0***	-0.063 3***	0.230 5***
	(14.30)	(6.02)	(14.68)	(14.34)	(-5.73)	(14.35)
Industry FE	Yes	Yes	Yes	Yes	Yes	Yes
Year FE	Yes	Yes	Yes	Yes	Yes	Yes
N	22 191	22 191	22 191	21 260	21 260	21 260
Adj. R^2	0.077 9	0.187	0.080 8	0.071 5	0.040 1	0.071 4

5.3.2.5 进一步分析

（1）资金流动性

企业操纵杠杆可能导致市场对企业的流动性持怀疑态度。操纵杠杆可能使企业资金链紧张，资金缺乏流动性。债权人可能对企业的偿债能力表示关注，并要求更高的债务利率以补偿流动性风险。因此，本节将考察企业的资金流动性对杠杆操纵与债务资本成本之间关系的调节作用。参考庄伯超等（2015）的研究，我们使用应收账款周转天数来衡量企业的资金流动性，定义 $Liquidity=\ln$（1+应收账款周转天数），其值越大，周转天数越长，流动性越差。接下来用调节变量与解释变量构建交乘项，加入模型（5-2）并进行回归。表5-13列（1）结果显示，交乘项系数在1%的水平上显著为正，说明企业的资金流动性越差，杠杆操纵越有可能提高企业的债务资本成本。该结果意味着企业应当增强流动性，在供应链上占据更大的话语权，充分利用商业信用融资来缓解债务融资约束。

（2）管理层代理问题

杠杆操纵属于企业管理层的机会主义行为，相应地，代理问题越严重的企业，其管理层损害股东和债权人利益的情况越频繁。代理问题可能导致信息不对称或不透明，使得债权人难以获得准确和可靠的企业信息；而缺乏信息透明度可能加大债权人的风险认知，作为对投资风险的补偿，债权人可能要求更高的债务利率，这将增加企业债务的资本成本。因此，本节将考察代理问题在杠杆操纵提升债务资本成本关系中发挥的调节作用。参考翁若宇等（2019）的做法，本书以管理费用率衡量代理问题，其定义为：管理费用率=

管理费用/平均资产总额,并构建交乘项（L_LEVM×AGCOST）加入模型（5-2）进行回归。表5-13列（2）结果显示,交乘项系数在5%的水平上显著为正,说明管理层代理问题会加剧杠杆操纵对企业债务资本成本的提升作用。因此,企业应提升信息披露质量与加强投资者权益保护,防止代理问题对企业自身发展与相关者利益的过分侵害。

表5-13 调节作用的检验结果

变量	（1）DCOST	（2）DCOST
L_LEVM	0.007 7***	0.008 2***
	(5.15)	(5.38)
Liquidity	0.001 7**	
	(2.11)	
L_LEVM_liq	0.001 1***	
	(2.63)	
Agcost		0.044 7**
		(2.35)
L_LEVM_Agcost		0.053 6**
		(2.25)
SIZE	−0.009 1***	−0.008 7***
	(−11.23)	(−11.14)
LEV	0.030 4***	0.033 1***
	(5.71)	(6.08)
AGE	0.011 6***	0.010 8***
	(8.12)	(7.66)
SOE	−0.008 4***	−0.008 2***
	(−4.31)	(−4.30)
CFO	0.112 7***	0.110 5***
	(10.25)	(10.43)
PPE	0.028 2***	0.026 0***
	(4.89)	(4.62)

续表

变量	(1) DCOST	(2) DCOST
MH	-0.014 0**	-0.013 3**
	(-2.52)	(-2.39)
ROA	-0.116 6***	-0.107 2***
	(-8.86)	(-8.21)
TOP	-0.007 0	-0.007 0
	(-1.51)	(-1.52)
BOARD	-0.001 1	-0.000 9
	(-0.36)	(-0.29)
BER	0.000 2	0.000 0
	(0.16)	(0.02)
Constant	0.214 8***	0.209 6***
	(12.62)	(12.95)
Industry FE	Yes	Yes
Year FE	Yes	Yes
N	22 227	22 314
Adj. R^2	0.079	0.080

（3）抵押贷款能力

逆向选择模型认为，银行放贷时要求借款者提供的抵押品是鉴别高质量借款者的标志，可以被看作一个确保借款者具有良好信誉和行为的工具（Chan and Thakor，1987；La Porta et al.，1998）。如果企业拥有较多的无形资产，则意味着企业在取得银行贷款时能够提供更多的抵押担保，一定程度上降低了借款者的策略性违约动机（尹志超和甘犁，2011），有利于公司以较低的资本成本获得债务资金；如果企业的无形资产占比较低，则削弱了其抵押贷款能力，从而加大企业的融资难度，不利于缓解债务融资的"融资贵"问题。为考察不同的抵押贷款能力对杠杆操纵提升债务资本成本的影响，我们首先计算反映企业抵押贷款能力的有形资产负债率，具体定义为：有形资产负债率=负债总额/（资产总额-无形资产净额-商誉净额）；接下来，根据该指标的行业年度中位数将全样本分为两组，高于中位数的样本为抵押贷款能力强组，其余样本为抵押贷款能力弱组，并进行分组回归。表5-14结果表明，列（1）L_LEVM 的系数在 1% 的水平上显著为正，列（2）L_LEVM 的系数为负且不显著。这一结果说明，对于抵押贷款能力弱的企业而言，杠杆操纵对企业债务资本成本的正向影响更强，而对于抵押贷款能力强的企业而言，杠杆操纵对债务资本成本的影响并不显著。整体来看，增强企业的抵押贷款能力、提高信贷交易中企业的话语权有助于削弱杠杆操纵对债务资本成本的提升作用，有助于使企业摆脱融资困境，提升企业的融资能力。

（4）基于债务融资方式的进一步分析

企业获取债务的形式主要包括取得银行贷款和发行债券，相应地，企业债务成本的主要组成部分包括银行贷款资本成本和债券发行资本成本。银行贷款资本成本是指企业向银行借款时通常会根据借款金额、借款期限、企业的信用评级等因素达成贷款协议。银行贷款的资本成本主要包括贷款利率和相关费用，如银行手续费、担保费等。而债券是企业通过发行债券向公众募集资金的一种方式。债券发行的资本成本包括债券面值利率、发行手续费、承销佣金等费用，其中债券面值利率是指债券每年支付给债券持有人的利息。因此，基于企业的债务来源渠道，本章分别检验了杠杆操纵与不同类型债务资本成本的关系。参考李广子和刘力（2009）、陈汉文和周中胜（2014）的研究，本节的两个被解释变量指标分别为：第一，银行贷款资本成本（$DCOST\_loan$），具体定义为企业当年取得银行贷款的加权平均利息率；第二，发行债券资本成本（$DCOST\_bond$），具体定义为企业债券发行的票面利率减去基准利率。其中，债券资本成本的确定参考了唐逸舟等（2020）、徐悦等（2020），使用债券二级市场的信用利差作为企业债券融资成本的度量，具体地，将信用利差定义为公司债券到期收益率与相同剩余期限国债利率之差。笔者将债券数据与企业数据进行了合并，只保留发债上市企业的样本，并去掉了少量采用浮动利率的债券。

回归结果如表 5-14 所示。列（3）结果中，解释变量系数显著为正，说明杠杆操纵对于银行贷款资本成本具有显著提升作用；列（4）结果中，解释变量系数不显著为正，说明杠杆操纵对于企业发行债券的资本成本具有轻微的提升作用。这一结果表明，前文分析中的杠杆操纵提升企业的债务资本成本主要是由提升银行贷款资本成本所驱动的，而非其作用于债券资本成本。究其原因，可能是银行借款的资本成本主要取决于商业银行与贷款企业之间签订的信贷契约，而契约条款的设定基于银行对企业的经营业绩、偿债能力、信用风险等的综合评估。相较于债权持有人而言，一方面，商业银行拥有更丰富的经验、更专业的人才，能够对企业风险进行合理评估，同样更易识别企业的杠杆操纵行为。因此，一旦企业操纵杠杆，由商业银行主导确定的银行贷款资本成本则会随之升高。另一方面，银行对企业（尤其是非国有企业）放贷的决策往往较为谨慎。一般情况下，银行在与企业签订借贷契约之前，通常与该企业存在账户管理、储蓄业务、资金结算等业务关系，据此增加对企业商业模式、业务流程、供应链上下游等信息的了解，然后综合多方面信息制定放贷决策。而相较于商业银行而言，债券持有人对企业的业务、财务等方面信息的收集和解读稍显不足，因而债券资本成本受到企业杠杆操纵的影响并不显著。

表5-14 进一步分析的回归结果

变量	抵押贷款能力弱 (1) DCOST	抵押贷款能力强 (2) DCOST	银行贷款资本成本 (3) DCOST_loan	发行债券资本成本 (4) DCOST_bond
L_LEVM	0.014 6***	−0.000 7	0.004 4**	0.576 1
	(3.65)	(−0.43)	(2.13)	(0.81)
SIZE	−0.006 7***	−0.010 6***	−0.007 4***	0.288 8**
	(−5.54)	(−10.49)	(−6.38)	(2.40)
LEV	−0.002 8	0.070 8***	0.021 8***	−1.036 3
	(−0.27)	(7.71)	(2.91)	(−1.20)
AGE	0.011 0***	0.009 7***	0.011 8***	−0.091 6
	(5.17)	(5.36)	(5.29)	(−0.51)
SOE	−0.007 3**	−0.009 7***	−0.009 9***	−0.281 8
	(−2.53)	(−4.20)	(−3.47)	(−0.79)
CFO	0.099 3***	0.104 1***	0.161 4***	0.394 5
	(5.83)	(7.96)	(10.23)	(0.30)
PPE	0.047 5***	0.009 1	0.019 7**	0.452 3
	(5.62)	(1.33)	(2.32)	(0.52)
MH	−0.001 5	−0.026 9***	−0.009 9	−3.722 0
	(−0.19)	(−4.02)	(−1.09)	(−1.18)
ROA	−0.076 8***	−0.132 1***	−0.124 1***	−14.385 7
	(−3.52)	(−8.23)	(−6.70)	(−1.54)
TOP	−0.014 4*	−0.002 2	0.001 3	−1.244 9
	(−1.92)	(−0.41)	(0.18)	(−1.35)

续表

变量	抵押贷款能力弱 (1) DCOST	抵押贷款能力强 (2) DCOST	银行贷款资本成本 (3) DCOST_loan	发行债券资本成本 (4) DCOST_bond
BOARD	-0.005 6	0.003 8	-0.007 9	0.693 7
	(-1.17)	(0.96)	(-1.50)	(1.52)
BER	-0.000 6	0.000 2	0.000 0	0.558 5**
	(-0.29)	(0.16)	(-0.02)	(2.27)
Constant	0.188 9***	0.230 2***	0.210 2***	-6.554 2**
	(7.36)	(11.79)	(9.17)	(-2.41)
Industry FE	Yes	Yes	Yes	Yes
Year FE	Yes	Yes	Yes	Yes
N	11 165	11 149	22 173	345
Adj. R^2	0.053	0.147	0.039	0.364

5.3.3 杠杆操纵与股权再融资

5.3.3.1 描述性统计

表 5-15 展示了全样本的描述性统计结果。其中，被解释变量定向增发规模（ISSUE）的均值为 0.032，标准差为 0.111，意味着不同企业的定向增发募资规模存在较大差异。解释变量杠杆操纵（LEVM、L_LEVM）的平均值分别为 0.129 和 0.133，中位数分别为 0.045 和 0.048，二者较为接近，说明就解释变量而言，样本接近正态分布；标准差分别为 0.257 和 0.263，说明不同企业的杠杆操纵程度不尽相同。其余控制变量与已有文献差异不大，故不再赘述。

表 5-15 主要变量的描述性统计

变量	样本量	均值	标准差	最小值	P25	中位数	P75	最大值
ISSUE	23 073	0.032	0.111	0.000	0.000	0.000	0.000	0.731
LEVM	23 073	0.129	0.257	0.000	0.000	0.045	0.166	2.031
L_LEVM	23 073	0.133	0.263	0.000	0.000	0.048	0.169	2.031
SIZE	23 073	22.408	1.292	19.917	21.491	22.238	23.144	26.388

续表

变量	样本量	均值	标准差	最小值	P25	中位数	P75	最大值
AGE	23 073	2.373	0.623	1.099	1.946	2.485	2.890	3.332
SOE	23 073	0.424	0.494	0.000	0.000	0.000	1.000	1.000
CFO	23 073	0.047	0.067	−0.150	0.009	0.046	0.086	0.241
PPE	23 073	0.233	0.168	0.002	0.102	0.202	0.335	0.715
MH	23 073	0.050	0.113	0.000	0.000	0.000	0.024	0.544
ROA	23 073	0.030	0.061	−0.264	0.011	0.031	0.058	0.184
TOP	23 073	0.138	0.115	0.008	0.051	0.100	0.193	0.557
BOARD	23 073	2.141	0.198	1.609	1.946	2.197	2.197	2.708
GROWTH	23 073	0.172	0.414	−0.555	−0.026	0.106	0.267	2.636
MB	23 073	1.944	1.212	0.839	1.195	1.555	2.212	7.966

5.3.3.2 基准回归结果

为验证假说 H3，我们对模型（5-3）进行了回归，表 5-16 报告了基准回归结果。未加入控制变量时，列（1）、列（2）自变量杠杆操纵（LEVM）的回归系数均在1%的水平上显著为负，说明企业在进行杠杆操纵后，其股权再融资规模会有所下降；而滞后一期的杠杆操纵（L_LEVM）的回归系数均显著为正，说明企业会在发行新股前进行杠杆操纵，初步验证了本章的研究假说。在加入控制变量后，列（3）中自变量 LEVM 的系数仍然在1%的水平上显著为负，L_LEVM 的系数同样显著为正。以上结果表明，在控制了影响债务资本成本的其他相关变量后，杠杆操纵对企业定向增发规模的抑制作用依然显著。进一步地，列（3）中自变量的系数为−0.012 3，意味着当其他条件不变时，杠杆操纵程度每增加一个标准差，企业的定向增发规模将减少0.89%，并且具有显著的统计意义与经济意义。上述结果表明，企业进行杠杆操纵会抑制其定向增发规模，不利于企业在再融资市场上筹集资金，因此假说 H3 得到验证。

表 5-16 基准回归结果

变量	(1) ISSUE	(2) ISSUE	(3) ISSUE
LEVM	−0.012 3***	−0.011 3***	−0.012 3***
	(−4.48)	(−4.06)	(−4.49)

续表

变量	(1) ISSUE	(2) ISSUE	(3) ISSUE
L_LEVM	0.007 2**	0.008 5***	0.011 7***
	(2.27)	(2.67)	(3.73)
SIZE		-0.073 1***	0.000 6
		(-6.37)	(0.88)
AGE		-0.011 3***	-0.005 4***
		(-2.78)	(-3.51)
SOE		-0.001 4	-0.007 0***
		(-0.18)	(-4.22)
CFO		-0.014 1	-0.067 0***
		(-1.32)	(-5.69)
PPE		0.000 8	-0.042 7***
		(0.11)	(-7.57)
MH		0.004 0	-0.005 5
		(1.09)	(-0.73)
ROA		0.077 1***	-0.017 9
		(17.78)	(-1.64)
TOP		0.000 2	0.010 5
		(0.30)	(1.39)
BOARD		0.032 0**	0.000 9
		(2.22)	(0.24)
GROWTH		-0.073 1***	0.077 7***
		(-6.37)	(17.59)
MB		-0.011 3***	-0.004 1***
		(-2.78)	(-5.42)
Constant	0.032 2***	-0.001 4	0.038 3**
	(37.00)	(-0.18)	(2.32)
Industry FE	No	No	Yes
Year FE	No	No	Yes

续表

变量	(1) ISSUE	(2) ISSUE	(3) ISSUE
N	23 073	23 073	23 073
Adj. R^2	0.001	0.092	0.115

5.3.3.3 稳健性检验

（1）替换变量定义

本节使用替换变量的方法来证明前文研究结论的稳健性。具体而言，替换解释变量，使用扩展的 XLT-LEVM 法（间接法）计算企业的杠杆操纵程度（$ExpLEVMI$）；替换被解释变量，使用定向增发募资总额的自然对数（$ISSUE1$）。在其余变量保持不变的情况下，重新使用模型（5-3）进行回归。表 5-17 列（1）、列（2）结果显示，解释变量的回归系数仍保持在 1% 的水平上显著为负，意味着替换变量的衡量方式后，杠杆操纵仍会抑制企业定向增发募资规模的提升，证明了本节的结论具有稳健性。

（2）排除宏观政策影响

由前文可知，不同企业的股权再融资规模水平存在较大差异，以地区为实施单元的产业政策也可能是影响企业股权再融资表现的宏观因素，为了剔除产业政策的影响，本节进行了进一步控制地区-年度交叉固定效应的尝试。结果如表 5-17 列（3）所示，在控制城市-年度交叉固定效应后，解释变量的回归系数仍显著为负。上述结果说明，当回归条件更严格时，本节的主要结论依然成立，证明了结论的稳健性。

表 5-17 替换变量定义或回归模型

变量	更换被解释变量 (1) ISSUE1	更换解释变量 (2) ISSUE	排除政策影响 (3) ISSUE
LEVM	−0.450 4**		−0.014 0***
	(−2.55)		(−5.00)
ExpLEVMI		−0.012 6***	
		(−4.62)	
L_LEVM	0.576 6***	0.011 8***	0.010 0***
	(3.20)	(3.75)	(2.82)

续表

变量	更换被解释变量 (1) ISSUE1	更换解释变量 (2) ISSUE	排除政策影响 (3) ISSUE
SIZE	0.567 6***	0.000 7	0.000 9
	(11.76)	(0.91)	(1.13)
AGE	-0.556 7***	-0.005 4***	-0.006 4***
	(-6.27)	(-3.51)	(-3.75)
SOE	-0.359 4***	-0.007 0***	-0.005 8***
	(-3.33)	(-4.23)	(-3.10)
CFO	-4.861 3***	-0.073 7***	-0.076 1***
	(-7.05)	(-6.11)	(-5.71)
PPE	-1.802 3***	-0.042 1***	-0.044 8***
	(-5.23)	(-7.46)	(-6.81)
MH	-0.245 5	-0.005 5	-0.001 1
	(-0.57)	(-0.72)	(-0.13)
ROA	-0.579 0	-0.011 6	-0.011 4
	(-0.86)	(-1.06)	(-0.91)
TOP	-1.543 5***	0.010 5	0.007 3
	(-3.68)	(1.39)	(0.89)
BOARD	0.221 7	0.000 9	-0.000 3
	(0.95)	(0.23)	(-0.08)
GROWTH	3.201 0***	0.077 6***	0.074 8***
	(19.74)	(17.58)	(15.77)
MB	-0.285 7***	-0.004 1***	-0.003 8***
	(-7.17)	(-5.43)	(-4.14)
Constant	-8.297 7***	0.038 0**	0.037 7**
	(-7.43)	(2.30)	(1.96)
Industry FE	Yes	Yes	Yes
Year FE	Yes	Yes	Yes
City×Year FE	No	No	Yes
N	23 073	23 073	23 073
Adj. R^2	0.086	0.115	0.263

5 杠杆操纵对企业融资的影响：作用机制与经验证据

（3）工具变量法

本节的研究可能存在一定的反向因果内生性问题，具体表现为企业的杠杆操纵行为可能会对定向增发意向与规模产生影响，反之，定向增发也可能会影响企业的信息披露质量（刘萧玮等，2022）。因此，本节采取工具变量法以减少该内生性问题对回归结果可能造成的干扰。具体而言，选取同地区（城市）中所有企业杠杆操纵程度的年度中位数作为工具变量，由于城市特征具有相似性，故地区内其他企业的杠杆操纵行为会影响某个企业的操纵程度，满足工具变量的相关性要求；而地区整体的杠杆操纵程度不太可能会对某一企业的股权再融资规模产生影响，故满足工具变量的外生性要求。由表5-18结果可知，列（1）为第一阶段的回归结果，当以 LEVM 为被解释变量时，工具变量 LEVM_CITY 的系数为0.6355，且在1%的水平上显著；列（2）为 ISSUE 作为被解释变量的第二阶段回归结果，LEVM 的回归系数为-0.0511，且在10%的水平上显著。这一结果表明，在使用工具变量缓解了可能存在的内生性问题后，主要结论依然成立。

表5-18　基于工具变量法的两阶段回归结果

变量	（1）第一阶段回归 LEVM	（2）第二阶段回归 ISSUE
LEVM_CITY	0.6355***	
	(12.29)	
LEVM		-0.0511*
		(-1.96)
L_LEVM	0.1797***	0.0190***
	(14.62)	(3.30)
SIZE	0.0046**	0.0008
	(2.48)	(1.15)
AGE	-0.0091**	-0.0057***
	(-2.52)	(-3.60)
SOE	0.0050	-0.0069***
	(1.20)	(-3.93)
CFO	-0.1616***	-0.0728***
	(-5.15)	(-5.88)

续表

变量	(1) 第一阶段回归 LEVM	(2) 第二阶段回归 ISSUE
PPE	0.056 8***	-0.040 5***
	(3.49)	(-6.76)
MH	-0.012 4	-0.005 9
	(-0.80)	(-0.77)
ROA	0.001 5	-0.017 7
	(0.04)	(-1.59)
TOP	-0.016 7	0.009 7
	(-1.00)	(1.29)
BOARD	-0.009 2	0.000 5
	(-1.03)	(0.12)
GROWTH	0.002 7	0.077 8***
	(0.62)	(18.12)
MB	-0.000 8	-0.004 2***
	(-0.58)	(-5.34)
Constant	-0.003 1	0.047 5**
	(-0.07)	(2.57)
Industry FE	Yes	Yes
Year FE	Yes	Yes
N	23 073	23 073
Adj. R^2	0.082	0.107

5.3.3.4 机制检验

如理论分析部分所述,企业实施杠杆操纵行为可能会引发投资者情绪波动,进而降低企业的股权再融资规模。以往文献通常使用"错误定价"作为投资者情绪的代理变量,它可以间接度量投资者情绪,然而该方法不能将投资者情绪所发生的实际改变情况直观地体现出来。事实上,即便没有情绪的波动,在不确定性环境中,公司市场价值也可能会偏离其真实价值,所以容易产生测量误差与内生性问题。基于此,本节使用公司股票的换手率来衡量投资者的情绪波动程度,这是因为情绪波动较大的投资者往往更容易受到市场情绪的影响,做出更频繁的买卖决策,从而增加股票的交易量和换手率。

因此，参考 Baker 和 Stein（2004）、马文杰和胡玥（2022）的研究，本书将投资者情绪波动变量定义为：$TURNOVER$＝股票交易数量/股票流通市值，测算期间为年度。该指标值越大，则意味着股票换手率越高，投资者情绪波动越大。本节以投资者情绪波动行业年度中位数为标准对全样本进行分组，将高于中位数的子样本划分为情绪波动较大组，其余则为情绪波动较小组，并对两组子样本分别进行回归。

表5-19列（1）、列（2）检验了投资者情绪波动作为中介变量的回归结果。列（1）$LEVM$的系数在1%的水平上显著为负，而列（2）该变量回归系数为负但不显著，表明投资者情绪波动越小，杠杆操纵对股权再融资的抑制作用越强。这说明在投资者情绪较为稳定时，企业的杠杆操纵行为会通过加剧投资者情绪波动来强化对股权再融资的抑制作用，因此证明了投资者情绪波动在二者之间存在中介作用。

此外，我们还补充了市场风险的中介效应检验。参考刘斌等（2018）的研究，我们使用股票收益波动率作为市场风险（$UNCERTAINTY$）的替代变量。具体地，本节采用不考虑现金红利的月个股回报率作为股票收益率，并计算公司股票收益率在当年的标准差。该指标值越大，意味着企业的股票收益波动性越强，面临的市场风险越高。本节以股票收益波动性行业年度中位数为标准将全样本分为两组，高于中位数的为市场风险较高组，其余为市场风险较低组，并分组进行回归检验。

表5-19列（3）、列（4）为通过分组回归检验市场风险作为中介变量的结果。列（3）$LEVM$的系数在1%的水平上显著为负，而列（4）$LEVM$的系数不显著，表明市场风险越低，杠杆操纵越会抑制股权再融资规模。这意味着在市场风险较低时，杠杆操纵会通过提高市场风险发挥对股权再融资规模的抑制作用，从而证明市场风险在二者关系中发挥了中介作用。假说H3得到验证。以上结果说明企业进行杠杆操纵将会引发投资者情绪较大的波动，并进一步加剧市场风险，进而不利于企业股权再融资规模提升，导致资金状况的恶化，进一步削弱企业的外部融资能力。

表5-19 机制检验回归结果

变量	（1）投资者情绪波动小 $ISSUE$	（2）投资者情绪波动大 $ISSUE$	（3）市场风险低 $ISSUE$	（4）市场风险高 $ISSUE$
$LEVM$	−0.016 7***	−0.008 8*	−0.018 8***	−0.005 2
	(−3.69)	(−1.72)	(−6.63)	(−1.11)

续表

变量	(1) 投资者情绪波动小 ISSUE	(2) 投资者情绪波动大 ISSUE	(3) 市场风险低 ISSUE	(4) 市场风险高 ISSUE
L_LEVM	0.007 6*	0.014 4***	0.018 7***	0.005 7
	(1.77)	(3.16)	(3.74)	(1.42)
SIZE	-0.001 4	0.000 7	-0.002 1**	0.002 5**
	(-1.38)	(0.64)	(-2.08)	(2.48)
AGE	-0.005 3**	-0.001 5	-0.004 6**	-0.005 6**
	(-2.36)	(-0.71)	(-2.05)	(-2.55)
SOE	-0.011 0***	-0.005 3**	-0.004 9**	-0.008 7***
	(-4.10)	(-2.36)	(-2.11)	(-3.59)
CFO	-0.072 1***	-0.059 2***	-0.066 8***	-0.060 0***
	(-3.73)	(-4.23)	(-4.23)	(-3.38)
PPE	-0.052 6***	-0.030 1***	-0.041 4***	-0.043 8***
	(-5.95)	(-4.12)	(-5.18)	(-5.44)
MH	-0.005 7	-0.007 8	-0.013 7	-0.001 5
	(-0.51)	(-0.75)	(-1.24)	(-0.14)
ROA	-0.052 4**	-0.024 1**	-0.035 3**	-0.014 3
	(-2.18)	(-2.02)	(-2.23)	(-0.92)
TOP	-0.009 1	0.033 4***	0.019 8*	-0.004 4
	(-0.86)	(2.94)	(1.85)	(-0.44)
BOARD	-0.004 4	0.005 8	0.002 7	-0.004 1
	(-0.77)	(1.23)	(0.52)	(-0.77)
GROWTH	0.085 5***	0.066 5***	0.080 7***	0.075 5***
	(13.41)	(11.25)	(12.45)	(12.82)
MB	-0.005 6***	-0.005 4***	-0.006 4***	-0.002 1*
	(-5.18)	(-5.37)	(-6.83)	(-1.79)
Constant	0.111 7***	0.009 4	0.094 1***	0.008 1
	(4.55)	(0.37)	(4.05)	(0.36)
Industry FE	Yes	Yes	Yes	Yes
Year FE	Yes	Yes	Yes	Yes
N	11 534	11 539	11 364	11 378
Adj. R^2	0.128	0.104	0.121	0.108

5.3.3.5 进一步分析

(1) 市场化程度

市场化程度高的地区往往有着更加完善成熟的市场,利益主体之间的信息传递速度更快,投资者对企业财务情况的掌握更加充分。在此情况下,企业可能面临整体更透明的再融资环境,能够对杠杆操纵抑制股权再融资规模的现象产生一定的强化作用。因此,本节将考察上述关系在不同市场化程度地区的异质性。具体而言,本节采用国民经济研究所编制的市场化指数衡量各城市的市场化水平,并依据其行业年度中位数将全样本分为两组,高于中位数的样本划分为市场化程度高组,其余则为市场化程度低组,随后分别进行回归。表 5-20 列(1)、列(2)结果显示,市场化程度高样本组的 LEVM 回归系数在 1% 的水平上显著为负,而市场化程度低样本组的回归系数较小且显著性水平为 10%。以上结果表明,杠杆操纵的实施对于高市场化程度地区企业股权再融资的抑制作用更为明显,证实了上述推论。

(2) 债务融资约束

如果企业面临较强的债务融资约束,那么企业更倾向于通过股权融资的方式获取生产经营与投融资实践所必需的资金支持。相比于债务融资,股权融资具有无到期日、无需还本付息等优势,因此,本节将考察杠杆操纵对企业股权再融资的抑制作用是否受到债务融资约束的影响。具体而言,使用企业的新增债务融资额衡量受到的债务融资约束程度。参考顾乃康和周艳利(2017),定义新增债务融资额=(银行借款取得的现金+发行债券取得的现金-偿还债务支付的现金)/资产总额,接下来根据该变量的行业年度中位数将全样本分为两组,其中,低于该中位数的样本为融资约束高组,其余为融资约束低组,并分别进行回归。表 5-20 列(3)、列(4)结果显示,融资约束高企业的 LEVM 系数在 1% 的水平上显著为负,而融资约束低企业的 LEVM 系数较小且不显著。这一结果表明,良好的融资环境能够弱化杠杆操纵对企业股权再融资的抑制作用,因为多种可选择的融资途径能够增强企业的融资能力。

表 5-20 异质性检验的回归结果

变量	市场化程度低 (1) ISSUE	市场化程度高 (2) ISSUE	融资约束低 (3) ISSUE	融资约束高 (4) ISSUE
LEVM	-0.007 9*	-0.017 8***	-0.006 5	-0.015 2***
	(-1.85)	(-5.38)	(-1.20)	(-5.56)

续表

变量	市场化程度低 （1） ISSUE	市场化程度高 （2） ISSUE	融资约束低 （3） ISSUE	融资约束高 （4） ISSUE
L_LEVM	0.011 5**	0.011 4***	0.012 2***	0.010 5**
	(2.52)	(2.65)	(2.61)	(2.52)
SIZE	0.000 9	0.000 6	0.003 0***	0.000 4
	(0.93)	(0.60)	(2.64)	(0.47)
AGE	−0.003 3	−0.007 3***	−0.009 0***	−0.005 6***
	(−1.48)	(−3.49)	(−3.64)	(−2.84)
SOE	−0.007 8***	−0.006 7***	−0.010 9***	−0.005 6**
	(−3.36)	(−2.84)	(−4.13)	(−2.49)
CFO	−0.067 6***	−0.069 4***	−0.145 5***	−0.061 8***
	(−4.08)	(−4.16)	(−8.55)	(−3.38)
PPE	−0.034 0***	−0.055 1***	−0.050 4***	−0.037 5***
	(−4.43)	(−6.33)	(−6.19)	(−4.59)
MH	0.013 4	−0.019 5**	0.000 7	−0.006 1
	(1.00)	(−2.12)	(0.06)	(−0.62)
ROA	−0.022 2	−0.011 9	−0.004 7	−0.019 1
	(−1.47)	(−0.78)	(−0.32)	(−1.14)
TOP	0.022 7**	−0.001 8	0.004 5	0.013 3
	(2.06)	(−0.18)	(0.39)	(1.35)
BOARD	0.004 8	−0.003 4	0.004 5	−0.002 6
	(0.91)	(−0.63)	(0.77)	(−0.54)
GROWTH	0.081 6***	0.071 5***	0.081 2***	0.077 2***
	(13.48)	(11.23)	(12.35)	(13.12)
MB	−0.004 0***	−0.004 4***	−0.003 0**	−0.005 4***
	(−3.80)	(−3.92)	(−2.44)	(−5.83)
Constant	0.013 1	0.059 8***	0.000 4	0.043 7**
	(0.55)	(2.64)	(0.02)	(2.08)
Industry FE	Yes	Yes	Yes	Yes

续表

变量	市场化程度低 (1) ISSUE	市场化程度高 (2) ISSUE	融资约束低 (3) ISSUE	融资约束高 (4) ISSUE
Year FE	Yes	Yes	Yes	Yes
N	11 964	11 108	11 232	11 841
Adj. R^2	0.129	0.099 6	0.121	0.123

（3）基于其他股权再融资方式的进一步分析

股权再融资方式包括配股、公开增发股票、非公开发行股票（定向增发）、发行可转换公司债券（可转债）等。由于定向增发是公司为实现自身发展的重要融资手段，也是中国上市公司进行股权再融资的主要方式，故在基准回归中，本节主要使用定向增发规模来衡量企业的股权再融资成效。因此，本节考察了杠杆操纵对于其他股权再融资方式是否具有相似影响。以公开增发与发行可转债为代表，被解释变量具体定义如下：企业的公开增发募资规模（ISSUE_Public）=ln（1+公开增发募集资金净额），发行可转债募资规模（ISSUE_Convert）=ln（1+公开增发募集资金净额）。

回归结果如表5-21所示。列（1）结果中，解释变量系数不显著为负，说明杠杆操纵对于公开增发募资规模同样具有轻微的抑制作用；列（2）结果中，解释变量系数显著为负，说明杠杆操纵对于可转债募集金额具有显著的抑制作用。结合前文结果可知，杠杆操纵对于多种股权再融资方式的募资规模都存在一定程度的抑制作用，这启示企业在为满足发行债务而进行杠杆操纵时需要考虑杠杆操纵行为对股权再融资的负面影响，权衡债务融资与股权融资的优劣势，合理安排资本结构。

表5-21 杠杆操纵与其他股权再融资方式

变量	公开增发 (1) ISSUE_Public	可转债 (2) ISSUE_Convert
LEVM	−0.547 9	−1.399 4*
	(−1.11)	(−1.71)
L_LEVM	0.423 4	0.603 4
	(1.11)	(1.30)

续表

变量	公开增发 (1) $ISSUE\_Public$	可转债 (2) $ISSUE\_Convert$
$SIZE$	0.389 9	0.545 6
	(1.32)	(1.52)
AGE	-0.661 3	0.453 1
	(-1.39)	(0.79)
SOE	0.069 4	-1.380 7
	(0.08)	(-1.24)
CFO	3.707 1	-4.316 2
	(0.93)	(-0.73)
PPE	-2.147 5	0.379 2
	(-0.92)	(0.14)
MH	0.227 3	1.097 9
	(0.20)	(0.72)
ROA	-2.267 4	4.659 7
	(-0.41)	(0.57)
TOP	-5.200 5**	3.988 8
	(-2.51)	(1.54)
$BOARD$	-0.231 2	-0.716 6
	(-0.26)	(-0.58)
$GROWTH$	-0.725 9	0.583 2
	(-0.74)	(0.52)
MB	-0.097 0	0.260 6*
	(-0.86)	(1.68)
$Constant$	-3.252 3	5.033 8
	(-0.53)	(0.65)
Industry FE	Yes	Yes
Year FE	Yes	Yes
N	537	537
$Adj.\ R^2$	0.581	0.453

5.3.4 杠杆操纵与权益资本成本

5.3.4.1 描述性统计

表 5-22 列出了主要变量的描述性统计结果。可以看出，权益资本成本的均值为 0.112，中位数为 0.107，接近已有文献的结果。杠杆操纵的均值为 0.135，中位数为 0.049，与许晓芳等（2020）的计算结果基本一致。同时，中位数均低于均值，说明半数以上公司的杠杆操纵程度低于整体平均水平，但各公司间杠杆操纵的程度区别较大。杠杆操纵的第 25 分位数为 0，则说明至少有 25% 的公司没有进行杠杆操纵。控制变量中，公司规模（*SIZE*）的标准差为 1.327，说明样本公司的规模存在较大差异。账面杠杆率（*LEV*）均值为 0.456，最大值为 0.858。

表 5-22 主要变量的描述性统计

变量	样本量	均值	标准差	最小值	P25	中位数	P75	最大值
PEG	16 677	0.112	0.042	0.025	0.084	0.107	0.134	0.253
L_LEVM	16 677	0.135	0.266	0	0	0.049	0.173	2.031
SIZE	16 677	22.522	1.327	20.180	21.566	22.327	23.291	26.501
LEV	16 677	0.456	0.188	0.089	0.310	0.455	0.599	0.858
GROWTH	16 677	0.228	0.401	−0.414	0.026	0.151	0.323	2.591
MB	16 677	2.021	1.233	0.861	1.229	1.623	2.338	7.822
BOARD	16 677	8.798	1.757	5	8	9	9	15
INDP	16 677	0.373	0.053	0.308	0.333	0.333	0.429	0.571
FIRST	16 677	0.354	0.145	0.099	0.239	0.339	0.457	0.702
DUAL	16 677	0.257	0.437	0	0	0	1	1
BETA	16 677	1.108	0.416	0.025	0.854	1.107	1.369	2.224
SOE	16 677	0.413	0.492	0	0	0	1	1
AGE	16 677	9.833	6.707	1	4	9	15	26

5.3.4.2 基准回归结果

对于模型（5-4）的基准回归结果如表 5-23 所示。列（1）为杠杆操纵和权益资本成本的单变量回归结果，可以看到，两者在 1% 的水平上显著为正。列（2）则为加入一系列控制变量后的回归结果，杠杆操纵与权益资本成本仍在 1% 的水平上显著为正。列（3）在列（2）的基础上进一步控制了行业年度，杠杆操纵与权益资本成本仍在1%的水平上显著正相关，验证了假说H1，说明企业进行杠杆操纵的确增加了其权益资本成本，且杠杆操纵程度越大，权益资本成本越高。

表 5-23 基准回归结果

变量	(1) PEG	(2) PEG	(3) PEG
L_LEVM	0.007 0***	0.003 7***	0.004 6***
	(5.07)	(2.74)	(3.70)
SIZE		0.003 0***	0.002 6***
		(9.13)	(7.71)
LEV		0.037 8***	0.028 6***
		(17.96)	(13.51)
GROWTH		0.012 2***	0.007 4***
		(13.46)	(9.23)
MB		−0.003 6***	−0.004 0***
		(−14.34)	(−15.78)
BOARD		−0.000 6***	−0.000 5**
		(−2.95)	(−2.20)
INDP		0.015 5**	0.012 5**
		(2.29)	(1.98)
FIRST		−0.017 8***	−0.017 6***
		(−7.68)	(−8.10)
DUAL		0.000 8	0.000 6
		(1.12)	(0.86)
BETA		0.001 0	0.000 4
		(1.28)	(0.50)
SOE		−0.008 5***	−0.008 4***
		(−10.38)	(−10.70)
AGE		−0.000 4***	−0.000 4***
		(−7.29)	(−7.73)
Constant	0.110 6***	0.043 7***	0.085 2***
	(300.75)	(5.93)	(10.59)

续表

变量	(1) PEG	(2) PEG	(3) PEG
Year	No	No	Yes
Industry	No	No	Yes
N	16 677	16 677	16 677
Adj. R^2	0.002 0	0.087 4	0.220 8

5.3.4.3 稳健性检验与内生性测试

(1) 替换变量

首先，运用 MPEG 模型计算公司的权益资本成本，替换主回归中的被解释变量，重新进行模型（5-4）的回归，结果列示于表 5-24 的列（1）。可以看到，杠杆操纵与权益资本成本的相关性仍然在1%的水平上显著为正，验证了前文研究结论的稳健性。其次，使用广义下的企业杠杆操纵程度（$ExpLEVM$）替换模型（5-4）中的解释变量，重新回归的结果列示于表 5-24 列（2），杠杆操纵与权益资本成本仍在1%的水平上显著正相关，再次验证了本章假说 H4。

(2) 改变回归模型形式

一般而言，使用固定效应模型进行回归可以控制不随时间变化的遗漏变量的影响。因此，本节使用固定效应模型并控制年度虚拟变量，即采用双向固定效应模型作为稳健性检验，重新对企业杠杆操纵与权益资本成本进行回归，结果列示于表 5-24 中列（3）。可以看到，杠杆操纵与权益资本成本仍为正相关关系，且在1%的水平上显著，证明本节结论是稳健的。此外，分位数回归模型具有较好的稳健性，可以避免极端值对回归结果的影响，并且能描述数据不同分位点上的估计值，当数据不满足假设条件时尤其是数据呈偏态分布时，分位数回归模型拟合效果更好。因此，本节采用分位数回归（0.5分位）模型重新进行回归，结果如表 5-24 列（4）所示。杠杆操纵与权益资本成本仍在1%的水平上显著正相关，进一步支持前文的研究结论。

(3) 使用倾向得分匹配的样本

由于杠杆操纵企业与未进行杠杆操纵企业之间可能存在系统差异，因此本节使用倾向得分匹配法（PSM），并使用匹配后的样本进行回归，来缓解样本自选择导致的内生性问题。具体地，以进行了杠杆操纵的企业作为处理组，未进行杠杆操纵的企业作为对照组，将所有控制变量作为协变量，使用 logit 回归估计倾向性得分。由于对照组样本有限，因此进行1∶1不可放回匹配，并设置卡尺距离为 0.01，得到匹配后样本共 11 426 个。表 5-24 列（5）报告了使用 PSM 后的样本重新对模型（5-4）进行回归的结果。可以看出，杠杆操纵与权益资本成本仍为显著正相关的关系，进一步证明了本章研究结论的稳健性。

表 5-24 稳健性检验的回归结果

变量	替换变量 被解释变量 (1) MPEG	替换变量 解释变量 (2) PEG	更换回归模型 固定效应模型 (3) PEG	更换回归模型 分位数模型 (4) PEG	PSM 法 (5) PEG
L_LEVM	0.005 5***		0.003 2***	0.003 6***	0.005 3***
	(3.41)		(2.73)	(2.91)	(3.14)
$ExpLEVM$		0.005 0***			
		(4.08)			
$SIZE$	0.006 7***	0.002 6***	0.005 4***	0.002 2***	0.002 0***
	(15.20)	(7.70)	(6.44)	(6.04)	(5.02)
LEV	0.002 3	0.028 5***	0.014 3***	0.025 1***	0.030 9***
	(0.84)	(13.50)	(4.33)	(11.02)	(11.99)
$GROWTH$	0.005 4***	0.007 4***	0.005 8***	0.008 3***	0.006 9***
	(5.19)	(9.21)	(7.45)	(9.93)	(7.88)
MB	−0.007 3***	−0.004 1***	0.000 4	−0.004 4***	−0.004 0***
	(−21.68)	(−15.79)	(1.11)	(−13.89)	(−14.13)
$BOARD$	−0.000 1	−0.000 5**	−0.000 2	−0.000 6***	−0.000 4
	(−0.31)	(−2.19)	(−0.48)	(−2.59)	(−1.54)
$INDP$	−0.000 3	0.012 5**	0.015 1	0.010 0	0.009 3
	(−0.03)	(1.98)	(1.54)	(1.41)	(1.24)
$FIRST$	−0.003 6	−0.017 6***	−0.009 1*	−0.016 1***	−0.017 3***
	(−1.20)	(−8.11)	(−1.79)	(−6.60)	(−6.69)
$DUAL$	−0.000 4	0.000 6	0.002 1*	0.000 8	0.000 7
	(−0.38)	(0.87)	(1.87)	(0.96)	(0.92)
$BETA$	−0.002 1*	0.000 4	−0.001 2	−0.000 2	0.000 1
	(−1.94)	(0.48)	(−1.40)	(−0.18)	(0.11)
SOE	−0.012 2***	−0.008 4***	−0.001 1	−0.007 5***	−0.008 7***

续表

	替换变量		更换回归模型		PSM 法
	被解释变量	解释变量	固定效应模型	分位数模型	
	(1)	(2)	(3)	(4)	(5)
变量	MPEG	PEG	PEG	PEG	PEG
	(-11.48)	(-10.70)	(-0.41)	(-8.50)	(-9.12)
AGE	-0.000 4***	-0.000 4***	0.001 6	-0.000 5***	-0.000 4***
	(-4.88)	(-7.69)	(0.76)	(-7.35)	(-6.57)
Constant	0.046 9***	0.085 3***	0.014 1	0.090 8***	0.096 9***
	(4.29)	(10.60)	(0.76)	(10.55)	(10.22)
Year	Yes	Yes	Yes	Yes	Yes
Industry	Yes	Yes	Yes	Yes	Yes
N	15 524	16 677	16 677	16 677	11 426
Adj. R^2/Pseudo R^2	0.225 0	0.221 0	0.168 9	0.128 5	0.224 4

注：因 MPEG 计算方法与 PEG 不同，且需用股利数据，故列（1）样本量有所下降。

(4) 工具变量法

本节的计量模型中采用了杠杆操纵的滞后一期数据，可以较好地缓解内生性的影响。为了进一步减轻对于内生性问题的担忧，本节采用两阶段最小二乘法（2SLS）进行工具变量回归。企业所在地区的杠杆操纵水平可能会影响其实施杠杆操纵的程度，而与其权益资本成本并不直接相关，满足工具变量的相关性和外生性的条件，因此本节选择杠杆操纵程度的城市年度均值作为工具变量（IV）。回归结果见表 5-25，列（1）为第一阶段回归结果，工具变量与杠杆操纵的显著正相关关系符合相关性的要求。列（2）则为第二阶段回归结果，可以看到，采用工具变量法后，杠杆操纵的预测值（LEVM_hat）与权益资本成本依然显著为正，再次验证了本章研究结论的稳健性。

表 5-25 工具变量回归

	(1)	(2)
	L_LEVM	PEG
变量	第一阶段	第二阶段
IV	0.981 8***	
	(35.71)	

135

续表

变量	(1) L_LEVM 第一阶段	(2) PEG 第二阶段
LEVM_hat		0.006 4**
		(2.40)
SIZE	−0.002 1	0.002 6***
	(−0.91)	(7.74)
LEV	0.151 2***	0.028 2***
	(10.86)	(13.09)
GROWTH	−0.006 8	0.007 4***
	(−1.60)	(9.24)
MB	−0.000 2	−0.004 0***
	(−0.11)	(−15.75)
BOARD	−0.001 3	−0.000 5**
	(−1.00)	(−2.18)
INDP	0.018 7	0.012 4**
	(0.48)	(1.97)
FIRST	−0.001 8	−0.017 6***
	(−0.14)	(−8.10)
DUAL	−0.009 3**	0.000 6
	(−2.22)	(0.89)
BETA	0.001 3	0.000 4
	(0.25)	(0.48)
SOE	0.001 4	−0.008 4***
	(0.28)	(−10.70)
AGE	−0.002 1***	−0.000 4***
	(−5.77)	(−7.62)
Constant	0.007 9	0.084 9***
	(0.15)	(10.54)
Year	Yes	Yes
Industry	Yes	Yes

续表

变量	(1) L_LEVM 第一阶段	(2) PEG 第二阶段
N	16 677	16 677
Adj. R^2	0.265 3	0.220 3

5.3.4.4 机制检验

（1）基本面风险

企业为了满足融资需求会进行杠杆操纵，但杠杆操纵对真实杠杆率的掩盖可能使管理层等信息使用者误判企业的真实状况，从而做出错误的经营和财务决策，导致企业的基本面风险增加。投资者因此要求更高的风险补偿，表现为权益资本成本的提高。为验证基本面风险在企业杠杆操纵和权益资本成本之间发挥的机制作用，本节采用经行业均值调整的总资产净利率在过去两年及当年区间内的标准差衡量公司的基本面风险（FRISK），同时借鉴温忠麟等（2004）的中介效应检验思路，采用三步法进行机制检验，结果见表5-26。表5-26列（1）为第一步（即杠杆操纵与权益资本成本）的回归结果，与基准回归结果一致，二者正相关且在1%的水平上显著。列（2）为第二步（即杠杆操纵与基本面风险）的回归结果，二者在1%的水平上显著正相关，说明杠杆操纵的确增加了企业基本面风险。列（3）为第三步（即权益资本成本对杠杆操纵、基本面风险）的回归结果，杠杆操纵与基本面风险的回归系数均显著为正，表明企业的杠杆操纵增加了投资者面临的基本面风险，进而提高了权益资本成本，由此验证了基本面风险在其中发挥的机制作用。

（2）市场风险

企业进行杠杆操纵不仅增加了企业的基本面风险，还会对其股票收益产生不利影响，加上掩盖信息对投资者决策和评价的误导，进一步增加了企业的市场风险。市场风险的增加则可直接提高权益资本成本。由此本书认为，市场风险同样在企业杠杆操纵和权益资本成本间发挥机制作用。本节依然使用三步法对此进行检验，用一年内股票日收益率的标准差衡量市场风险（MRISK），结果如表5-26所示。第一步的回归结果见列（4），同基准回归结果一样，杠杆操纵与权益资本成本在1%的水平上显著正相关。第二步的回归结果列示于列（5），杠杆操纵与市场风险的显著正相关关系说明杠杆操纵增加了企业的市场风险。第三步的结果如列（6）所示，可以看到，杠杆操纵与市场风险的回归系数均显著为正，说明市场风险也在杠杆操纵与权益资本成本之间发挥机制作用，企业杠杆操纵程度越高，市场风险越大，权益资本成本越高。

表5-26 机制检验的回归结果

变量	(1) PEG	(2) *FRISK*	(3) PEG	(4) PEG	(5) *MRISK*	(6) PEG
L_LEVM	0.004 6***	0.004 7***	0.004 4***	0.004 6***	0.000 2*	0.004 6***
	(3.70)	(3.98)	(3.46)	(3.70)	(1.67)	(4.24)
FRISK			0.061 9***			
			(6.34)			
MRISK						0.095 1*
						(1.67)
SIZE	0.002 6***	-0.003 3***	0.002 8***	0.002 6***	-0.001 3***	0.002 7***
	(7.71)	(-10.99)	(8.31)	(7.71)	(-29.58)	(8.15)
LEV	0.028 6***	0.010 7***	0.027 9***	0.028 6***	0.006 9***	0.027 9***
	(13.51)	(4.80)	(13.26)	(13.51)	(25.35)	(13.62)
GROWTH	0.007 4***	0.007 2***	0.006 9***	0.007 4***	0.002 4***	0.007 2***
	(9.23)	(6.39)	(8.59)	(9.23)	(23.97)	(9.58)
MB	-0.004 0***	0.001 3***	-0.004 1***	-0.004 0***	0.001 2***	-0.004 2***
	(-15.78)	(4.52)	(-16.20)	(-15.78)	(32.62)	(-14.62)
BOARD	-0.000 5**	-0.000 1	-0.000 4**	-0.000 5**	-0.000 1*	-0.000 5**
	(-2.20)	(-0.66)	(-2.17)	(-2.20)	(-1.87)	(-2.23)
INDP	0.012 5**	0.012 0**	0.011 8*	0.012 5**	0.000 9	0.012 4**
	(1.98)	(2.15)	(1.86)	(1.98)	(1.01)	(2.00)
FIRST	-0.017 6***	0.000 2	-0.017 7***	-0.017 6***	0.000 4	-0.017 7***
	(-8.10)	(0.13)	(-8.12)	(-8.10)	(1.32)	(-8.25)
DUAL	0.000 6	-0.000 6	0.000 6	0.000 6	0.000 2**	0.000 6
	(0.86)	(-1.01)	(0.92)	(0.86)	(1.97)	(0.81)
BETA	0.000 4	0.003 1***	0.000 2	0.000 4	0.003 0***	0.000 1
	(0.50)	(4.20)	(0.25)	(0.50)	(28.97)	(0.14)
SOE	-0.008 4***	-0.005 6***	-0.008 0***	-0.008 4***	-0.000 2**	-0.008 3***
	(-10.70)	(-7.69)	(-10.27)	(-10.70)	(-2.09)	(-10.74)
AGE	-0.000 4***	0.000 8***	-0.000 5***	-0.000 4***	-0.000 0***	-0.000 4***

续表

变量	(1) PEG	(2) FRISK	(3) PEG	(4) PEG	(5) MRISK	(6) PEG
	(−7.73)	(14.48)	(−8.55)	(−7.73)	(−4.78)	(−7.74)
Constant	0.085 2***	0.090 2***	0.079 6***	0.085 2***	0.050 7***	0.080 4***
	(10.59)	(12.80)	(9.86)	(10.59)	(49.04)	(9.91)
Year	Yes	Yes	Yes	Yes	Yes	Yes
Industry	Yes	Yes	Yes	Yes	Yes	Yes
N	16 677	16 677	16 677	16 677	16 677	16 677
Adj. R^2	0.220 8	0.068 9	0.223 0	0.220 8	0.526 3	0.220 9

5.3.4.5 进一步分析

（1）新租赁准则的颁布

租赁准则曾规定，对于融资租赁，承租人应在资产负债表中确认相应的资产和负债，从而会导致企业资产负债表体现的杠杆率上升。而对于经营租赁，承租人不需要在资产负债表中确认与该租赁有关的资产与负债，仅需要在财务报表附注中披露相关信息。所以，经营租赁有助于降低承租人资产负债表呈现的杠杆率（许晓芳和陆正飞，2020）。2018年12月，财政部发布了修订的《企业会计准则第21号——租赁》（以下简称"新租赁准则"）。新租赁准则的主要变化是，取消承租人关于融资租赁与经营租赁的分类，要求承租人对所有租赁（选择简化处理的短期租赁和低价值资产租赁除外）确认使用权资产和租赁负债，并分别确认折旧和利息费用。可以发现，新租赁准则从政策法规的层面严格限制了企业进行杠杆操纵的手段，进而降低企业的风险水平。因此，本书认为新租赁准则的颁布应当对杠杆操纵与权益资本成本的正相关关系起到抑制作用。为验证这一推论，本节根据新租赁准则颁布与否将样本分为两组进行分组回归，为增加可比性和说服力，使用新租赁准则颁布前后各四年作为样本区间，即新租赁准则颁布后的样本区间为2019—2022年，颁布前的样本则为2015—2018年。表5-27列（1）表示新租赁准则颁布前样本组的回归结果，列（2）则对应颁布后的样本组。从回归结果可以看出，在新租赁准则颁布前，杠杆操纵与权益资本成本在1%的水平上显著正相关，而在新租赁准则颁布后，二者的正相关关系不再显著。这说明新租赁准则的颁布发挥了其政策作用，有效地抑制了企业杠杆操纵及由此造成的负面影响，从而为投资者规避和遏制了部分风险，促进了资本市场公平的实现与效率的提高。

（2）表外负债与名股实债

根据许晓芳等（2020）的定义，狭义的杠杆操纵手段主要包括表外负债和名股实债两种。为了进一步分析投资者主要对哪种手段的杠杆操纵造成的风险要求补偿，本节将杠杆操纵拆分为表外负债的操纵程度（DEBT_OB）和名股实债的操纵程度（DEBT_NSRD）分别进行模型（5-1）的回归，结果列示于表5-27中，列（3）为表外负债的回归结果，列（4）则对应名股实债的结果。可以看到，表外负债的操纵程度和权益资本成本的正相关关系更为明显，名股实债的操纵程度与权益资本成本的关系则显著性较低，说明投资者主要对表外负债的杠杆操纵要求进行风险补偿，从而提高权益资本成本。这说明投资者对表外负债形式的杠杆操纵更为敏感，也说明表外负债的操纵手段风险更大，导致更高的公司风险水平，投资者要求更高的风险补偿，从而推高权益资本成本。而名股实债操纵程度与权益资本成本显著性较低的原因可能是名股实债操纵主要有结构化主体投资、永续债和债转股等几种常见的形式，投资者已提前识别此类操纵、预知相关风险并反映在股票的定价中，因此便不再或较少要求额外的风险补偿。

表5-27 新租赁准则颁布的影响以及不同形式杠杆操纵的差异

变量	(1) PEG 新租赁准则颁布前	(2) PEG 新租赁准则颁布后	(3) PEG 表外负债	(4) PEG 名股实债
L_LEVM	0.006 3***	0.003 0		
	(2.85)	(1.51)		
DEBT_OB			0.003 9***	
			(4.59)	
DEBT_NSRD				0.002 4*
				(1.90)
SIZE	0.004 8***	−0.001 6***	0.002 6***	0.002 6***
	(7.35)	(−3.06)	(7.81)	(7.69)
LEV	0.026 1***	0.033 5***	0.029 5***	0.028 7***
	(7.09)	(9.51)	(14.01)	(13.45)
GROWTH	0.005 9***	0.010 5***	0.007 4***	0.007 4***
	(4.98)	(6.81)	(9.21)	(9.19)

续表

变量	(1) PEG 新租赁准则颁布前	(2) PEG 新租赁准则颁布后	(3) PEG 表外负债	(4) PEG 名股实债
MB	-0.001 8***	-0.006 8***	-0.004 0***	-0.004 1***
	(-3.84)	(-18.86)	(-15.73)	(-15.80)
$BOARD$	-0.000 5	-0.000 1	-0.000 5**	-0.000 5**
	(-1.36)	(-0.24)	(-2.19)	(-2.23)
$INDP$	0.021 0*	0.007 9	0.013 1**	0.012 5**
	(1.88)	(0.73)	(2.08)	(1.97)
$FIRST$	-0.018 9***	-0.012 9***	-0.017 6***	-0.017 6***
	(-4.92)	(-3.60)	(-8.08)	(-8.09)
$DUAL$	0.000 4	0.001 0	0.000 7	0.000 5
	(0.30)	(0.95)	(1.06)	(0.78)
$BETA$	-0.001 3	0.003 3***	0.000 5	0.000 4
	(-0.98)	(2.67)	(0.62)	(0.48)
SOE	-0.008 6***	-0.008 2***	-0.008 2***	-0.008 4***
	(-6.44)	(-6.12)	(-10.54)	(-10.72)
AGE	-0.000 4***	-0.000 3***	-0.000 4***	-0.000 4***
	(-4.49)	(-4.07)	(-8.17)	(-7.76)
$Constant$	0.016 4	0.146 0***	0.083 7***	0.085 9***
	(1.05)	(10.59)	(10.37)	(10.68)
$Year$	Yes	Yes	Yes	Yes
$Industry$	Yes	Yes	Yes	Yes
N	5 053	5 904	16 677	16 677
$Adj. R^2$	0.232 9	0.174 2	0.221 0	0.220 1

(3) 产权性质的差异

去杠杆政策下，国有企业面临的任务压力大，因此国有企业的杠杆操纵程度可能高于非国有企业（许晓芳等，2020）。但是，国有企业具有天然的融资优势，即使过度负债，仍有可能获得更多的信贷资源（Lin and Tan，1999；白重恩等，2004）。非国有企业会由于可能被破产清算而不得不去杠杆，国有企业则没有这方面的压力，因此非国有企业为了融资及持续经营而面临的去杠杆压力可能并不比国有企业小，甚至更大（许晓芳等，2021a）。同时，国有企业由于其特殊的产权背景，经营稳定性更高，而非国有企业则风险更大。非国有企业进行杠杆操纵，可能加剧其风险水平，投资者因此要求的报酬率也越高，权益资本成本便更高。基于产权性质的分组回归结果也证实这一推论，如表5-28所示，杠杆操纵和权益资本成本的正相关关系在非国有企业样本中更为显著，且系数也高于国有企业样本组。这说明投资者更不愿意为非国有企业的杠杆操纵行为买账，并通过提高权益资本成本的方式获得风险补偿。

（4）投资者异质性

杠杆操纵能使权益资本成本提高，与投资者识别杠杆操纵及其风险密切相关，同时也受投资者监督治理的影响。投资者存在异质性，不同类型的投资者对公司的作用各异。个人投资者多数为散户，缺乏足够的时间和能力搜集和分析信息，对杠杆操纵的监督有限。而机构投资者一方面持股较多，有动机参与公司治理，另一方面由于其专业性强，具备资金优势，且比个人投资者更擅长信息发现和挖掘（Boehmer and Kelley，2009；高昊宇等，2017），故也有能力监督和治理企业杠杆操纵行为。因此，本书推断，当企业的机构投资者持股较多时，更能有效识别和抑制企业杠杆操纵并降低部分风险，进而减弱杠杆操纵对权益资本成本的促进作用。为验证上述推测，本节区分机构投资者持股多少，将企业的机构投资者持股多于中位数的一组作为机构投资者持股多组，其余为持股少组，采用分组回归的方法进行回归。表5-28列示了回归结果，结果显示，杠杆操纵与权益资本成本的正相关关系在机构投资者持股较少的组中更为显著，说明杠杆操纵与权益资本成本的关系受投资者异质性的影响，机构投资者持股发挥了对杠杆操纵的治理作用，上述推断得到验证。

表5-28 异质性分析的回归结果

变量	(1) PEG 国有企业	(2) PEG 非国有企业	(3) PEG 机构持股多	(4) PEG 机构持股少
L_LEVM	0.003 4*	0.005 8***	0.002 8*	0.006 6***
	(1.84)	(3.44)	(1.82)	(3.29)
$SIZE$	0.003 8***	0.001 5***	0.002 1***	0.003 7***
	(8.19)	(2.94)	(5.09)	(5.99)

续表

变量	(1) PEG 国有企业	(2) PEG 非国有企业	(3) PEG 机构持股多	(4) PEG 机构持股少
LEV	0.029 8***	0.026 5***	0.031 2***	0.024 5***
	(9.01)	(9.55)	(10.60)	(8.03)
GROWTH	0.006 3***	0.007 9***	0.006 4***	0.008 1***
	(4.68)	(7.98)	(6.02)	(6.70)
MB	-0.004 8***	-0.003 8***	-0.004 7***	-0.003 1***
	(-8.96)	(-12.78)	(-13.91)	(-7.86)
BOARD	-0.001 0***	0.000 4	-0.001 0***	0.000 5
	(-3.80)	(1.20)	(-3.62)	(1.47)
INDP	0.009 0	0.017 3**	-0.000 2	0.031 8***
	(0.94)	(1.96)	(-0.02)	(3.22)
FIRST	-0.028 1***	-0.008 8***	-0.023 3***	-0.005 7
	(-8.19)	(-3.09)	(-7.38)	(-1.46)
DUAL	-0.000 5	0.000 8	0.002 2**	-0.000 8
	(-0.35)	(1.03)	(2.07)	(-0.96)
BETA	0.000 7	0.000 2	-0.000 2	0.000 0
	(0.55)	(0.17)	(-0.21)	(0.01)
SOE			-0.009 4***	-0.006 5***
			(-9.56)	(-4.93)
AGE	-0.000 3***	-0.000 4***	-0.000 2***	-0.000 6***
	(-3.88)	(-5.71)	(-3.27)	(-6.59)
Constant	0.052 4***	0.103 0***	0.108 1***	0.039 6***
	(4.50)	(8.20)	(10.54)	(2.62)
Year	Yes	Yes	Yes	Yes
Industry	Yes	Yes	Yes	Yes
N	6 887	9 790	8 348	8 329
Adj. R^2	0.247 8	0.204 3	0.256 2	0.196 2

5.4 本章小结

融资事关企业的生存和发展，企业通过对外融资获取资金既能用于规模扩张和创新投资，也有助于优化资本结构，降低经营风险，进而实现长期稳定增长。立足我国持续深化金融供给侧结构性改革这一制度背景，本章从企业的外部融资入手，选取 2007—2022 年中国 A 股上市公司为样本，系统地检验了上市公司的杠杆操纵程度对不同融资方式下的融资规模及资本成本的影响。主要研究发现包括：第一，不论是国有企业还是非国有企业，杠杆操纵往往伴随着管理层较高的风险承担意愿，由此提高企业的风险承担水平，进而增加企业的债务融资规模，降低其在债务市场获取资金的难度。具体而言，企业的资产规模越大，市场竞争优势越强，则杠杆操纵与其债务融资规模的正相关关系越不显著。进一步地，从债务的期限结构来看，杠杆操纵仅有助于增加短期债务规模，却不能增加企业的长期债务融资，这说明杠杆操纵等机会主义行为仅能在短期内缓解企业的"融资难"问题。第二，杠杆操纵会降低企业的信息透明度和加剧债务违约风险，从而增加企业的债务资本成本，这从债务融资角度说明杠杆操纵将不利于缓解企业的"融资贵"问题。具体而言，企业的资金流动性越差，管理层代理问题越强，抵押贷款能力越弱，则杠杆操纵行为对债务资本成本的提升作用越显著。进一步地，从债务融资方式来看，杠杆操纵能够显著增加银行贷款的资本成本，但对于发行债券资本成本的影响并不显著。第三，企业存在为发新股而降杠杆的杠杆操纵动机，而杠杆操纵通过加剧投资者情绪的不稳定和股票收益率波动性，从而减少企业的股权再融资规模，尤其是定向增发融资规模。具体而言，企业所在地区的市场化程度越高，面临的债务融资约束越强，则其杠杆操纵对股权再融资规模的抑制作用越显著。此外，从股权再融资方式来看，杠杆操纵对定向增发融资的抑制作用最为显著，可转债次之，而对公开增发的影响并不显著。第四，杠杆操纵会同时增加企业经营业绩和股票收益的波动性，进而提高企业的权益资本成本，这也从权益融资角度说明杠杆操纵无法有效缓解其至会加剧企业的"融资贵"问题；特别地，相较于名股实债，股票投资者对表外负债形式的杠杆操纵更为敏感，所要求的风险补偿也更高。此外，新租赁准则的颁布、国有股权性质及机构投资者的高比例持股有助于缓解杠杆操纵对权益资本成本的提升作用。

6 杠杆操纵对企业投资的影响：作用机制与经验证据

6.1 制度背景与研究假说

6.1.1 制度背景

伴随着中国经济的发展进入新常态，宏微观层面的过度投资、产品市场供求失衡、杠杆率过高潜藏的债务违约风险等问题逐渐暴露，为此中央政府实时推行供给侧结构性改革，于2015年底首次提出"三去一降一补"五大任务。针对宏微观层面的杠杆率过高问题，党中央、国务院连同各部委陆续出台了一系列去杠杆工作文件，相继提出"法治化债转股""加大股权融资力度""加强企业自身债务杠杆约束"等措施，旨在防范化解企业债务风险和系统性金融风险。2018年1月，国务院新闻办就2017年中央企业经济运行情况举行发布会，国务院国资委总会计师沈莹强调，企业投资规模较大是形成高杠杆的重要原因，因此在控杠杆过程中控制投资规模是一个重要的措施，对于高杠杆企业而言，非主业投资、低效业务投资以及超越财务承受能力的企业投资都要严格把控。从近几年中央经济工作会议的主基调看，尽管党中央和国务院不再直接提及企业去杠杆或稳杠杆，但一直强调经济工作要稳字当头、稳中求进，并做到有效防范化解重大经济金融风险和重点领域风险，即兼顾经济增长与风险防控目标。

在资产负债强制约束下，高杠杆国有企业纷纷走上了去杠杆之路。从企业去杠杆政策的实施效果来看，现有研究发现，去杠杆政策可以优化债务结构和提高偿债能力，从而提升企业绩效（王学凯等，2021）。然而，政策性去杠杆也会引发企业策略性去杠杆的杠杆操纵行为（鲍树琛等，2023），换言之，杠杆率的下降可能是企业利用表外负债、名股实债和会计手段进行操纵的结果。为此，政府部门加强了对杠杆操纵行为的重视，要求企业规范使用混合型权益融资工具，防止借债转股名义来掩盖不良债权，旨在建立有效的督察评估机制，以预防虚假降杠杆行为的发生。部分学者针对企业杠杆操纵的经济后果开展了探索性研究，这为我们探讨杠杆操纵对企业投资决策的影响奠定了基础。具体而言，表外负债会虚减企业资产和负债，隐藏企业的经营风险和财务风险，这会降低其财务报告质量，有违会计信息的决策有用性要求（Rogers and Lindstrom，1996），而投资者并不能对隐藏的杠杆合理定价，他们通常会低估银行的实际杠杆水平，进而错估投资风险，最终会导致银行在金融危机中遭受更大的冲击（Cheng et al.，2015）。同时，部分企业在以特殊目的实体（SPV）为标的进行股权融资时，还会给出未来以固定价格回购股权的承诺，利用"名股实债"掩盖企业债务，达到虚假降杠杆的目的，但这同样会降低企业的财务报告质量，阻碍信息使用者识别其真实财务状况（刘超，2019），从而误导投资者做出决策，降低了资本配置效率（Durnev et al.，2004；许晓芳和陆正飞，2022）。此后，徐亚琴和宋思淼（2021）通过实证研究发现，企业杠杆操纵会提高审计师出具非标准审计意见的概率。与此同时，李世辉等（2021）的研究结果表明，企业大多通过开展影子银行业务来实现杠杆操纵，而此部分融资也能发挥影子银行的债务治理作用。可见，杠杆操纵不仅会提升企业自身的风险水平，也会降低会计信息质量，由此可能会影响到企业的投资决策（Chen et al.，2011）。那么，杠杆操纵与企业投资决策是否相关？杠杆操纵诱发的企业融资选择是否会影响企业投资效率及投资结构？以上问题的回答对于探索企业杠杆操纵的经济后果、深入剖析企业杠杆操纵的治理机制具有重要的理论意义和现实意义。

6.1.2 研究假说

6.1.2.1 杠杆操纵与企业投资效率

杠杆操纵会增加企业的信息不对称程度，加剧股东与管理层以及股东与债权人之间的代理问题，从而降低企业投资效率（许晓芳和陆正飞，2020）。一方面，企业的杠杆操纵程度较高，即披露的债务信息经过粉饰，会增加企业管理层与投资者之间的信息不对称程度，这将降低投资者对企业管理层的监督效果（冼依婷和赵兴楣，2020）。同时，基于投融资创新实践和会计选择实现的杠杆操纵还将降低企业的信息透明度，致使外部投资者因信息不对称而对企业生产经营前景做出错误评估，从而误导其做出投资决策，而企业管理层则可能出于自利动机或者过度自信心理（杨俊杰和曹国华，2016），利用杠杆操纵进行过度投资或者投资不足，进而导致企业的现金不能流向净现值较高的项目，引发企业的非效率投资。另一方面，在降杠杆压力较大的企业中，杠杆操纵会使企业的负债水平偏低，这会削弱债权人对管理者的监督，从而降低负债对债权人和管理者之间冲突的治理作用，增大代理成本（陈红等，2014）。此外，大部分借助真实业务活动的杠杆操纵手段具有高度不确定性（如通过设立项目公司参与PPP项目投资，并利用是否控制这一判定标准而调整合并报表范围），进而会增加企业的债务违约风险，企业投资获得的大部分收益归属于股东，而在现行公司法下债权人往往承担了大部分损失，这将加剧股东与债权人之间的代理冲突（童盼和陆正飞，2005），因而企业的杠杆操纵程度越高，股东越容易做出有损债权人利益的投资决策，导致企业产生投资不足与过度投资的非效率投资行为。

从融资动机的视角出发，杠杆操纵行为无疑掩盖了企业真实的杠杆率，模糊了企业的真实还款能力和实际借贷风险，但杠杆操纵手段的隐蔽性可能会使监管部门和债权人难以获悉企业的真实负债水平，从而弱化其对企业财务风险的感知（陆正飞等，2008）。李晓溪和杨国超（2022）的研究发现，企业为了成功发行债券融资，在发债之前会通过改变租赁模式、发行永续债等手段进行杠杆操纵。由此可见，杠杆操纵可能为企业融资带来便利，导致管理层产生利用企业闲置资金扩张经营规模的动机，这在一定程度上将引发企业的非效率投资。但也有研究认为，在外部融资渠道不通畅时，企业基于融资动机有较强的意愿通过会计信息操纵来缓解融资约束，但银行能够识别公司的会计信息操纵行为，并会对其借贷的规模、利率、期限等做出更严格的限制，以此进行债务风险管理，而这将会抬高实施杠杆操纵的企业融资成本（陈艳等，2016），进而导致该类企业出现投资不足。综上分析，本章提出以下研究假说：

H1：其他因素不变时，企业的杠杆操纵程度越高，其投资效率将会越低。

6.1.2.2 杠杆操纵与企业金融化

从外界压力来看，在借贷融资市场中，银行作为主要借贷机构，在向企业提供信贷时会使用各种指标来评估其偿债能力。然而，企业的杠杆操纵行为会掩盖其真实的杠杆率，模糊实际还款能力和借贷风险，从而增加交易成本。相应地，银行出于对杠杆操纵企业真实偿债能力的担忧，在提供信贷时有可能对借贷的规模、利率、期限等做出严格的限制，从而抬高实施杠杆操纵企业的融资成本。因此，实施杠杆操纵的企业更可能在信贷融资中处于劣势地位，遭受更强的外部融资约束，使得外部资金来源更加受限。依据优序融资理论，外部融资成本通常高于内部融资成本，如果企业在外部融资方面受到更强的限制，那么其将更加关注内部融资的可持续性。内部筹资主要包括两种途径：一是企业自身生产经营活动所带来的现金流入，二是通过金融投资实现的投资收益。然而，在实体产业中，生产性投资的回报周期长且不可逆，面临着产销不确定性的风险；相反，在金融投资领域中，合理的管理和运作可以为企业带来更高的利润率，从而创造可观的收益（张成思和张步昙，2016）。同时，与主业投资的单一性不同，金融资产投资具有风险分散和风险对冲的优势，在制定投资决策时，为了减轻杠杆操纵可能产生的现金流不确定性的影响，企业可能会考虑进行更多的金融投资活动。

从企业自身动机来看，实质性去杠杆需要企业付出更高的成本和承受更大的阻力，例如减少负债和增加股东权益，因此更多企业可能会选择采用非实质性降杠杆的方式来降低自身的账面杠杆率，而这些非实质性去杠杆方式可能包括表外负债和名股实债等杠杆操纵手段。随着企业杠杆操纵行为的增加，在没有外部压力的情况下，这些企业出于对自身融资能力和财务状况的考量，更有可能通过投资金融资产来改善短期财务约束。此外，企业在买入并持有金融资产期间，金融资产公允价值的上升能够帮助企业美化资产负债表，并且提高企业的信用评级，这可以缓和企业的外部融资约束，从而促进企业进行再融资。基于此，本章提出了以下研究假说。

H2：随着杠杆操纵程度的增加，企业持有金融资产的份额会逐步上升，即企业金融化趋势增强。

6.1.2.3 杠杆操纵与企业创新投入

从资源效应角度而言，创新投入需要消耗巨额资金，而企业自有资金通常不能完全满足投资需要，故外部融资成了企业创新的重要资金来源（余明桂等，2019）。然而，企业研发活动的风险较大且具有外部性，为了防止竞争对手模仿，企业往往会选择性披露研发信息，由此会导致创新活动的信息不对称程度较高，债权人和投资者难以甄别企业研发项目的优劣，进而会索要较高的风险溢价，而这将导致企业创新面临较强的外部融资约束（Himmelberg and Petersen，1994）。与此同时，杠杆操纵可以直接或间接帮助企业获取信贷资金，进而可能会促进企业创新，具体作用机制如下。

直接来看，杠杆操纵包含表外负债、名股实债和会计手段等多种形式。其中，部分表外负债和名股实债可以当作企业发行一般债券或银行借款的替代筹资方式，可以在取得"债务"资金的同时，通过巧妙的会计处理将新增"债务"隐藏起来，进而维持或降低其现有的杠杆水平，比如出售附有追索权的应收账款、发行永续债并将其确认为权益工具、实施结构化主体融资等，使用此类方式进行杠杆操纵可以直接为企业提供资金来源，有助于增加企业的创新投入。此外，企业的某些投融资实践和会计政策选择有助于降低账面杠杆率，但开展这类活动并不意味着企业就是在操纵杠杆，或者说只是为了隐藏负债。相反，有些投融资业务不仅在会计确认和报告上合法合规，而且还能提高企业的财务能力（饶品贵等，2022；卿小权等，2023）。

间接来看，企业利用杠杆操纵可以维持或降低其现有名义杠杆水平，对外树立偿债能力较强、破产风险较低的形象，这将有利于减少债权人因创新项目风险较高而无法收回资金的担忧，从而使其增强贷款意愿或索要较低的利息率，最终缓解企业创新所面临的融资约束，有助于促进企业增加创新投入。企业可以借助杠杆操纵获取信贷资金的原因在于：首先，作为企业的外部利益相关者，银行等债权人与企业之间存在着严重的信息不对称。银行仅能在信贷决策前通过尽职调查等行为了解企业的实际经营状况，却无法像机构投资者那样派驻董事参与企业经营，因此其信息获取渠道相对有限，难以对企业的真实情况进行全面掌握，这会导致在企业借助杠杆操纵隐藏债务时误导银行以更宽松的信贷条款出借资金（许晓芳和陆正飞，2020）。其次，就银行尽职调查的力度而言，目前我国的利率市场化水平较低，银行面临的市场竞争并不激烈，因此其经营风险较小，进而对企业尽职调查的动力不足（马永强等，2014），难以对企业信息操纵行为进行有效识别和信贷惩罚（陆正飞等，2008）。最后，企业的杠杆操纵较盈余管理等信息操纵行为更具有复杂性（如非实质性债转股、设计结构化主体融资等操纵手段可能涉及"抽屉协议"），这意味着银行对此识别难度较大，识别成本更高。基于成本收益原则，银行会进一步减少对企业真实杠杆率的识别动力。由此可以推测，企业的杠杆操纵行为可能有助于企业缓解融资约束，为其提供创新资源。因此，本章提出以下假说：

H3a：企业的杠杆操纵程度越大，其创新投入水平越高。

从风险角度看，企业创新具有资源投入大、周期长和结果不确定性高等特征。这意味着该类投资活动需要持续稳定的现金流支持，且一旦创新失败，企业前期大量的资金投入作为沉没成本将无法收回，甚至会拖累企业的正常经营发展。因此，创新活动对企业的风险容忍程度具有较高的要求（Tian and Wang，2014）。一般而言，当企业债务违约风险较高时，一方面，较大的现金流波动会导致企业难以保障创新投入的稳定资金投入，进而增加创新失败的概率，因此企业会主动减少创新投入（肖海莲等，2014）。另一方面，由于在特定时点企业整体的风险承担能力是一定的，在外界环境或企业其他内部特征增加了企业的风险敞口时，股东和管理层分别出于保障投资收益或短期业绩的目的，往往会更多地投资于稳定的传统项目以控制企业整体风险水平，进而减弱创新意愿（江轩宇等，2017；朱琳等，2021；孟庆玺等，2018）。企业进行杠杆操纵通常会增加企业的债务违约风险（徐亚琴和宋思淼，2021），进而减少企业的创新投入，具体作用机制如下。

其一，从业务特点来看，大部分借助真实业务活动的杠杆操纵手段具有高度不确定性，进而会增加企业的债务违约风险。典型的杠杆操纵手段有衍生金融工具投资和发行永续债。具体地，由于业务交易本身的复杂性和相关准则规定的滞后性，许多衍生金融工具目前无法在资产负债表内披露（许晓芳和陆正飞，2020），因而成了企业表外负债的主要方式之一。但衍生品的交易价格随时都可能随汇率和利率等因素的波动而变化，其收益具有高度不确定性，由此将增加企业的财务风险。此外，尽管可续期和利息延后支付的发行条款为永续债作为权益融资提供了依据，但事实上发行方往往按时支付利息，并在发行几年后主动将其赎回，因而永续债更多地体现出"债性"，为操纵杠杆而发行永续债会增加企业的财务负担。一方面，永续债具有较同期限普通债券更高的利率，这会增加企业的利息负担；另一方面，由于利率跳升机制的存在，企业倾向于到期兑付本息。然而，如果经营不力，到期无力赎回，企业可能会选择发行新债支付本息（王海滨，2023），而这会提高企业的负债率，弱化其长期偿债能力；或者企业可以选择延期赎回永续债，但要承担因利率跳升而增加的利息负担。因此，与一般债券和银行贷款相比，永续债的高利率和利率跳升属性会增加企业财务负担，进而抑制企业的创新投入。

其二，杠杆操纵会弱化监管部门和债权人的风险感知，进而助推企业的债务违约风险。具体而言，相较实质性降杠杆、提高经营业绩等努力成本更高的方式，杠杆操纵能够帮助管理层以虚低的名义杠杆水平达到降低融资成本（许晓芳等，2020）、吸引客户专有性投资（况学文等，2019）以及满足杠杆监管要求等目的。根据心理学的"破窗效应"，如果不良行为不受约束，就会诱使此类行为有增无减，最终引发严重的后果。相应地，杠杆操纵的隐蔽性可能会使监管部门和债权人难以获悉企业的真实负债水平，从而弱化其对企业财务风险的感知，甚至对企业不良财务状况疏于监管，而这不仅为企业突破自身偿债水平实现过度举债提供了可能，还会增强自利的管理层持续借助表外负债和名股实债进行融资的主观动机，最终推动企业财务风险超过其实际风险承受能力，此时管理层很可能减少高风险的创新投入以控制企业整体风险。

基于以上分析可知，杠杆操纵手段的复杂性和对应业务的不确定性会加重企业的财务负担，且其隐蔽性还会弱化监管机构和债权人的风险感知，由此助推企业的债务违约风险，进而抑制企业的创新意愿，使之减少研发投入。据此，本部分提出以下竞争性假说：

H3b：企业的杠杆操纵程度越大，其研发投入水平越低。

6.2 样本数据、模型设定与变量定义

6.2.1 样本数据

本章以 2007—2022 年沪深 A 股上市公司为研究样本，参考相关主流文献的做法，对研究数据进行了以下清洗工作：①剔除金融类企业样本；②排除 ST 类以及退市整理期的企业样本；③删除数据严重缺失的企业样本。企业的财务数据来自 CSMAR 数据库，企业研发投入与专利数据来自 CNRDS 数据库，此外为控制极端值的潜在影响，本章对数据集中的连续变量进行了上下各 1% 的缩尾处理，最终在检验杠杆操纵对企业投资效率的影响时，得到 26 953 个企业-年度观测样本；在检验杠杆操纵与企业金融化的关系时，得到 27 392 个企业-年度观测样本；在检验杠杆操纵与企业创新投入的关系时，得到 16 039 个企业-年度观测样本。

6.2.2 模型设定

第一，为检验杠杆操纵行为对企业投资效率的影响，本章构建了以下回归模型。

$$Inveffi_{i,t}=\beta_0+\beta_1 L\_LEVM_{i,t}+\beta_2 Controls_{i,t}+\sum Industry+\sum Year+\varepsilon \quad (6-1)$$

其中，i 代表企业；t 代表年份；$Inveffi$ 为被解释变量，表示企业投资效率；L_LEVM 为解释变量，代表滞后一期的企业杠杆操纵程度；$Controls$ 为所有控制变量；ε 为随机误差项；此外，为减少遗漏变量偏误，模型还控制了行业固定效应和年份固定效应。

第二，为检验杠杆操纵行为对企业金融化的影响，本章构建了以下回归模型。

$$Fin_{i,t}=\beta_0+\beta_1 L\_LEVM_{i,t}+\beta_2 Controls_{i,t}+\sum Industry+\sum Year+\varepsilon \quad (6-2)$$

其中，i 代表企业；t 代表年份；Fin 为被解释变量，表示企业金融化程度；L_LEVM 为解释变量，代表滞后一期的企业杠杆操纵程度；$Controls$ 为所有控制变量；ε 为随机误差项；此外，为减少遗漏变量偏误，模型还控制了行业固定效应和年份固定效应。

第三，为检验杠杆操纵行为对企业创新投资的影响，本章构建了以下回

归模型。

$$RD_{i,t} = \beta_0 + \beta_1 L\_LEVM_{i,t} + \beta_2 Controls_{i,t} + \sum Industry + \sum Year + \varepsilon \qquad (6-3)$$

其中，i 代表企业；t 代表年份；RD 为被解释变量，表示企业创新投入水平；L_LEVM 为解释变量，代表滞后一期的企业杠杆操纵程度；$Controls$ 为所有控制变量；ε 为随机误差项；此外，为减少遗漏变量偏误，模型还控制了行业固定效应和年份固定效应。

6.2.3 变量定义

6.2.3.1 被解释变量

（1）企业投资效率（$Inveffi$）

参考 Richardson（2006）、代昀昊和孔东民（2017）、张嘉望和李博阳（2021）的研究，本章使用企业投资回归模型的残差衡量企业投资效率。回归模型如下：

$$Inv_{i,t} = \beta_0 + \beta_1 TQ_{i,t-1} + \beta_2 LEV_{i,t-1} + \beta_3 cash_{i,t-1} + \beta_4 AGE_{i,t-1} + \beta_5 SIZE_{i,t-1} + \\ \beta_6 Ret_{i,t-1} + \beta_7 Inv_{i,t-1} + \sum Industry + \sum Year + \varepsilon \qquad (6-4)$$

其中：Inv 为企业的实际新增投资支出，用购建固定资产、无形资产和其他长期资产支付的现金净支出除以总资产表示；TQ 表示企业成长机会，用股权和债券市场价值之和除以总资产表示；LEV 为企业财务杠杆率，用资产负债率表示；$cash$ 为企业现金流状况，用经营活动产生的现金流量净额除以总资产表示；AGE 为企业年龄；$SIZE$ 为企业资产规模，用总资产的自然对数表示；Ret 为企业股票收益率，用企业股票市场的年回报率表示。我们使用模型（6-4）分年度进行回归，求得模型的残差绝对值作为衡量投资效率的代理变量（$Inveffi$），模型估计的残差绝对值越大，意味着企业投资效率越低。残差为正代表企业过度投资（$Overinv$），残差为负则表示企业投资不足（$Underinv$）。

（2）企业金融化（Fin）

本章借鉴杜勇等（2017）、王化成等（2023）和李真等（2023）的做法，以企业持有的金融资产占总资产的比例表示金融化程度。其中，金融资产具体包括交易性金融资产、衍生金融资产、可供出售金融资产、持有至到期的投资净额、投资性房地产净额、长期股权投资。需要注意的是，尽管货币资金本身也属于金融资产范畴，但货币资金可能源自经营活动，即货币资金的持有不完全受主观投资意愿的影响，为稳妥起见，本章中的金融资产不含货币资金。此外，虽然投资性房地产不是传统意义上的金融资产，但由于我国进行了房地产市场化改革，因此我国投资性房地产具备一定的投机属性，并逐渐成为重要的投资产品，因而可将其视为一种特殊的金融资产（张成思和郑宁，2020）。

(3) 企业创新投入（RD）

本章参考刘放等（2016）、周洲等（2023）的测度标准，选取上市公司研发支出占当年营业收入的比重来度量企业的创新投入水平。

6.2.3.2 主解释变量

主解释变量为企业杠杆操纵程度（L_LEVM）。许晓芳等（2020）将企业的狭义杠杆操纵手段归纳为表外负债和名股实债，并构建出基本的XLT-LEVM法，据此衡量包含名股实债和表外负债的杠杆操纵程度，本章采用XLT-LEVM法下的预期模型法的计算结果作为杠杆操纵的第一种测度指标（L_LEVM）。同时，本章在预期模型法的基础上加上利用间接法测算的包含会计手段实现的杠杆操纵程度，得出同时包含表外负债、名股实债和会计手段的杠杆操纵程度指标（L_ExpLEVM），以此作为杠杆操纵的第二种代理变量，纳入稳健性检验。

6.2.3.3 控制变量

参考现有对企业投资效率和企业创新投入的研究，为避免实证结果有偏，本章在基准回归模型中加入以下控制变量：企业规模（SIZE）、杠杆（LEV）、总资产收益率（ROA）、企业成长性（GROWTH）、总资产周转率（TURNOVER）、企业年龄（AGE）、独立董事比例（INDEP）、两任兼职（DUAI）、股权集中度（TOP）。此外在杠杆操纵与企业金融化研究部分，增加经营活动现金流（CFO）和机构投资者持股比例（INST）两个控制变量。主要变量测量方式如表6-1所示。

表 6-1 主要变量测量方式

类型	变量	符号	测量方式
被解释变量	企业投资效率	Inveffi	企业投资回归模型的残差估计
	企业金融化	Fin	金融资产/总资产
	企业创新投入	RD	研发支出/营业收入
主解释变量	企业杠杆操纵	L_LEVM	滞后一期的杠杆操纵程度
控制变量	企业规模	SIZE	企业总资产取自然对数
	杠杆率	LEV	企业总负债与总资产之比
	总资产收益率	ROA	净利润/净资产平均余额
	企业成长性	GROWTH	营业收入增长率
	总资产周转率	TURNOVER	营业收入/平均资产总额

续表

类型	变量	符号	测量方式
控制变量	企业年龄	AGE	报告年份-成立年份
	独立董事比例	INDEP	独立董事人数/董事会人数
	两任兼职	DUAI	董事长兼任总经理取值为1，否则为0
	股权集中度	TOP	第一大股东持股比例
	经营活动现金流	CFO	经营活动产生的现金流量净额/资产总额
	机构投资者持股比例	INST	机构投资者持股数量/总股数
	行业虚拟变量	Industry	按中国证监会行业分类标准（2012）设定行业虚拟变量
	年份虚拟变量	Year	根据年份设置时间虚拟变量

6.3 实证结果及分析

6.3.1 杠杆操纵与企业投资效率

6.3.1.1 描述性统计

本章主要变量的描述性统计结果见表6-2所示，不难看出，企业投资效率的最小值为0.001，最大值为0.296，均值为0.039，说明取样期间上市公司的投资效率差异较大。被解释变量杠杆操纵程度 L_LEVM 的均值为0.135，这意味着由于杠杆操纵行为的存在，企业资产负债表显示的杠杆率比真实杠杆率低了约13个百分点；L_LEVM 的标准差为0.271，表明不同企业的杠杆操纵程度存在较大差异。此外，从各变量的标准差可以看出，本章所选变量在不同公司年份上存在一定差异，样本的辨识度较好。

表6-2 主要变量的描述性统计

变量符号	观测值	平均值	标准差	中位数	最小值	最大值
Inveffi	26 953	0.039	0.048	0.024	0.001	0.296
L_LEVM	26 953	0.135	0.271	0.045	0.000	2.031
SIZE	26 953	22.382	1.290	22.210	19.662	26.060
LEV	26 953	0.469	0.195	0.467	0.053	0.895
ROA	26 953	0.032	0.064	0.032	-0.226	0.218

续表

变量符号	观测值	平均值	标准差	中位数	最小值	最大值
GROWTH	26 953	0.157	0.396	0.097	−0.579	2.401
TURNOVER	26 953	0.662	0.455	0.560	0.073	2.665
AGE	26 953	18.511	5.769	18.000	4.000	33.000
INDEP	26 953	0.375	0.054	0.364	0.000	0.571
DUAI	26 953	0.252	0.434	0.000	0.000	1.000
TOP	26 953	0.339	0.147	0.315	0.088	0.745

6.3.1.2 基准回归分析

为验证假说 H1，我们对模型（6-1）进行了回归，表 6-3 报告了基准回归结果。其中，列（1）为企业杠杆操纵程度对企业投资效率的回归结果，可以看出，杠杆操纵程度（L_LEVM）与企业投资效率（Inveffi）的回归系数为 0.004，在 1% 的水平上显著为正，说明随着企业杠杆操纵程度的上升，企业的投资效率将有所下降，初步验证了本章的研究假说 H1。进一步地，为了更好地探究杠杆操纵对企业投资效率的影响，本章将企业投资效率划分为过度投资和投资不足，列（2）为杠杆操纵（L_LEVM）对过度投资（Overinv）的影响，L_LEVM 的回归系数并不显著；列（3）为杠杆操纵（L_LEVM）对投资不足（Underinv）的影响，L_LEVM 的回归系数为 0.002，且在 10% 的水平上显著为正，表明杠杆操纵行为会加剧企业投资不足，降低企业的投资效率。就经济意义而言，结合本节的描述性统计结果可知，杠杆操纵（L_LEVM）每提高一个标准差，企业投资效率（Inveffi）相对于其均值将降低约 2.78%。可见，杠杆操纵会增加企业的信息不对称程度，加剧管理层代理问题，从而降低企业投资效率，且主要表现为加剧企业的投资不足，即证明了本章假说 H1 的推测。

表 6-3 杠杆操纵与企业投资效率

变量	(1) Inveffi	(2) Overinv	(3) Underinv
L_LEVM	0.004***	0.004	0.002*
	(2.806)	(1.600)	(1.663)
SIZE	−0.004***	−0.003***	−0.005***
	(−18.182)	(−7.559)	(−20.220)

续表

变量	(1) *Inveffi*	(2) *Overinv*	(3) *Underinv*
LEV	0.014***	0.023***	0.005***
	(8.147)	(6.461)	(2.813)
ROA	0.048***	0.083***	0.023***
	(10.023)	(8.086)	(4.886)
GROWTH	0.017***	0.026***	0.007***
	(24.157)	(21.046)	(8.546)
TURNOVER	-0.008***	-0.012***	-0.005***
	(-12.293)	(-9.902)	(-6.498)
AGE	0.000***	-0.001***	0.000***
	(-7.610)	(-7.589)	(-3.977)
INDEP	0.020***	0.009	0.024***
	(4.402)	(1.082)	(4.888)
DUAI	0.002***	0.004***	0.000
	(3.668)	(3.626)	(0.434)
TOP	-0.004**	-0.006*	-0.001
	(-2.077)	(-1.685)	(-0.781)
Constant	0.131***	0.130***	0.145***
	(23.039)	(12.123)	(24.183)
Industry	Yes	Yes	Yes
Year	Yes	Yes	Yes
N	26 953	10 659	16 294
Adj. R^2	0.092	0.113	0.109

6.3.1.3 稳健性检验

（1）工具变量法

前文证实了企业杠杆操纵对投资效率存在显著的抑制作用，但其中可能会存在内生性问题。一方面，企业投资效率的影响因素较多，本章无法逐一进行控制，计量上有可能存在遗漏变量导致的内生性问题。另一方面，企业杠杆率可能会受到投资效率的影响，有可能存在双向因果导致的内生性问题。不难理解，尽管企业进行杠杆操纵的主要目的在于满足业绩考核或融资资格要求,但监管压力最终源于企业的杠杆率过高,即杠杆操纵是为了降低名义杠杆率,投资效率会影响企业的名义杠杆率,那么也就有可能影响企业的杠杆操纵行为,从而产生"反向因果"问题。

因此,为排除内生性问题对研究结论的干扰,我们选取同年度同行业除了自身以外其他企业的杠杆操纵均值作为工具变量,采用两阶段最小二乘法进行回归。需要指出的是,从相关性来看,由于同行业的企业面临相似的外部政策环境和内部经营特征,因此企业自身的杠杆操纵行为与同行业其他企业杠杆操纵平均水平具有一定相关性,且其不会对单个企业投资效率产生影响,故满足外生性要求。

表6-4列示了基于两阶段最小二乘法的回归结果。从列(1)的回归结果不难看出,上市公司当年的杠杆操纵程度与同行业其他企业的杠杆操纵均值显著正相关。第二阶段回归中的解释变量为第一阶段回归的被解释变量的拟合值,回归结果见列(2)。不难看出,在排除内生性问题后,杠杆操纵依然会显著降低企业投资效率,假说H1再次得到验证。

(2) 倾向得分匹配检验

企业杠杆操纵行为可能会内生于公司基本面变量,从而导致杠杆操纵程度高的企业和杠杆操纵程度低的企业之间存在较大的变量差异,若这些因素影响到企业投资效率,则会导致回归结果存在偏误。为消除此影响,本节采用倾向得分匹配进行稳健性检验。首先,按照企业杠杆操纵年度中位数进行分组构造虚拟变量,将所有控制变量作为协变量进行倾向得分匹配,进而获得倾向性得分值;然后,按照倾向性得分进行1∶1的最近邻匹配(匹配半径为0.05),并对匹配后的样本进行基准回归检验,在匹配之后,两组之间的差异在匹配后得到了较大程度的消除。表6-4的列(3)为企业杠杆操纵程度对企业投资效率的回归结果,不难看出,杠杆操纵(L_LEVM)与企业投资效率($Inveffi$)的回归系数为0.004,且在1%的水平上显著为正,说明基准回归的结果是稳健的。

表6-4 工具变量法和倾向得分匹配法回归结果

	工具变量法		倾向得分匹配法
	(1) 第一阶段回归	(2) 第二阶段回归	(3)
变量	L_LEVM	$Inveffi$	$Inveffi$
L_LEVM_mean	0.2966***		
	(6.666)		

续表

	工具变量法		倾向得分匹配法
	(1)	(2)	(3)
	第一阶段回归	第二阶段回归	
变量	L_LEVM	$Inveffi$	$Inveffi$
L_LEVM		0.1840***	0.004***
		(4.221)	(2.752)
$SIZE$	−0.0030***	−0.0040***	−0.004***
	(−2.896)	(−12.812)	(−18.192)
LEV	0.0761***	−0.0071*	0.014***
	(10.683)	(−1.833)	(8.166)
ROA	0.0218	0.0405***	0.048***
	(1.042)	(6.572)	(10.023)
$GROWTH$	−0.0348***	0.0227***	0.017***
	(−11.548)	(13.029)	(24.125)
$TURNOVER$	0.1034***	−0.0254***	−0.008***
	(40.942)	(−5.598)	(−12.205)
AGE	0.0000	−0.0006***	0.000***
	(0.112)	(−10.442)	(−7.613)
$INDEP$	0.0093	0.0120**	0.020***
	(0.458)	(2.030)	(4.384)
$DUAI$	−0.0008	0.0018**	0.002***
	(−0.316)	(2.438)	(3.687)
TOP	−0.0203***	−0.0008	−0.004**
	(−2.593)	(−0.322)	(−2.049)
$Constant$	0.0536**	0.1283***	0.131***
	(2.410)	(17.671)	(23.033)
Industry	Yes	Yes	Yes
Year	Yes	Yes	Yes
N	26 953	26 953	26 921
$Adj.\ R^2$	0.074	0.053	0.092

(3) Heckman 两阶段回归

为了解决企业杠杆操纵与企业投资效率之间可能存在的样本自选择问题，本节采用 Heckman 两阶段模型进行检验。第一阶段根据企业杠杆操纵程度是否高于年度中位数设置虚拟变量（L_LEVM_DV），若企业杠杆操纵程度大于年度中位数，L_LEVM_DV 赋值为 1，否则为 0，继而将其作为被解释变量进行回归，控制变量与前文保持一致。第一阶段的回归结果如表 6-5 列（1）所示，企业规模（SIZE）、资产负债率（LEV）和成长能力（GROWTH）等变量对企业杠杆操纵均存在显著影响。根据第一阶段的回归结果计算出逆米尔斯比率（IMR），并将其作为控制变量加入第二阶段进行回归。具体回归结果见表 6-5 中的列（2），在控制了样本自选择问题之后，杠杆操纵（L_LEVM）与企业投资效率（Inveffi）的回归系数为 0.004，且在 1% 的水平上显著为正，说明基准回归结果是稳健的。

表 6-5 Heckman 两阶段回归结果

变量	(1) L_LEVM_DV	(2) Inveffi
L_LEVM		0.004***
		(2.585)
IMR		0.013***
		(5.901)
SIZE	-0.098***	-0.005***
	(-14.517)	(-18.889)
LEV	-0.548***	0.011***
	(-11.582)	(5.964)
ROA	0.689***	0.056***
	(5.134)	(11.215)
GROWTH	-0.268***	0.015***
	(-14.306)	(19.447)
TURNOVER	1.640***	0.000
	(63.322)	(0.224)
AGE	-0.012***	0.000***
	(-8.352)	(-8.986)
INDEP	-0.162	0.018***

续表

变量	(1) L_LEVM_DV	(2) Inveffi
	(−1.259)	(4.018)
DUAI	0.019	0.002***
	(1.177)	(3.943)
TOP	−0.394***	−0.006***
	(−8.051)	(−3.337)
Constant	2.105***	0.139***
	(13.421)	(24.306)
Industry	Yes	Yes
Year	Yes	Yes
N	26 953	26 953
Adj. R^2	0.137	0.092

6.3.1.4 机制分析

根据前文分析可知，一方面，杠杆操纵手段的隐蔽性可能会使投资者难以获悉企业的真实负债水平，从而弱化其对企业财务风险的感知，为企业获得融资带来便利，影响企业投资效率；另一方面，投资者可能会识别出企业的杠杆操纵行为，对企业真实的偿债能力产生担忧，从而使企业遭受更强的外部融资约束，影响企业投资效率。为验证以上机制，结合模型（6-1），构建以下计量模型进行回归：

$$DFI_{i,t}=\beta_0+\beta_1 L\_LEVM_{i,t}+\beta_2 Controls_{i,t}+\sum Industry+\sum Year+\varepsilon \quad (6-5)$$

$$Inveffi_{i,t}=\beta_0+\beta_1 DFI_{i,t}+\beta_2 L\_LEVM_{i,t}+\beta_3 Controls_{i,t}+\sum Industry+\sum Year+\varepsilon \quad (6-6)$$

其中，DFI 为机制变量，本章参考刘斌等（2015）、何康等（2022）的研究，采用企业短期借款、一年内到期的非流动负债、长期借款及应付债券之和的增加额来衡量企业当期的债务融资规模，并用企业总资产对其进行标准化处理；Inveffi 为企业投资效率，L_LEVM 表示滞后一期的杠杆操纵程度。

机制检验结果如表6-6所示，列（1）为企业杠杆操纵程度对企业债务融资的回归结果，不难看出，杠杆操纵（L_LEVM）与企业债务融资（DFI）的回归系数为−0.010，且在5%的水平上显著，表明企业杠杆操纵行为会降低企业债务融资；列（2）中的企业投资效率为被解释变量，将杠杆操纵与债务融资同时加入回归模型后的回归结果显示，企业债务融资（DFI）的回归系数为

−0.028，在1%的水平上显著。这表明企业杠杆操纵会加剧外部债务融资约束，进而降低企业投资效率。

表 6-6 杠杆操纵、债务融资与企业投资效率

变量	(1) DFI	(2) Inveffi
L_LEVM	−0.010**	0.002
	(−2.544)	(1.503)
DFI		−0.028***
		(−9.759)
SIZE	0.003***	−0.005***
	(3.967)	(−19.961)
LEV	0.052***	0.006***
	(10.672)	(3.609)
ROA	0.031**	0.024***
	(2.415)	(5.072)
GROWTH	0.035***	0.007***
	(16.381)	(9.720)
TURNOVER	−0.004**	−0.005***
	(−2.180)	(−6.697)
AGE	−0.001***	0.000***
	(−4.548)	(−4.339)
INDEP	−0.023*	0.023***
	(−1.698)	(4.802)
DUAI	0.009***	0.001
	(5.045)	(0.842)
TOP	0.011**	−0.001
	(2.119)	(−0.637)
Constant	−0.058***	0.143***
	(−3.522)	(23.974)
Industry	Yes	Yes
Year	Yes	Yes
N	26 953	26 953
Adj. R^2	0.047	0.114

6.3.1.5 异质性分析

（1）机构投资者持股比例

与个人投资者相比，机构投资者的持股比例较高且具有资金优势。为保障自身利益，机构投资者往往关注企业长远发展，并有能力参与公司经营决策，进而可以改善企业治理水平并提高企业经营业绩，降低企业的现金流风险（王彤彤和史永东，2021）。因此，当持股比例较高时，机构投资者的资金优势和有效监督有助于保障企业稳定经营，进而缓解杠杆操纵带来的财务压力，减弱企业杠杆操纵对企业效率的负向影响。为此，本章将按照年度均值将企业机构投资者持股比例分为持股比例高、低两组，进而检验机构投资者持股能否调节杠杆操纵对企业投资效率的影响，相应的回归结果见表6-7。

表6-7列（1）为当机构投资者持股比例较高时企业杠杆操纵程度对企业投资效率的回归结果，不难看出，杠杆操纵（L_LEVM）与企业投资效率（$Inveffi$）的回归系数为0.002，未通过显著性检验；列（2）为当机构投资者持股比例较低时企业杠杆操纵程度对企业投资效率的回归结果，杠杆操纵（L_LEVM）与企业投资效率（$Inveffi$）的回归系数为0.007，且在1%的水平上显著，说明机构投资者持股比例的增加会弱化杠杆操纵对企业投资效率的抑制作用。

（2）去杠杆政策实施前后对比

迎合监管要求是企业杠杆操纵的动机之一（许晓芳等，2020），2015年中央提出去杠杆任务，降杠杆成为此后一段时期内经济发展的重要任务，因此，本章推测，在去杠杆政策实施之前，由于企业的降杠杆压力较小，其杠杆操纵程度较低，因此杠杆操纵对企业投资效率的影响较小；而在去杠杆政策实施后，迫于降杠杆压力，企业的杠杆操纵行为更加明显，杠杆操纵对企业投资效率的影响较大。因此，本章定义2014年及之前为去杠杆政策实施前，2015年及之后为去杠杆政策实施后，据此对样本进行分组，检验杠杆监管政策是否会加剧杠杆操纵行为对企业投资效率的影响。

相应回归结果如表6-7所示，列（3）为去杠杆政策实施前企业杠杆操纵程度对企业投资效率的回归结果，不难看出，杠杆操纵（L_LEVM）与企业投资效率（$Inveffi$）的回归系数为0.002，未通过显著性检验，列（4）为去杠杆政策实施后企业杠杆操纵程度对企业投资效率的回归结果，杠杆操纵（L_LEVM）与企业投资效率（$Inveffi$）的回归系数为0.005，且在1%的水平上显著，说明去杠杆政策的实施会强化杠杆操纵对企业投资效率的抑制作用。

表 6-7 异质性检验

变量	(1) 机构持股比例高	(2) 机构持股比例低	(3) 去杠杆政策实施前	(4) 去杠杆政策实施后
L_LEVM	0.002	0.007***	0.002	0.005***
	(0.863)	(3.163)	(0.969)	(2.786)
$SIZE$	-0.004***	-0.004***	-0.002***	-0.005***
	(-14.313)	(-9.598)	(-4.854)	(-18.567)
LEV	0.012***	0.017***	0.004	0.019***
	(5.266)	(6.369)	(1.198)	(8.912)
ROA	0.059***	0.034***	0.042***	0.050***
	(8.975)	(4.887)	(4.309)	(9.019)
$GROWTH$	0.016***	0.017***	0.012***	0.019***
	(17.548)	(15.945)	(9.978)	(22.400)
$TURNOVER$	-0.007***	-0.010***	-0.008***	-0.008***
	(-8.538)	(-8.921)	(-7.579)	(-9.623)
AGE	0.000***	0.000***	-0.001***	0.000***
	(-6.521)	(-4.024)	(-5.584)	(-5.097)
$INDEP$	0.025***	0.013*	0.003	0.027***
	(4.214)	(1.744)	(0.387)	(5.001)
$DUAI$	0.003***	0.001	0.002*	0.002***
	(3.896)	(1.116)	(1.657)	(3.112)
TOP	-0.008***	0.006*	-0.005*	-0.003
	(-3.497)	(1.922)	(-1.718)	(-1.393)
$Constant$	0.131***	0.129***	0.095***	0.185***
	(19.095)	(11.959)	(9.041)	(21.969)
Industry	Yes	Yes	Yes	Yes
Year	Yes	Yes	Yes	Yes
N	15 380	11 573	8 415	18 538
Adj. R^2	0.104	0.079	0.059	0.110

6.3.2 杠杆操纵与企业金融化

6.3.2.1 描述性统计

从表6-8列示的描述性统计结果可知，企业金融化的最小值为0，最大值为0.549，均值为0.072，说明取样期间上市公司金融化程度的差异较大。解释变量杠杆操纵程度 L_LEVM 的均值为0.128，表明企业的杠杆操纵行为使其名义杠杆率比真实杠杆率低约13个百分点。L_LEVM 的标准差为0.254，表明不同企业的杠杆操纵程度存在较大差异。此外，从各变量的标准差可以看出，本部分所选变量在不同公司年份上存在较大差异，样本辨识度较好。

表6-8 主要变量的描述性统计

变量符号	观测值	平均值	标准差	中位数	最小值	最大值
Fin	27 392	0.072	0.097	0.036	0.000	0.549
L_LEVM	27 392	0.128	0.254	0.046	0.000	2.031
$SIZE$	27 392	22.439	1.285	22.261	19.662	26.060
LEV	27 392	0.476	0.187	0.474	0.053	0.895
ROA	27 392	0.035	0.059	0.033	-0.226	0.218
CFO	27 392	0.048	0.068	0.046	-0.188	0.264
$GROWTH$	27 392	0.167	0.385	0.106	-0.579	2.401
$TURNOVER$	27 392	0.679	0.458	0.576	0.073	2.665
AGE	27 392	18.349	5.708	18.000	4.000	33.000
$INDEP$	27 392	0.374	0.054	0.333	0.000	0.571
$DUAI$	27 392	0.240	0.427	0.000	0.000	1.000
TOP	27 392	0.345	0.147	0.321	0.088	0.745
$INST$	27 392	0.411	0.231	0.422	0.000	0.868

6.3.2.2 基准回归分析

针对模型（6-2）的基准回归结果见表6-9。其中，列（3）对应的是加入控制变量后杠杆操纵程度对企业金融化的回归结果，不难看出，滞后一期杠杆操纵（L_LEVM）的回归系数为0.019，且在1%的水平上显著，说明随着企业杠杆操纵程度的上升，企业的金融化程度有所上升，初步验证了本章研究假说H2。就经济意义而言，杠杆操杠杆操纵（L_LEVM）每提高一个标准差，企业金融化（Fin）相对于其均值将提高约6.7%。可见，为了减轻杠杆操纵可能产生的现金流不确定性的影响，企业在制定投资决策时，可能会考虑进行更多的金融投资活动，从而提升了企业金融化水平，本章假说 H2 得到验证。

表 6-9　企业金融化对杠杆操纵程度的基准回归结果

变量	（1）	（2）	（3）
L_LEVM	0.096**	0.047**	0.019***
	(2.154)	(2.144)	(3.200)
SIZE		0.005***	0.005***
		(8.004)	(8.003)
LEV		-0.064***	-0.104***
		(-16.852)	(-26.506)
ROA		0.041***	0.047***
		(3.666)	(4.087)
CFO		-0.014***	-0.058***
		(-9.141)	(-6.365)
GROWTH		-0.026***	-0.010***
		(-16.187)	(-6.594)
TURNOVER		0.002***	-0.036***
		(21.439)	(-19.128)
AGE		0.029***	0.002***
		(2.779)	(18.010)
INDEP		-0.006***	0.042***
		(-4.724)	(4.062)
DUAI		-0.006	-0.002
		(-1.299)	(-1.528)
TOP		0.000**	-0.003
		(-2.564)	(-0.783)
INST		0.009***	0.008***
		(3.131)	(2.679)
Constant	-0.78***	-0.034***	-0.005
	(-10.33)	(-2.799)	(-0.347)
Industry	No	No	Yes

续表

变量	(1)	(2)	(3)
Year	No	No	Yes
N	27 392	27 392	27 392
Adj. R^2	0.003	0.057	0.139

6.3.2.3 稳健性检验

（1）工具变量法

前文证实了企业杠杆操纵对其金融化存在显著的促进作用，但其中可能会存在内生性问题。一方面，企业金融化的影响因素较多，本章无法逐一进行控制，计量上有可能存在遗漏变量导致的内生性问题。另一方面，企业杠杆率可能会受到金融化的影响，因而存在双向因果导致的内生性问题。不难理解，尽管企业进行杠杆操纵的主要目的在于满足业绩考核或融资资格要求，但监管压力最终源于企业的杠杆率过高，即企业管理层进行杠杆操纵是为了降低名义杠杆率，而金融化会影响企业的名义杠杆率，那么也就有可能影响企业的杠杆操纵行为，从而产生"反向因果"问题。

因此，为排除内生性问题对研究结论的干扰，我们选取同年度同行业除自身以外其他企业的杠杆操纵均值作为工具变量，采用两阶段最小二乘法进行回归。需要指出的是，从相关性来看，由于同行业的企业面临相似的外部政策环境和内部经营特征，因此企业自身的杠杆操纵行为与同行业其他企业杠杆操纵平均水平具有一定相关性，且其不会对单个企业投资效率产生影响，故满足外生性要求。

表6-10列示了基于工具变量法的两阶段回归结果。第一阶段回归结果见列（1），不难看出，上市公司当年的杠杆操纵程度与同行业其他企业的杠杆操纵均值显著正相关。第二阶段回归中的解释变量为第一阶段回归的被解释变量的拟合值，回归结果见列（2）。不难看出，在排除内生性问题后，杠杆操纵依然会显著加剧企业金融化程度，本节假说H2再次得到验证。

（2）倾向得分匹配检验

企业杠杆操纵行为可能会内生于公司基本面变量，从而导致杠杆操纵程度高的企业和杠杆操纵程度低的企业之间存在较大的变量差异，若这些因素影响到企业金融化，则会导致回归结果存在偏误。为消除此影响，本章采用倾向得分匹配进行稳健性检验。首先，按照企业杠杆操纵年度中位数进行分组构造虚拟变量，将所有控制变量作为协变量进行倾向得分匹配，进而获得倾向性得分值；然后，按照倾向性得分进行1∶1的最近邻匹配（匹配半径为

0.05),并对匹配后的样本进行基准回归检验,在匹配之后,两组之间的差异在匹配后得到了较大程度的消除。表6-10列(3)为企业杠杆操纵程度对企业金融化的回归结果,结果表明,滞后一期杠杆操纵程度(L_LEVM)的回归系数为0.005,且在5%的水平上显著,说明本节的基准回归结果是稳健的。

(3)更换研究样本

虽然,企业使用部分会计工具有助于降低账面杠杆率,但开展这类活动并不一定基于操纵杠杆动机,相反,有些投融资业务不仅在会计确认和报告上合法合规,还能提高企业的财务能力,由于杠杆操纵的中性性质,需对样本进行区分。过度负债企业的杠杆操纵更可能以隐藏债务风险为主要目的。因此本章参考陆正飞等(2015)和卿小权等(2023)的做法,将实际观测的负债率(即账面杠杆率)高于目标负债率的企业定义为过度负债企业,继而将过度负债企业作为研究样本,据此考察企业杠杆程度对企业金融化的影响效应。

表6-10列示了以过度负债企业为研究样本的回归结果。其中,列(4)为企业杠杆操纵程度对企业金融化的回归结果,不难看出,滞后一期杠杆操纵程度(L_LEVM)的回归系数为0.020,且在1%的水平上显著,说明随着企业杠杆操纵程度的增加,企业的金融化程度有所上升。综上可见,杠杆操纵会加剧企业金融化,再次证明了本节基准回归结果的稳健性。

表6-10 稳健性检验回归结果

变量	工具变量法 (1) L_LEVM	倾向得分匹配 (2) Fin	(3) Fin	更换研究样本 (4) Fin
L_LEVM_mean	0.2749***			
	(6.445)			
L_LEVM		0.2835***	0.005**	0.020***
		(3.916)	(2.062)	(3.032)
SIZE	-0.0025	0.0041***	0.005***	-0.001
	(-1.640)	(5.561)	(7.914)	(-0.915)
LEV	0.1268***	-0.1086***	-0.105***	-0.064***
	(12.481)	(-10.588)	(-26.725)	(-9.859)
ROA	-0.0175	0.0755***	0.046***	0.008
	(-0.557)	(5.122)	(4.063)	(0.570)

续表

| | 工具变量法 | 倾向得分匹配 | | 更换研究样本 |
| | （1） | （2） | （3） | （4） |
变量	L_LEVM	Fin	Fin	Fin
CFO	0.113 2***	-0.111 6***	-0.057***	-0.009
	(4.561)	(-7.765)	(-6.231)	(-0.971)
GROWTH	-0.032 0***	-0.004 7	-0.011***	-0.011***
	(-7.538)	(-1.540)	(-7.381)	(-6.248)
TURNOVER	0.096 9***	-0.053 5***	-0.032***	-0.028***
	(26.850)	(-7.473)	(-21.699)	(-14.595)
AGE	-0.000 2	0.002 3***	0.002***	0.002***
	(-0.679)	(17.788)	(18.281)	(12.643)
INDEP	0.010 1	0.035 1***	0.043***	0.022*
	(0.348)	(2.582)	(4.065)	(1.837)
DUAI	-0.001 1	-0.004 7***	-0.002	0.000
	(-0.309)	(-2.729)	(-1.607)	(0.170)
TOP	0.006 5	-0.000 8	-0.003	-0.006
	(0.542)	(-0.146)	(-0.775)	(-1.292)
INST	-0.029 5***	0.019 6***	0.008***	0.012***
	(-3.588)	(4.530)	(2.642)	(3.660)
Constant	0.038 2	-0.028 5*	-0.004	0.102***
	(1.164)	(-1.794)	(-0.274)	(6.666)
Industry	Yes	Yes	Yes	Yes
Year	Yes	Yes	Yes	Yes
N	27 392	27 392	27 362	14 237
Adj. R^2	0.041	0.051	0.139	0.103

6.3.2.4 机制分析

根据前文分析可知，一方面，杠杆操纵手段的隐蔽性可能会使投资者难以获悉企业的真实负债水平，从而弱化其对企业财务风险的感知，为企业获得融资带来便利，影响企业金融资产配置；另一方面，投资者可能会识别出公司的杠杠操纵行为，由此对企业真实的偿债能力产生担忧，从而使其遭受更强的外部融资约束，最终影响企业金融资产配置。为验证以上作用机制，结合模型（6-2），构建以下计量模型进行回归：

$$DFI_{i,t} = \beta_0 + \beta_1 L\_LEVM_{i,t} + \beta_2 Controls_{i,t} + \sum Industry + \sum Year + \varepsilon \quad (6-7)$$

$$Fin_{i,t} = \beta_0 + \beta_1 DFI_{i,t} + \beta_2 L\_LEVM_{i,t} + \beta_3 Controls_{i,t} + \sum Industry + \sum Year + \varepsilon \quad (6-8)$$

其中，DFI为机制变量，本节参考刘斌等（2015）、何康等（2022）的研究，采用企业短期借款、一年内到期的非流动负债、长期借款及应付债券之和的增加额来衡量企业当期债务融资规模，并用企业总资产对其进行标准化处理；Fin代表企业金融化水平；L_LEVM为滞后一期的企业杠杆操纵程度，其定义与上文保持一致。

相应回归结果如表6-11所示，列（1）为企业杠杆操纵程度对企业金融化的回归结果，不难看出，杠杆操纵（L_LEVM）与企业债务融资（DFI）的回归系数为-0.006，且在1%的水平上显著，表明企业杠杆操纵行为会降低企业债务融资；列（2）为企业金融化作为被解释变量，将杠杆操纵与债务融资同时加入回归模型后的回归结果，企业债务融资（DFI）的回归系数为0.037，在1%的水平上显著。这表明企业杠杆操纵会加剧外部债务融资约束，进而加剧企业金融化水平。

表6-11 杠杆操纵、债务融资与企业金融化

变量	(1) DFI	(2) Fin
L_LEVM	-0.006***	0.004**
	(-2.939)	(1.968)
DFI		-0.037***
		(-4.841)
$SIZE$	0.004***	0.005***
	(7.725)	(8.168)
LEV	0.087***	-0.102***
	(23.936)	(-25.694)
ROA	0.239***	0.055***
	(22.579)	(4.806)
CFO	-0.407***	-0.072***
	(-48.158)	(-7.589)

续表

变量	(1) DFI	(2) Fin
GROWTH	0.038***	-0.010***
	(26.670)	(-6.394)
TURNOVER	-0.007***	-0.033***
	(-5.251)	(-22.137)
AGE	-0.001***	0.002***
	(-8.261)	(17.985)
INDEP	-0.014	0.042***
	(-1.399)	(4.009)
DUAI	0.008***	-0.002
	(6.765)	(-1.375)
TOP	0.022***	-0.003
	(5.475)	(-0.601)
INST	-0.013***	0.008**
	(-4.783)	(2.534)
Constant	-0.074***	-0.006
	(-6.032)	(-0.472)
Industry	Yes	Yes
Year	Yes	Yes
N	27 392	27 392
Adj. R^2	0.156	0.140

6.3.2.5 异质性分析

(1) 产权性质

在中国市场环境下,产权性质对企业的资源获取和投资决策有着重要影响,为了考察杠杆操纵与企业金融化的关系是否因产权性质而异,本节将全样本分为国有企业组和非国有企业组,继而分组检验杠杆操纵对企业金融化程度的影响。相应的回归结果如表6-12所示,列(1)对应国有企业的杠杆操纵对其金融化水平的回归结果,杠杆操纵程度(L_LEVM)的回归系数为0.010,且在1%的水平上显著;列(2)对应非国有企业样本组的回归结果,杠杆操纵程度的系数并不显著,说明国有产权性质会强化杠杆操纵对企业金融化的促进作用。

可能的原因在于，在常态化的高融资约束危机下，非国有企业通过杠杆操纵隐藏真实负债率来创造融资机会的行为是长期普遍存在的。由于非国有企业本身处于较高水平的融资约束下，杠杆操纵带来的融资约束水平的改变相对总体融资约束水平变动的影响较小，因而金融资产和经营资产的配置比例受到杠杆操纵程度的影响可能更不明显。而在"做强做优做大"国有资本、承担更多社会责任及特定政治任务等目标的综合作用下，国有企业的经营投资往往表现出规模大、投资时间长、盈利能力较弱的特点，因此国有企业经营负责人对经营投资可能更加谨慎，出于对资产流动性及收益报酬等因素的考量，杠杆操纵对国有企业金融资产配置的边际影响更大。

（2）内部控制质量

内部控制是企业为实现管理目标而建立的一系列内部治理规则和制度，我国上市公司内部控制质量存在明显的差异（范润和翟淑萍，2023），这可能会对杠杆操纵过程中企业的投资决策产生不同影响。高质量的内部控制能够通过风险评估、控制环境、信息沟通等措施，发挥持续有效的监督作用，规范管理层的财务行为，提升会计信息质量（杨刚等，2021）。此外，当企业内部控制制度较为完善时，外部投资者会更加了解企业真实的经营状况，进而缓解信息不对称程度，降低融资成本（陈汉文和周中胜，2014）。因此，内部控制可以发挥监督效应和资源效应，降低企业的债务违约风险，减轻杠杆操纵带来的财务负担，减弱企业杠杆操纵对其金融化的影响。为此，本节按照年度均值将企业内部控制质量分为高、低两组，进而检验内部控制能否调节杠杆操纵对企业金融化的影响。

表6-12列（3）对应的是当内部控制质量较高时企业杠杆操纵程度对企业金融化水平的影响，不难看出，滞后一期杠杆操纵程度（L_LEVM）的回归系数为0.003，但未通过显著性检验；列（4）对应的是当内部控制质量较低时企业杠杆操纵行为对其金融化程度的影响，杠杆操纵程度（L_LEVM）的回归系数为0.006，且在10%的水平上显著。以上结果说明，提高企业内部控制质量可以弱化杠杆操纵对企业金融化的促进作用，从而抑制企业脱实向虚。

表6-12　异质性检验回归结果

变量	(1) 国有企业	(2) 非国有企业	(3) 内部控制质量高	(4) 内部控制质量低
L_LEVM	0.010***	0.001	0.003	0.006*
	(3.387)	(0.176)	(1.070)	(1.723)

续表

变量	(1) 国有企业	(2) 非国有企业	(3) 内部控制质量高	(4) 内部控制质量低
SIZE	0.003***	0.007***	0.007***	0.002*
	(3.485)	(8.121)	(9.018)	(1.935)
LEV	-0.133***	-0.089***	-0.127***	-0.082***
	(-21.984)	(-16.923)	(-22.976)	(-14.552)
ROA	0.046**	0.036**	0.082***	0.023
	(2.277)	(2.553)	(4.700)	(1.437)
CFO	-0.141***	0.007	-0.071***	-0.050***
	(-10.173)	(0.585)	(-5.937)	(-3.491)
GROWTH	-0.011***	-0.010***	-0.012***	-0.010***
	(-4.672)	(-5.219)	(-5.951)	(-4.205)
TURNOVER	-0.033***	-0.035***	-0.028***	-0.040***
	(-15.769)	(-16.609)	(-14.848)	(-16.079)
AGE	0.004***	0.001***	0.002***	0.002***
	(17.803)	(9.577)	(13.681)	(11.939)
INDEP	0.064***	0.030**	0.050***	0.031*
	(4.168)	(2.115)	(3.637)	(1.917)
DUAI	0.002	-0.004**	0.000	-0.004**
	(0.756)	(-2.402)	(-0.156)	(-2.117)
TOP	0.015**	-0.006	0.004	-0.015**
	(2.201)	(-0.966)	(0.722)	(-2.152)
INST	0.005	0.010***	0.003	0.014***
	(0.851)	(2.665)	(0.743)	(2.947)
Constant	-0.021	-0.034*	-0.044**	0.074***
	(-1.128)	(-1.697)	(-2.532)	(3.386)
Industry	Yes	Yes	Yes	Yes
Year	Yes	Yes	Yes	Yes
N	11 737	15 655	15 907	11 485
Adj. R^2	0.198	0.119	0.140	0.148

6.3.3 杠杆操纵与企业创新投入

6.3.3.1 描述性统计

从表6-13列示的描述性统计结果可以看出，企业创新投入的最小值为0，最大值为0.291，均值为0.043，说明取样期间上市公司的创新投入差异较大。被解释变量杠杆操纵程度 L_LEVM 的均值为0.125，表明企业的杠杆操纵行为使其名义杠杆率要比真实杠杆率低约13个百分点。L_LEVM 的标准差为0.248，表明不同企业的杠杆操纵程度存在较大差异。此外，从各变量的标准差可以看出，本章所选变量在不同公司年份上存在较大差异，样本辨识度较好。

表6-13 主要变量的描述性统计

变量符号	观测值	平均值	标准差	中位数	最小值	最大值
RD	16 039	0.043	0.042	0.035	0.000	0.291
L_LEVM	16 039	0.125	0.248	0.042	0.000	2.031
SIZE	16 039	22.457	1.248	22.273	19.662	26.060
LEV	16 039	0.448	0.181	0.442	0.053	0.895
ROA	16 039	0.035	0.062	0.034	-0.226	0.218
GROWTH	16 039	0.171	0.369	0.113	-0.579	2.401
TURNOVER	16 039	0.662	0.411	0.573	0.073	2.665
AGE	16 039	18.783	5.478	19.000	4.000	33.000
INDEP	16 039	0.376	0.054	0.364	0.167	0.571
DUAI	16 039	0.277	0.448	0.000	0.000	1.000
TOP	16 039	0.334	0.144	0.310	0.088	0.745

6.3.3.2 基准回归分析

为验证假说H3，本节对模型（6-3）进行了回归检验。从表6-14列示的结果可以看出，不论是否加入控制变量，滞后一期杠杆操纵程度（L_LEVM）的回归系数均在1%的水平上显著为负，说明企业杠杆操纵程度越大，则其研发投入越少，即杠杆操纵会抑制企业的创新投资。就经济意义而言，结合描述性统计结果可知，杠杆操杠杆操纵（L_LEVM）每提高一个标准差，企业创新投入（RD）相对于其均值将降低约5.83%。可见，企业杠杆操纵手段的复杂性和对应业务的不确定性会加重企业的财务负担，提高企业的债务违约风险，进而会抑制企业研发投入，由此验证了本章假说 H3b，同时拒绝了假说 H3a。

表 6-14　杠杆操纵与企业创新投入

变量	（1）	（2）	（3）
L_LEVM	-0.017***	-0.006***	-0.006***
	(-5.913)	(-4.654)	(-5.745)
SIZE		-0.003***	-0.002***
		(-9.878)	(-6.294)
LEV		-0.042***	-0.036***
		(-19.362)	(-17.948)
ROA		-0.018***	-0.010**
		(-3.059)	(-2.015)
GROWTH		0.000	-0.002***
		(0.212)	(-2.773)
TURNOVER		-0.023***	-0.021***
		(-27.528)	(-26.931)
AGE		0.000***	-0.001***
		(-6.634)	(-9.409)
INDEP		0.046***	0.032***
		(7.949)	(6.190)
DUAI		0.008***	0.005***
		(10.777)	(7.310)
TOP		-0.037***	-0.015***
		(-16.455)	(-7.589)
Constant	0.046***	0.147***	0.084***
	(8.633)	(22.263)	(12.026)
Industry	No	No	Yes
Year	No	No	Yes
N	16 039	16 039	16 039
Adj. R^2	0.010	0.174	0.357

6.3.3.3 稳健性检验

(1) 工具变量法

前文证实了企业杠杆操纵对创新投入存在显著的抑制作用，但其中可能会存在内生性问题。一方面，企业创新投入的影响因素较多，本章无法逐一进行控制，计量上有可能存在遗漏变量导致的内生性问题。另一方面，企业杠杆率可能会受到创新投入的影响，有可能存在双向因果导致的内生性问题。不难理解，尽管企业进行杠杆操纵的主要目的在于满足业绩考核或融资资格要求，但监管压力最终源于企业的杠杆率过高，即杠杆操纵是为了降低名义杠杆率，创新投入会影响企业的名义杠杆率，那么也就有可能影响企业的杠杆操纵行为，从而产生"反向因果"问题。

因此，为排除内生性问题对研究结论的干扰，本节选取同年度同行业其他企业杠杆操纵的均值作为工具变量，采用两阶段最小二乘法进行回归。需要指出的是，从相关性来看，由于同行业的企业面临相似的外部政策环境和内部经营特征，因此企业自身的杠杆操纵行为与同行业其他企业杠杆操纵平均水平具有一定相关性，而其不会对单个企业创新投入产生影响，故满足外生性原则。

表6-15列示了基于两阶段最小二乘法的回归结果。其中列（1）对应的是第一阶段回归结果，不难看出，上市公司当年的杠杆操纵程度与同行业其他企业杠杆操纵的均值显著正相关。第二阶段回归中的解释变量为第一阶段回归的被解释变量的拟合值，回归结果见列（2）。不难看出，在排除内生性问题后，杠杆操纵依然会显著降低企业创新投入，假说H3b再次得到验证。

(2) 倾向得分匹配检验

企业杠杆操纵行为可能会内生于公司基本面变量，从而导致杠杆操纵程度高的企业和杠杆操纵程度低的企业之间存在较大的变量差异，若这些因素影响到企业创新投入，则会导致回归结果存在偏误。为消除此影响，本节采用倾向得分匹配进行稳健性检验。首先，按照企业杠杆操纵年度中位数进行分组构造虚拟变量，将所有控制变量作为协变量进行倾向得分匹配，进而获得倾向性得分值；然后，按照倾向性得分进行1:1的最近邻匹配（匹配半径为0.05），并对匹配后的样本进行基准回归检验，在匹配之后，两组之间的差异在匹配后得到了较大程度的消除。表6-15的列（3）为企业杠杆操纵程度对企业创新投入的回归结果，结果表明，杠杆操纵（L_LEVM）与企业创新投入（RD）的回归系数为-0.007，在1%的水平上显著，说明基准回归的结果是稳健的。

表 6-15　工具变量法和倾向得分匹配回归结果

	工具变量法		倾向得分匹配
	(1)	(2)	(3)
变量	L_LEVM	RD	RD
L_LEVM_mean	0.360 9***		
	(5.723)		
L_LEVM		−0.062 6**	−0.007***
		(−2.113)	(−6.254)
SIZE	−0.009 7***	−0.003 6***	−0.002***
	(−5.059)	(−8.487)	(−6.571)
LEV	0.147 1***	−0.033 8***	−0.036***
	(10.823)	(−6.970)	(−17.823)
ROA	0.064 5*	−0.014 5**	−0.009*
	(1.765)	(−2.267)	(−1.813)
GROWTH	−0.038 2***	−0.001 8	−0.003***
	(−6.897)	(−1.274)	(−3.381)
TURNOVER	0.128 1***	−0.015 3***	−0.021***
	(25.522)	(−3.937)	(−26.451)
AGE	−0.001 0***	−0.000 4***	−0.001***
	(−2.707)	(−6.485)	(−9.510)
INDEP	−0.000 5	0.046 0***	0.032***
	(−0.013)	(7.494)	(6.295)
DUAI	−0.005 0	0.007 4***	0.005***
	(−1.132)	(9.591)	(7.406)
TOP	−0.019 9	−0.038 2***	−0.016***
	(−1.410)	(−15.537)	(−7.639)
Constant	0.182 3***	0.159 5***	0.085***
	(4.375)	(16.969)	(12.246)
Industry	Yes	Yes	Yes
Year	Yes	Yes	Yes
N	16 039	16 039	16 029
Adj. R^2	0.058	0.070	0.358

6 杠杆操纵对企业投资的影响：作用机制与经验证据

(3) Heckman 两阶段回归

为了解决企业杠杆操纵与企业创新投入之间可能存在的样本自选择问题，本节采用 Heckmmn 两阶段模型进行检验。第一阶段根据企业杠杆操纵程度是否高于年度中位数设置虚拟变量（L_LEVM_DV），若企业的杠杆操纵程度大于年度中位数，将 L_LEVM_DV 赋值为 1，否则为 0，继而将其作为被解释变量进行回归检验。第一阶段的回归结果如表 6-16 列 (1) 所示，企业规模（SIZE）、资产负债率（LEV）和成长能力（GROWTH）等变量对企业杠杆操纵均存在显著影响。根据第一阶段的回归结果计算出逆米尔斯比率（IMR），并将其作为控制变量加入第二阶段进行回归，回归结果见表 6-16 列 (2)。可以看出，在控制了样本自选择问题之后，滞后一期杠杆操纵程度（L_LEVM）的回归系数为 -0.007，且在 1% 的水平上显著，说明本节的基准回归结果是稳健的。

表 6-16　Heckman 两阶段回归结果

变量	(1) L_LEVM_DV	(2) RD
L_LEVM		-0.007***
		(-5.913)
IMR		0.026***
		(9.014)
SIZE	-0.098***	-0.003***
	(-14.517)	(-10.029)
LEV	-0.548***	-0.042***
	(-11.582)	(-19.901)
ROA	0.689***	0.008
	(5.134)	(1.448)
GROWTH	-0.268***	-0.006***
	(-14.306)	(-6.667)
TURNOVER	1.640***	-0.004**
	(63.322)	(-2.108)
AGE	-0.012***	-0.001***
	(-8.352)	(-11.770)
INDEP	-0.162	0.029***
	(-1.259)	(5.586)

续表

变量	(1) L_LEVM_DV	(2) RD
DUAI	0.019	0.005***
	(1.177)	(7.603)
TOP	-0.394***	-0.020***
	(-8.051)	(-9.610)
Constant	2.105***	0.100***
	(13.421)	(13.959)
Industry	Yes	Yes
Year	Yes	Yes
N	16 039	16 039
Adj. R^2	0.171	0.360

(4) 更换研究样本

尽管企业使用部分会计手段有助于降低账面杠杆率，但开展这类活动并不意味着企业就在操纵杠杆；相反，有些投融资业务不仅在会计确认和报告上合法合规，而且还能提高企业的财务能力。正是由于杠杆操纵的中性性质，有必要对样本进行区分，以考察过度负债企业的杠杆操纵是否更有可能以隐藏债务风险为目的。相应地，本节参考陆正飞等（2015）和卿小权等（2023）的研究，将实际观测的资产负债率（即账面杠杆率）高于目标资产负债率的公司定义为过度负债企业，继而将该类企业年份作为研究样本，实证检验企业杠杆操纵行为对其创新投入的影响效应。

表6-17列示了以过度负债企业为研究样本的回归结果。其中，列（1）为企业杠杆操纵程度对企业创新投入的回归结果，不难看出，滞后一期杠杆操纵程度（L_LEVM）的回归系数为-0.006，且在1%的水平上显著，说明随着企业杠杆操纵程度的上升，企业的创新投入程度有所下降。综上可见，杠杆操纵会降低企业创新投入，即证明了本节研究结果的稳健性。

(5) 替换被解释变量

本节进一步使用企业专利申请数量来衡量企业创新投入水平，其中专利种类包括发明专利、实用新型专利及外观设计专利3种类型，并对以上专利数据加1取对数化处理，回归结果如表6-17所示。其中，列（2）为企业杠杆操纵程度对企业创新投入的回归结果，不难看出，滞后一期杠杆操纵程度

(L_LEVM)的回归系数为-0.177,且在1%的水平上显著,说明随着企业杠杆操纵程度的上升,企业的创新投入有所下降。以上结果表明本节的基准回归结果仍然稳健。

表 6-17 更换研究样本和替换被解释变量回归结果

变量	更换研究样本 (1) RD	替换被解释变量 (2) Patent
L_LEVM	-0.006***	-0.177***
	(-4.908)	(-4.249)
SIZE	-0.001**	0.333***
	(-2.362)	(32.394)
LEV	-0.048***	-0.176**
	(-13.220)	(-2.418)
ROA	-0.028***	2.390***
	(-4.044)	(11.948)
GROWTH	-0.002**	-0.190***
	(-2.344)	(-6.693)
TURNOVER	-0.018***	0.184***
	(-19.628)	(6.607)
AGE	0.000***	-0.026***
	(-5.859)	(-12.214)
INDEP	0.019***	0.165
	(2.877)	(0.855)
DUAI	0.002**	0.071***
	(2.561)	(2.896)
TOP	-0.009***	0.124
	(-3.270)	(1.639)
Constant	0.075***	-6.019***
	(8.825)	(-26.299)
Industry	Yes	Yes
Year	Yes	Yes
N	8 122	16 039
Adj. R^2	0.334	0.297

6.3.3.4 机制分析

根据前文分析可知，一方面，杠杆操纵手段的隐蔽性可能会使投资者难以获悉企业的真实负债水平，从而弱化其对企业财务风险的感知，为企业获得融资带来便利，影响企业创新投入；另一方面，投资者可能会识别出企业的杠杠操纵行为，由此对企业真实的偿债能力产生担忧，从而使企业遭受更强的外部融资约束，影响企业创新投入。为验证以上机制，本部分构建以下计量模型进行回归：

$$DFI_{i,t} = \beta_0 + \beta_1 L\_LEVM_{i,t} + \beta_2 Controls_{i,t} + \sum Industry + \sum Year + \varepsilon \quad (6-9)$$

$$RD_{i,t} = \beta_0 + \beta_1 DFI_{i,t} + \beta_2 L\_LEVM_{i,t} + \beta_3 Controls_{i,t} + \sum Industry + \sum Year + \varepsilon \quad (6-10)$$

其中，DFI 为机制变量，本节参考刘斌等（2015）、何康等（2022）的研究，采用企业短期借款、一年内到期的非流动负债、长期借款及应付债券之和的增加额来衡量企业当期债务融资规模，并用企业总资产对其进行标准化处理，RD 为企业创新投入水平，L_LEVM 为滞后一期的企业杠杆操纵程度，其定义与前文保持一致。

机制检验结果如表 6-18 所示，列（1）为企业杠杆操纵程度对企业创新投入的回归结果，不难看出，滞后一期杠杆操纵程度（L_LEVM）的回归系数为-0.008，且在 1% 的水平上显著，表明企业杠杆操纵行为会降低企业债务融资；列（2）为研发投入作为被解释变量、将杠杆操纵与债务融资同时加入回归模型后的回归结果，企业债务融资（DFI）的回归系数为 0.013，在 1% 的水平上显著。这表明企业杠杆操纵会加剧外部债务融资约束，进而抑制企业创新投入。

表 6-18 杠杆操纵、债务融资与企业创新投入

变量	(1) DFI	(2) RD
L_LEVM	-0.008***	-0.006***
	(-3.633)	(-5.685)
DFI		0.013***
		(4.056)
SIZE	0.002***	-0.002***
	(3.784)	(-6.266)
LEV	0.095***	-0.037***
	(24.973)	(-18.281)

续表

变量	(1) DFI	(2) RD
ROA	0.074***	−0.012**
	(7.073)	(−2.236)
GROWTH	0.043***	−0.003***
	(28.876)	(−3.369)
TURNOVER	−0.013***	−0.021***
	(−8.925)	(−26.761)
AGE	−0.001***	−0.001***
	(−8.517)	(−9.266)
INDEP	−0.012	0.032***
	(−1.173)	(6.182)
DUAI	0.010***	0.004***
	(7.410)	(6.996)
TOP	0.011***	−0.015***
	(2.821)	(−7.582)
Constant	−0.043***	0.083***
	(−3.453)	(12.430)
Industry	Yes	Yes
Year	Yes	Yes
N	16 039	16 039
Adj. R^2	0.083	0.357

6.3.3.5 异质性分析

(1) 融资约束异质性

前文述及，杠杆操纵会增强企业财务风险，进而导致企业难以承担高投入、高风险的创新活动而减少研发投入。然而，企业的融资约束程度较高意味着企业无法保障内部现金流的稳定供应，进而会加大杠杆操纵带来的财务风险，并增强杠杆操纵对研发投入的抑制作用。本书借鉴张嘉望和李博阳（2021）的研究，采用 SA 指数度量企业融资约束水平。据此，可将全样本划分为融资约束高组和融资约束低组，并分别检验了杠杆操纵对企业创新投入的影响。

表6-19列（1）、列（2）报告了按照融资约束程度的分组回归结果。可以看出，在融资约束高的样本组中，企业杠杆操纵对研发投入的抑制作用更强。由此说明，企业融资约束加剧了杠杆操纵给企业带来的财务压力，进而增强了对研发投入的抑制作用。

（2）内部控制质量

内部控制是企业为实现管理目标而建立的一系列内部治理规则和制度，我国上市公司内控控制质量存在明显的差异（范润和翟淑萍，2023），这可能会对杠杆操纵过程中企业的投资决策产生不同影响。高质量的内部控制能够通过风险评估、控制环境、信息沟通等措施，发挥持续有效的监督作用，规范管理层的财务行为，提升会计信息质量（杨刚等，2021）。此外，当企业内部控制制度较为完善时，外部投资者更加了解企业真实的经营状况，进而缓解信息不对称程度，降低融资成本（陈汉文和周中胜，2014）。因此，内部控制可以发挥监督效应和资源效应，降低企业的债务违约风险，缓解杠杆操纵带来的财务负担，减弱企业杠杆操纵对企业创新投入的影响。为此，本节将按照年度均值将企业内部控制质量分为高、低两组，进而检验内部控制水平能否调节杠杆操纵对企业创新投入的影响。相应的回归结果见表6-19列（3）、列（4）。其中，第（3）列表示当内部控制质量较高时企业杠杆操纵程度对企业创新投入的回归结果，不难看出，杠杆操纵程度（L_LEVM）的回归系数为0.001，未通过显著性检验；列（4）表示当内部控制质量较低时企业杠杆操纵程度对创新投入的回归结果，杠杆操纵程度（L_LEVM）的回归系数为-0.007，且在1%的水平上显著。以上结果说明，较高的内部控制质量会弱化杠杆操纵对企业创新投入的负向影响。

表6-19 异质性检验

变量	（1）融资约束高	（2）融资约束低	（3）内部控制质量高	（4）内部控制质量低
L_LEVM	-0.007***	0.000	0.001	-0.007***
	(-3.964)	(-0.113)	(1.430)	(-4.267)
SIZE	-0.001***	-0.001	-0.001	-0.003***
	(-2.976)	(-0.905)	(-1.017)	(-5.565)
LEV	-0.047***	-0.015***	-0.022***	-0.038***
	(-14.327)	(-5.600)	(-7.645)	(-13.661)
ROA	-0.020**	-0.048***	-0.035***	-0.047***
	(-2.489)	(-10.008)	(-5.527)	(-6.479)

续表

变量	(1) 融资约束高	(2) 融资约束低	(3) 内部控制质量高	(4) 内部控制质量低
GROWTH	−0.001	−0.004***	−0.002***	−0.003***
	(−0.662)	(−5.863)	(−2.673)	(−2.628)
TURNOVER	−0.025***	−0.015***	−0.016***	−0.026***
	(−20.088)	(−12.053)	(−12.302)	(−19.322)
AGE	0.000**	0.000	0.002*	−0.001***
	(−1.961)	(0.505)	(1.812)	(−7.354)
INDEP	0.023***	0.004	−0.022***	0.027***
	(2.857)	(0.676)	(−3.458)	(3.521)
DUAI	0.003***	0.001	0.001	0.005***
	(3.415)	(0.676)	(1.006)	(5.717)
TOP	−0.019***	−0.014***	−0.012***	−0.014***
	(−6.140)	(−3.493)	(−3.049)	(−4.501)
Constant	0.079***	0.068***	0.059**	0.102***
	(8.269)	(2.753)	(2.344)	(9.671)
Industry	Yes	Yes	Yes	Yes
Year	Yes	Yes	Yes	Yes
N	7 779	8 260	7 604	8 435
Adj. R^2	0.353	0.264	0.308	0.350

6.4 本章小结

本章以2007—2022年中国A股上市公司为研究样本，实证检验了企业杠杆操纵对企业投资行为的影响。研究结果表明，企业杠杆操纵这一机会主义行为会显著降低企业的投资效率，且主要表现为加剧企业投资不足；同时也加剧了企业的金融化倾向，并抑制了企业的创新投入水平。从经济意义上来看，企业杠杆操纵每提高一个标准差，将使企业的投资效率降低约2.78%，金融化程度提高约6.7%，而创新投入则降低约5.83%。作用机制检验发现，杠杆操纵主要通过影响企业面临的融资约束而作用于企业投资行为；具体而言，银行等债权人在长期内很可能识别出企业的杠杆操纵动机和杠杆操纵程度，从而对企业真实的偿债能力产生担忧，并通过减少贷款或（和）提高利息率等手段规避信用风险,进而使企业遭受更强的债务融资约束。相应地,为了保持较高的流动性以应对日常经营与长期发展的需要,难以通过正常途径降低杠杆率和债务违约风险的企业很可能会表现出扭曲的投资行为。进一步地,对于机构投资者持股较少、内部控制质量较低、国有控股及去杠杆政策实施之后的公司年份,杠杆操纵对企业投资行为的扭曲作用更加明显,由此将降低企业的资金配置效率,迫使企业脱实向虚,研发投资意愿减弱,而这将不利于企业打造核心竞争力和实现长期健康发展。

7 企业杠杆操纵的治理机制与经验证据

7.1 制度背景与研究假说

7.1.1 制度背景与研究问题

现有研究发现,杠杆率过高会提高企业的资本成本和降低盈利能力,甚至会将企业推向破产的深渊(DeAngelo et al.,2018)。考虑到我国不少企业的杠杆率自2008年金融危机以来持续攀升,为防范系统性金融风险和控制企业债务风险,中央政府于2015年底明确提出去杠杆任务,我国企业尤其是高杠杆国有企业自此进入强制去杠杆阶段;在此后几年里,企业杠杆率虽有所下降,但降幅较为有限(许晓芳等,2021)。从政策目的出发,强制去杠杆正是为了抑制企业过度负债,减少企业的偿债压力,降低企业无法偿还债务引起的破产风险;同时,去杠杆还能改善结构性资金错配现状,提高资本配置效率,实现经济高质量发展(朱太辉等,2018)。但从企业角度看,去杠杆政策的实施会限制其信贷融资规模,减少企业的自由现金流量,进而造成投资减少和经济增速放缓(Nielsen,2015)。因此,为了满足杠杆监管要求,进而获取自身发展所需资金,企业可能会利用杠杆操纵隐藏真实债务水平,实现形式上去杠杆。具体地,企业进行杠杆操纵的手段主要包括表外负债、名股实债以及虚增资产或调减负债的会计手段。由于杠杆操纵行为广泛存在,不少企业的资产负债表所呈现的杠杆率通常会低于其真实杠杆率,而高杠杆所固有的财务风险可能因此被掩盖①。杠杆操纵会降低企业的信息透明度,增强内部人与外部投资者之间的信息不对称程度,诱导投资者高估企业的偿债能力和忽视其财务风险,从而做出错误的投资决策,而具有自利动机的管理者很可能趁机募集资金,尽管这在短期内有助于缓解企业融资约束,但也会导致非效率投资;与此同时,随着企业披露信息的增加,外部投资者终将获悉企业的真实杠杆水平,从而对其信用风险和内在价值进行调整,这将提高企业未来融资成本和降低企业的长期融资能力,进而迫使企业出于避险而转向金融化,并降低其研发投资动机。由于杠杆操纵的手段和形式灵活多变,如果频繁使用多种操纵手段,作为"内部人"的管理者也将难以准确识别企业的真实杠杆率,由此可能导致决策失误。为此,2018年和2019年国家发展改革委等五部门两次发布《降低企业杠杆率工作要点》,强调规范国有企业资本管理,防止其虚假降杠杆。由此引出的问题是,如何抑制企业的杠杆操纵行为,使账面杠杆率能够反映企业真实的杠杆水平与债务风险,从而达到对杠杆率去伪存真的治理效果?

从机构投资者角度来看,早在2001年,中国证监会就提出了"超常规发展机构投资者"的战略方针,旨在利用机构投资者的长期投资、价值投资等特性促进资本市场健康发展。2018年修订的《上市公司治理准则》更鼓励机构投资者依法合规参与公司治理,强调中介机构在提供服务时应积极关注上市公司的治理状况。机构投资者作为我国资本市场的重要参与主体,能够凭借专业的分析团队挖掘更多的信息,通过消减市场噪声与降低信息不对称程度而起到稳定市场的作用(史永东和王谨乐,2014),还能凭借资金优势参与公司的重大经营决策,因而很可能会抑制企业的杠杆操纵行为。

从商业银行角度来看,一方面,在制度不完善的地区,银企关系对企业融资至关重要(毛怡琪和修宗峰,2017)。已有研究表明,银行管制较多、贷款人权益保护不力以及适用大陆法系的国家,其金融体系通常不发达。当制度体系不发达时,企业通常会积极地利用以关系为基础的非正式机制为自身获取利益(李心雅,2019;杨玉龙等,2020)。具体而言,在我国以银行为主的金融体系下,企业会主动利用自身的社会关系获取贷款,也更倾向于通过聘请具有银行履历背景的人员担任高管等手段和银行建立关系。实际上,企业开立银行账户就已与银行建立了最基本的关系,而随着其在银行办理储蓄、

---

① 2015年年末,中国恒大的账面资产负债率为81.22%;同时,合并资产负债表中的永续债(永久资本工具)余额为757.37亿元,事后来看,恒大集团及附属子公司作为发行人每年向永续债持有人支付利息,且逐年分批赎回本金,具有明显的债务属性,若将永续债确认为负债,该公司2015年末的资产负债率已超过91%。

购销结算、工资支付等日常业务，银行会逐渐增加对企业业务和财务的了解，进而建立信任关系，并将交易范围拓展到提供信贷、相互持股甚至构建银企联盟。相应地，随着银行与企业关系的加深（向企业贷款和持股），为了规避投资风险，银行有动力监督企业的信息披露；同时通过订立契约和参与公司的经营决策等手段，银行能够获取更多私人信息，从而有能力监管企业管理层的杠杆操纵行为。

另一方面，党的二十大报告指出要加快发展数字经济，促进数字经济和实体经济深度融合。《中华人民共和国国民经济和社会发展第十四个五年规划和2035年远景目标纲要（草案）》也提出，加快建设数字经济、数字社会、数字政府，以数字化转型整体驱动生产方式、生活方式和治理方式变革。杠杆操纵作为迎合银行监管的一种手段（许晓芳等，2020），对资产负债表进行管理，从信息披露观的角度来看将诱发债务信息失真（卿小权等，2023）。相应地，随着银行数字化转型升级的完成，银行作为债权人可能更加精准评估企业风险，从而提升信贷资金配置效率，一方面能缓解中小企业融资难、融资贵等问题，另一方面则可能借助债务契约的签订发挥债权人治理作用，倒逼企业改善自身财务状况，降低经营风险，从而降低杠杆操纵动机。

从审计师角度来看，已有研究发现，企业的杠杆操纵行为会增加财务风险（李晓溪和杨国超，2022；李晓溪等，2023），进而提高企业被出具非标准审计意见的概率（徐亚琴和宋思淼，2021）。2016年财政部印发了《中国注册会计师审计准则第1504号——在审计报告中沟通关键审计事项》，并要求在内地和香港同时上市的公司自2017年1月1日起在年度审计报告中披露关键审计事项，以提醒报表使用者关注企业关键事项的会计处理及潜在风险。相较于出具非标准审计意见，列报关键审计事项的标准较低，其应用也更为普遍。考虑到企业部分杠杆操纵行为建立在创新型投融资的基础之上，识别难度较大，因而在审计师无法获得充分审计证据证明企业存在会计操纵，从而难以出具非标准审计意见时，很可能选择以增加关键审计事项的方式达到提示风险的目的。据此，审计师是否通过列报关键审计事项而影响企业的杠杆操纵行为？

本章将从以上四个方面入手，通过大样本实证检验探究企业杠杆操纵的治理机制。

7.1.2 研究假说

7.1.2.1 机构投资者与企业杠杆操纵

由于杠杆操纵行为的存在，账面资产负债率所提供的信息与企业真实的负债水平存在一定差距，其背后所隐藏的"低债务幻象"风险将是经济稳健发展的一大阻碍。而对企业杠杆操纵行为的治理难点在于：第一，杠杆操纵动机源于政策监管迎合与融资需求，仅以降低企业的过高杠杆率进行规制可能会催生企业的迎合动机，加剧杠杆操纵行为而非抑制；比较而言，从根源上对企业融资需求动机的缓解才能做到标本兼治。第二，杠杆操纵的手段繁多，且表现形式较为隐蔽，普通投资者无法识别，具备一定专业能力的人员才能进行判断。第三，杠杆操纵的经济后果关乎企业财务风险与宏观经济稳定，治理者若非"利益共同体"则治理动机不足。由于满足杠杆监管要求是企业内部人进行杠杆操纵的重要动因，因而仅凭政府进行政策管控可能难以收到满意的效果，可见有必要寻找能规避公司风险的治理主体进行管制。

第一，机构投资者能够缓解企业的融资约束，进而抑制企业进行杠杆操纵的动机。首先，机构投资者作为资本市场参与人，其本身具备投资人性质，且具有雄厚的资金实力，机构投资者在一级市场入股的同时便为企业带来资金流量的增加，其入股规模越大，企业获得的资金越多。同时，因机构投资者之间存在"羊群效应"（Wermers，1999；许年行等，2013），基金经理投资决策易产生从众行为（施东晖，2001），可能使企业受益于单一机构投资者入股而引起的其他投资者跟随投资。其次，机构投资者能够缓解企业的融资约束。具体地，资本市场中的机构投资者与信贷市场上的金融机构掌握着更多关于企业的信息，并将高质量信息向外界传递，致使相关投资者能够合理评估企业状况并做出投资决策，由此缓解企业面临的融资约束（张纯和吕伟，2007；甄红线和王谨乐，2016）。最后，机构投资者对公司治理的改善使得企业价值提升（Strickland et al.，1996），从而在资本市场上吸引更多的投资者对企业进行投资，这也将缓解企业的融资约束问题。因此，我们认为机构投资者的带资入股、向外部传递高质量信息缓解企业融资约束以及提升企业价值后的资金回流均能够缓解企业所面临的融资约束，进而抑制企业进行杠杆操纵的动机。

第二，机构投资者能够参与公司治理，通过降低信息不对称程度而抑制企业的杠杆操纵行为。机构投资者对公司治理的改善带来信息不对称程度的下降（Mitra and Cready，2005），还能将通过特殊渠道获取的私有信息传递给其他股东及利益相关者（Chidambaran and John，2000）。虽然早期关于机构投资者公司治理效应的讨论存在有效监督假说、负面监督假说与无效监督假说，但随着我国机构投资者所持有的公司股份比例不断上升，机构投资者的抛售自由度受到限制（李维安和李滨，2008），通过"用脚投票"方式进行短线操作的期望收益变低，进而更倾向于以"用手投票"的方式积极介入公司治理，其在公司治理当中发挥的作用越来越强（Shleifer and Vishny，1986；李青原，2003；李维安和李滨，2008；韩云，2017）。企业借以实现虚假降杠杆的杠杆操纵手段包括表外负债、名股实债及其他会计手段，而普通的中小型投资者因专业能力弱、持股比例小，往往难以识别企业的操纵行为并参与公司治理。相比之下，机构投资者具备专业的分析师团队，可以利用所拥有的专业知识对上市公司的财务状况进行分析和甄别，从多个角度对公司做出更加全面的评价（王琨和肖星，2005），更易发现企业的杠杆操纵行为；特别地，当机构投资者持股比例达到一定规模时，其将具备参与内部公司治理的权力，若对管理层经营及相关决策不满，可以通过投反对票的方式约束管理层的自利行为。

第三，机构投资者趋利避害，本身具有的风险回避动机使其厌恶杠杆操纵行为背后隐藏的不确定性风险。Grier 和 Zychowicz（1994）发现机构投资者持股比例与公司财务杠杆负相关，他们认为这是机构投资者的潜在监督在起作用。但现有研究基于名义杠杆率的分析仅能反映机构投资者对风险的回避态度，不能反映机构投资者治理作用的全貌。杠杆操纵行为使债务信息失真，无法揭示企业的真实财务风险水平，形成"低债务幻象"。从微观视角来看，杠杆操纵增加了机构投资者持股企业的潜在财务风险（徐亚琴和宋思淼，2021）。管理层迎合政策需要与融资需求产生的杠杆操纵行为使得真实杠杆率水平高于名义杠杆率，作为反映企业财务风险的重要指标，被操纵后的杠杆率将使企业的债务呈现出虚低状态。一旦遭遇外部经济环境的冲击或者自身经营不善造成项目投资失败，其隐藏的债务风险便会爆发，可能使企业陷入破产清算，加剧机构投资者在经济下行时期的收益损失。因此，随着机构投资者持股比例逐渐升高，机构投资者风险回避动机更强，更偏向于选择长期投资策略、监督公司的经营管理（王琨和肖星，2005），为了企业的长期发展而抑制管理层的杠杆操纵行为来降低隐藏风险。从宏观视角来看，杠杆操纵的存在增加了整个资本市场的潜在信用风险，进而威胁到了机构投资者的其他投资组合。现实中许多机构投资者从事指数化交易，其行为会影响整个资本市场[①]，一只股票价格的下跌可能会引起其他股票价格的下降，从而使机构投资者蒙受更大损失（曹丰等，2015）。所以，机构投资者会避免"多米诺骨牌效应"产生的连带风险，避免投资组合中的其他股票受到波及，将具备更

[①] 以光大证券的"乌龙指"事件为例，2013 年 8 月 16 日，光大证券策略投资部门自营业务在使用独立的套利系统时出现问题，大批权重股瞬间被一两个大单拉升之后，又跟着涌现出大批巨额买单，带动整个股指和其他股票的上涨，以致 59 只权重股瞬间封涨停。

强烈的动机规避杠杆操纵行为引起的潜在风险，防止该风险爆发殃及整个股市进而减少自身投资收益。此时，机构投资者的治理动机与国家稳定金融市场的初衷趋同，其不再仅是资本市场的逐利角色，而更多地发挥着帮助政府管控资本市场的作用①。据此本章提出以下研究假说：

H1：机构投资者持股比例越高，上市公司的杠杆操纵程度越低，且主要表现为"名股实债"行为的减少。

7.1.2.2 银企关联与企业杠杆操纵

前已述及，企业的杠杆操纵动机主要来自融资约束和监管压力（许晓芳等，2020；李晓溪和杨国超，2022；鲍树琛等，2023）。不难理解，杠杆率作为企业偿债能力和财务风险的重要表征，广泛应用于各类投资者的风险分析与投资决策中，而这也为企业的杠杆操纵行为提供了利益诱因。相应地，紧密和稳定的银企关系将会缓解企业的融资约束，从而减弱企业通过杠杆操纵获取融资的动力。具体作用机制分析如下。

从收益视角来看，银企关系降低了企业通过杠杆操纵行为获取融资的收益。首先，银企关系提高了企业的信贷可获得性。企业与银行的密切关系可以缓解企业和银行之间的信息不对称程度，从而帮助企业在具有关联关系的银行获取贷款。相较于没有银企关联的企业，具有银企关联的企业之间信息不对称程度更低，这可以有效地降低银行的信息搜集和监管成本（解维敏和桑凌，2020）。当企业股东或管理层隐藏坏消息甚至做出侵占债权人利益的决策时，银行更容易及时发现并做出积极的应对措施，从而降低了银行在信贷监管过程中面临的不确定性。其次，银企关系拓展了企业的融资渠道。银企关系作为一种信号机制，向其他投资者传递了企业的积极信号，从而帮助企业获得其他投资者的青睐。具有银企关系的企业更容易被机构投资者视为经过银行鉴证的优质公司。已有研究表明，银企关系能够向银行系基金和机构投资者传递消息（张耀伟等，2017）。最后，构建银企关系通常比杠杆操纵行为具有更低的风险，其所获得的融资也通常更加安全稳健。企业通过私人关系网络等方式主动与银行构建关系，具体包括联系在银行从业的校友、聘请具有银行从业经历的高管等。已有研究表明，我国企业尤其是民营企业通过构建银企关系更容易获取银行贷款，从而缓解企业融资约束（袁晓燕和魏晓娟，2019）。而杠杆操纵则是通过激进的财务手段或传新型金融工具实现的，比如，通过设立 SPV 个体出表债务、采取 PPP 项目或永续债构建名股实债等

---

① 2018 年修订的《上市公司治理准则》鼓励机构投资者依法合规参与公司治理，提出中介机构提供服务时应积极关注上市公司治理状况。

方式逃脱债务监管。企业杠杆操纵行为具有复杂性和长期性的特征，管理层必须在纷繁复杂的融资手段中及时准确地管理企业的资金流，才能够避免企业因债务违约陷入财务困境。因此，相较于企业杠杆操纵手段获取的融资，银企关系帮助企业获取的银行贷款通常具有更低的风险。可见，银企关系通过满足企业的融资需求，降低了企业为了缓解融资约束而进行杠杆操纵的动机。同时，企业杠杆操纵行为通常需要更加复杂的契约设计、更加高昂的资金成本和更加严苛的现金流要求，这大大增加了企业管理层预警和处理债务风险的难度，也在一定程度上降低了企业通过杠杆操纵获取融资的收益。

银行监督会提高企业的治理能力，进而增加企业杠杆操纵的难度。银行作为企业的主要债权人，往往更容易获得关于企业的私有信息。如前文制度背景所述，企业在开设之初即需在银行建立账户，这为银行了解企业提供了天然的机会。银行可在向企业办理存款、资金结算等业务的过程中充分了解企业的业务、资信等情况。在发放贷款前，银行通常会对企业进行严格的尽调，对具有高信息风险和债务风险的杠杆操纵企业予以拒绝，从而抑制企业的杠杆操纵行为。而在信贷发放后，银行通常会对信贷资金的用途等予以监管，甚至提前抽贷。已有研究表明，银行监督会促使企业采用相对谨慎的会计政策，有助于提高企业的会计信息披露质量。因此，银行监督能够治理企业杠杆操纵。

进一步地，银企关联有助于加强这一监管，从而抑制企业杠杆操纵行为。银企关联作为一种关系机制，拉近了银行和企业之间的距离，提升了银行对企业的监督能力和监督意愿。事实上，不同的银企关系具有不同的特点，其对杠杆操纵的监督作用也不尽相同。企业会通过聘请具有银行从业经历的人员担任董事、监事或高管形成高管关联。高管利用自己在银行工作的经历和人脉，通过向银行传递私有信息的方式，帮助企业获得银行贷款，并积极履行银行的监督职能。更进一步地，银行通过债转股、投贷联动、设立子公司或产业基金等方式被动或主动持有企业股权形成股权关联。基于委托代理理论，公司内部的管理者和控股股东会为获取私人收益而侵占债权人利益。相较于单一的债权人身份，股东-债权人的双重身份增加了银行私有信息的获取渠道和获取数量，降低了银企之间的信息不对称程度，从而更好地帮助银行完成信贷实施的事前事后监督。在信贷发放前，银行作为股东，能够更加全面清晰地了解企业的财务现状和经营现状，进而了解企业以及项目潜在的财务风险和经营风险，从而有助于银行识别出企业的杠杆操纵行为。在信贷发放后，相较于单一的债权监督，银行作为股东对信贷资金使用情况的监督更加方便透明，从而促使银行更加密切地参与企业的贷后管理，从而抑制了企业的杠杆操纵动机，大大降低了银行的呆账风险和监督成本。由于杠杆操纵的复杂性、隐蔽性和长期性特征，银行作为债权人通常难以全面了解企业的杠杆操纵行为，尤其是名股实债和表外负债手段引起的账面杠杆和实际杠杆的差异，而股东身份的引入增强了银行监督和治理债务人杠杆操纵行为的能力。基于委托代理理论，公司高管为了声誉等有动机做出损害公司利益的机会主义行为。在企业内部引入银行股东可以缓解企业管理层"建立公司帝国"的机会主义动机，从而抑制企业利用杠杆操纵过度举债的动机。当银行持有企业较多股权时，银行可以通过参与股东大会等方式参与公司治理，从而反对管理层进行杠杆操纵。更重要的是，债权人关注回收本息等短期利益，而股东关注投资分红等长期利益。银行同时作为企业的股东和债权人，这一双重身份能够减少企业股东和债权人之间的冲突，从而约束管理层利用杠杆操纵过度扩张的动机，抑制企业的过度负债，促进企业的长期整体发展，而非获取短期规模的扩张，控制企业发展的财务风险，进而促使银行更容易及时发现并治理企业的杠杆操纵行为。据此，本章提出以下研究假说：

H2：银行持股企业能够抑制企业的杠杆操纵行为，即银行持股比例越高，企业杠杆操纵程度越低。

7.1.2.3 银行数字化与企业杠杆操纵

融资约束是企业进行杠杆操纵的重要诱因（许晓芳和陆正飞，2020），融资难度大、融资问题严重的企业会产生更大的杠杆操纵动机（彭方平等，2022）。一般而言，企业的融资约束问题通常表现在融资规模小与融资成本高两方面（Fazzari et al.，1988）。为满足如契约中的限制性条款等外部融资条件，企业往往会通过操纵杠杆的方式人为美化杠杆率，据此获取生产经营活动的资金支持。外部融资条件的设置可能造成企业通过操纵行为临时性地满足要求（Chen and Yuan，2004；杨国超等，2017），由此导致约束条件名义上有效而实质上失效，企业愿意以暂时的财务风险增加为代价来达到融资标准，进而获取融资以争取优质投资机会和改善未来业绩表现。再者，杠杆率是评估企业债务风险与偿债能力的重要因素，过高的杠杆率不仅会引发企业投融资能力的下降，而且会导致债权人对企业设置严苛的融资条件，企业进行杠杆操纵将名义杠杆率控制在合理水平，以免债权人与股票投资者因企业杠杆水平过高、财务风险较大等而索要较高的必要报酬率，进而引致融资成本上升（汪德华和刘志彪，2004）。

银行凭借数字化转型能够提升自身数字技术水平，实现降本增效，从而有效改善企业面临的融资环境，并进一步抑制企业的杠杆操纵动机。一方面，银行数字化转型将数字技术与金融服务实现有机整合，为企业提供门槛更低、效率更高的信贷支持。于产品供给而言，银行通过新技术拓宽服务渠道，提供更加丰富的金融产品，如专属业务办理平台的搭建、数字供应链金融的开发等，通过技术优势吸收丰富的客户资源，并为客户提供更广泛的融资选择。于服务过程而言，银行数字化转型能够简化企业信贷业务的办理手续，加速申请审批流程的推进，使得客户企业能够更快地获得贷款资金。另一方面，通过利用大数据分析和人工智能服务，银行能够更加精准地评估企业的信用等级和还款能力，实现信贷配给的精准匹配（Fuster et al., 2019）。根据信贷客户的网络数据进行智能分析并构建信用模型（Duarte et al., 2012），在对客户更了解的基础上进行精准评估，不仅能够根据企业的需求和特点设计个性化的融资方案（李学峰和杨盼盼，2021），还可以提升资金配置效率（阮坚等，2020）。当信贷匹配度实现有效提升后，企业得到可用于投融资创新实践的充裕资金，故而可直接减少以满足融资需求为目的的杠杆操纵行为。

当企业面临较高的经营风险时，出于对投资者失去信心的担忧，企业往往会通过杠杆操纵而隐藏风险。一方面，操纵杠杆可以实现资本结构的调整。通过改变账面债务融资，企业可以调整债务与股权之间的比例，从而在报表上呈现出更好的资本结构，以此向投资者和分析师等利益相关者传递积极信号，有助于提高企业股价和市值。另一方面，高经营风险可能使企业的财务状况受到压力，并影响其信用评级和财务指标。通过操纵杠杆，企业可以采取重分类、会计政策变更或其他手段来增加利润、降低杠杆率等，以改善财务指标并吸引投资者。此外，高经营风险可能加剧企业的债务违约风险，比如无法偿还债务或违反贷款契约。企业可以通过操纵手段来延长偿债期限或减少债务偿还，以避免违约并维持信用记录。杠杆操纵虽然能够在短时间内美化资产负债表，但实际上却进一步增加了企业的潜在信用风险和会计信息风险（李晓溪等，2023）。

针对企业迫于风险压力而进行的杠杆操纵行为，银行数字化转型能够通过强化自身的数据驱动决策能力，加强客户企业的资金管理和风险控制。一方面，以契约治理理论为基础，包含限制性条款的信贷契约会迫使企业被动减少杠杆操纵行为。一旦发生契约违约，则不仅会增加信贷风险，降低企业的信用评级，更会由于资金周转困难而给其生产经营与投资决策带来隐患。利用大数据、云计算等分析技术，银行能够更加精准地识别企业违约行为，相应的违约后果也会更加及时地体现。另一方面，银行运用数字技术进行风险管理可以使企业主动弱化杠杆操纵动机。数字化转型能够有效弥补传统金融服务模式风控体系不完善的缺陷（吴文洋等，2023），具体体现为数字化银行业务平台提供了更好的风险评估和管理工具，帮助银行实时监测和评估企业资金状况；通过引入先进的数据分析技术，银行可以建立针对不同企业的风险控制体系，对企业履约情况进行跟踪评估，在发现异常情况时及时预警，有助于将履约风险控制在可接受范围内。因此，降低经营风险利于企业进行有效的风险控制，树立优质的企业形象，吸引更多社会投资者，激发二级市场主体的参与热情，并对企业未来业绩期望进行正向评估，从而抑制企业为保持投资者信心而进行的杠杆操纵行为。

基于上述分析，银行数字化转型一方面可以优化银企之间的信贷匹配，从资源供给端抑制企业的杠杆操纵行为，另一方面能够强化企业的责任履约行为，凭借建立有效的风险控制体系削弱企业的杠杆操纵动机。因此，本章提出以下研究假说：

H3：其他条件不变的情况下，银行数字化转型有助于降低企业杠杆操纵。

7.1.2.4 审计师与企业杠杆操纵

从会计信息质量角度来看，基于审计保险假说，客户舞弊或错报风险增加了审计师的连带赔偿责任，因而审计师通常会投入更多的资源并提高审计报告的谨慎度（廖冠民和吴溪，2023）。因此，当企业信息质量较差时，审计师的执业风险会相应升高，此时审计师会更加谨慎地执行审计程序，进而增加关键审计事项的披露。

企业杠杆操纵是指在信息不对称情况下，管理层为满足内外部监管要求，利用投融资创新实践和（或）会计政策选择等手段，降低企业账面杠杆率的行为（卿小权等，2023）。不难理解，表外负债和名股实债等投融资实践的会计处理复杂，会增加企业的会计业务处理难度，而企业为达到借助该类手段降低资产负债率的目的，会采取巧妙的会计处理手段，将相应的债务移至表外或隐藏于权益，因此企业的会计政策很可能实质上不符合相关会计准则的规定，进而降低会计信息质量。另一方面，由于财务报表项目之间存在钩稽关系，企业隐藏债务还会降低企业报表其他项目的数据可靠性。从会计角度看，其一，利用表外负债可将企业的部分资产和负债移出资产负债表，而资产所获收益却仍然列在利润表中，由此会提高企业的资产收益率；其二，尽管利用名股实债可将负债计入所有者权益，但企业为相关负债所支付的利息仍然会有一部分计入"利息支出"科目，由此会扭曲报表中有息负债的利息率；其三，减少折旧额和扩大研发支出资本化范围等会计手段会虚增企业利润（许晓芳等，2020）。基于以上分析，杠杆操纵会降低会计信息质量（Papanikolaou and Wolff, 2014），进而促使审计师披露更多杠杆操纵相关的关键审计事项。

从财务风险角度看，我国以风险导向为基础的审计模式要求审计师全面识别、评估被审计单位存在的各种风险因素,并做出风险应对决策(姜涛和尚鼎,2020)。因此,当企业的财务风险较高时,更容易引起审计师的关注,审计师会以关键审计事项的方式提醒报表使用者关注企业风险(Kachelmeier et al.,2020),以做出恰当的经济决策。与此同时,审计师的诉讼风险与企业财务状况密切相关(Stice,1991),出于免责动机,当企业拥有较高的财务风险时,为避免企业在出现经营困境时影响自身声誉或承担诉讼风险,审计师会增加关键审计事项以证明自身的努力(Brasel et al.,2016),进而减少声誉损失和法律责任。

杠杆操纵会提升企业的财务风险。从业务特点来看,大部分借助真实业务活动的杠杆操纵手段具有高度不确定性,进而会增加企业的债务违约风险。典型的杠杆操纵手段有衍生金融工具投资和发行永续债。具体地,由于业务交易本身的复杂性和相关准则规定的滞后性,许多衍生金融工具目前无法在表内披露(许晓芳和陆正飞,2020),成为企业表外负债项目。但衍生品的交易价格随时都可能随汇率和利率等因素的波动而变化,其收益具有高度不确定性,由此将增加企业的财务风险[1]。此外,尽管可续期和利息延后支付的发行条款为永续债作为权益融资提供了依据,但事实上发行方往往按时支付利息,并在发行几年后主动将其赎回,因而永续债更多地体现出"债性"(许晓芳和陆正飞,2020),因此为操纵杠杆而发行永续债会增加企业的财务负担。一方面,永续债具有较同期限普通债券更高的利率[2],这会增加企业的利息负担;另一方面,由于利率跳升机制的存在,企业倾向于到期兑付本息。然而,如果经营不力,到期无力赎回,企业可能会选择发行新债支付本息(王海滨,2023),而这会提高企业的负债率,弱化其长期偿债能力;或者企业可以选择延期赎回永续债,但要承担因利率跳升而增加的利息负担。因此,与一般债券和银行贷款相比,永续债的高利率和利率跳升属性会增加企业的财务负担,进而抑制企业的创新投入。因此,杠杆操纵带来的财务风险会促使审计师增加杠杆操纵相关的关键审计事项。

综上所述,杠杆操纵会通过降低会计信息质量和提高财务风险,进而增加与杠杆操纵相关的关键审计事项披露。据此,本章提出研究假说 H4:

---

[1] 例如,2003 年中航油新加坡分公司出于投机目的违规进行场外期权交易,且未在表内确认相关金融负债。随着标的物市场价格上涨,管理层为避免在期权到期时在表内确认损失而选择了期权展期,据此虚增账面净资产。然而,投资损失骤增至 5.5 亿美元时,公司出现资金链断裂并陷入财务困境,最终导致破产重组。

[2] 根据 Wind 统计数据,2020—2022 年企业发行的一般公司债中超 50% 的永续债的发行期限为 3 年,且其平均首期利率为 3.77%,而同期限非永续债的平均利率仅为 3.74%。

H4：企业的杠杆操纵程度越高，其审计报告中披露与杠杆操纵相关的关键审计事项数量越多。

7.2 样本数据、模型设定与变量定义

7.2.1 样本数据

在检验机构投资者以及银企关系与杠杆操纵关系时，我们以2007—2022年沪深A股上市公司为初始研究样本。囿于上市公司银行贷款数据的可得性，在检验银行数字化转型对企业杠杆操纵的影响时，数据期间调整为2013年至2022年。此外，考虑到2016年财政部印发了《中国注册会计师审计准则第1504号——在审计报告中沟通关键审计事项》，要求A+H股上市公司自2017年1月1日开始执行，即在2016年年度审计报告中增加关键审计事项段。据此，在检验杠杆操纵与关键审计事项数的关系时，取样期间压缩至2016—2022年。本章的样本筛选原则如下：①剔除金融类企业；②剔除上市当年的样本观测值；③剔除观测数据异常的样本；④剔除其他变量观测值缺失的样本。本章所用上市公司机构投资者持股数据和资本市场开放标的数据来自Wind数据库，自由贸易试验区数据根据中国政府网披露的各规划方案手工搜集，其余数据均来源于CSMAR数据库。为减轻极端值的影响，笔者对连续变量进行了上下各1%的缩尾处理。

7.2.2 模型设定与变量定义

7.2.2.1 模型设定

为验证假说H1，本章构建了计量模型（7-1），并使用双向固定效应模型进行回归，同时对所有回归结果的标准误进行Robust处理，以修正异方差问题。

$$LEVM_{i,t} = \alpha_0 + \alpha_1 InsHold_{i,t} + \alpha_2 Controls_{i,t} + \sum Industry + \sum Year + \varepsilon \quad (7-1)$$

为验证假说H2，本章构建了计量模型（7-2），并使用控制年度行业的OLS模型进行回归，同时对所有回归结果的标准误进行个体聚类处理，以修正异方差问题。

$$LEVM_{i,t} = \beta_0 + \beta_1 BC_{i,t} + \beta_2 Controls_{i,t} + \sum Industry + \sum Year + \varepsilon \quad (7-2)$$

为验证假说H3，本章构建了计量模型（7-3），并使用双向固定效应模型进行回归，同时对所有回归结果的标准误进行个体聚类处理，以修正异方差问题。

$$LEVM_{i,t} = \alpha_0 + \alpha_1 BankDigit_{i,t} + \alpha_2 Controls_{i,t} + \sum Industry + \sum Year + \varepsilon \qquad (7-3)$$

为检验假说 H4，本章构建了回归模型（7-4），并使用双向固定效应模型进行回归，同时对所有回归结果的标准误进行个体聚类处理，以修正异方差问题。

$$KAM\_levm_{i,t} = \beta_0 + \beta_1 LEVM_{i,t} + \beta_2 Controls_{i,t} + \sum Industry + \sum Year + \varepsilon \qquad (7-4)$$

7.2.2.2 变量定义

LEVM 为杠杆操纵程度。参照许晓芳等（2020）的研究，具体地，采用基本的 XLT-LEVM 法通过预期模型进行回归计算，求出只考虑表外负债与名股实债为手段的杠杆操纵程度（*LEVM*），作为本章衡量杠杆操纵程度的被解释变量。

InsHold 为机构投资者持股比例。本章所述机构投资者主体包括基金、券商、券商理财产品、QFII、保险公司、社保基金、企业年金、信托公司、财务公司、银行、阳光私募、一般法人以及非金融类上市公司，我们将上述主体持股比例之和记为 *InsHold*，作为本章机构投资者持股的代理变量。

BC 代表银企关联的程度。参考王善平等（2011）、罗付岩（2016）等，本章以银行持有企业股权的合计持股比例作为解释变量衡量企业银企关联的程度。

BankDigit 代表银行数字化转型程度，通过以下步骤进行构建：首先，使用 CSMAR 数据库中"上市公司数字化转型程度表"衡量上市银行的数字化转型程度[①]，该指标使用文本分析法统计了人工智能技术、云计算技术、区块链技术、大数据技术、数字技术应用等在年报关键词出现的次数，本章使用上述关键词次数总和加一的自然对数衡量银行的数字化转型程度，该衡量方式也是已有研究中使用最为普遍的数字化转型的计量方式（吴非等，2021；赵宸宇等，2021）。另外，也有研究使用北京大学数字金融研究中心课题组构建的"中国商业银行数字化转型指数"来衡量银行数字化转型程度（谢绚丽和王诗卉，2022；余明桂等，2022），但由于该指数样本区间有限，且普适程度不及使用分本分析法衡量的数字化转型指数，因此本章使用前者进行衡量。值得注意的是，本章的银行数字化转型指数基于上市公司数字化转型指数构造，因此非上市银行未在本章考虑范围之内，这可能造成一定的样本选择偏误问题，对此将在稳健性检验中予以解决。其次，使用 CSMAR 数据库中"上

[①] 数据来源于 CSMAR 数据库"经济研究系列-数字经济-上市公司数字化-上市公司数字化转型程度"。

市公司向银行借款表"对银行与上市公司进行匹配①。具体而言，首先统计上市公司当年所发生借款的上市银行，然后将银行数字化转型指数加总并除以当年发生借款的上市银行数量，形成本章的核心解释变量 BankDigit，用于衡量企业年份层面的上市公司受银行数字化转型的影响程度。值得注意的是，"上市公司向银行借款表"的样本区间始于 2013 年，因此，7.3.3 节中实证检验的样本区间为 2013 年至 2022 年。

$KAM\_levm_{i,t}$ 为与杠杆操纵相关的关键审计事项数。本章参考钱爱民等（2022）的衡量方法，采用杠杆操纵类关键审计事项的数量度量杠杆操纵类关键审计事项披露。具体而言，参考许晓芳等（2020）中对杠杆操纵手段的归纳，如果关键审计事项涉及"永续债""减值""预计负债""结构化主体投资"等杠杆操纵具体手段，则将其视为与杠杆操纵有关的关键审计事项，并将该类关键审计事项披露的合计数定义为杠杆操纵类关键审计事项披露数（KAM_levm）。

Controls 为控制变量，以上模型统一控制的企业特征变量为：公司规模（SIZE）、公司年龄（AGE）、杠杆率（LEV）、产权性质（SOE）、盈利能力（ROA）、股权集中度（TOP）、企业成长性（GROWTH）、独立董事比例（INDEP）。考虑到回归模型的差异性，在模型（7-1）中本章增加了市账比（MB）、有形资产比例（PPE）、管理层规模（MNUM）作为控制变量。此外，模型（7-2）控制了有形资产比例（PPE）、市账比（MB）、经营活动现金流（CFO）。模型（7-3）中增加了经营活动现金流（CFO）和有形资产比例（PPE）。模型（7-4）中增加了业务复杂度（LIQUID）、速动比率（QUICK）、审计师事务所是不是国际四大（BIG4）、审计意见（OPINION）和审计费用（LNFEE）。同时，为控制行业和年份的影响，本章在模型中加入了行业和年份虚拟变量。

变量定义见表 7-1。

表 7-1　变量定义

变量符号	变量名称	变量描述
LEVM	杠杆操纵	参照许晓芳等（2020），采用基本的 XLT-LEVM 法通过预期模型进行回归计算
InsHold	机构投资者持股比例	机构投资者持股比例之和
BC	银企关联	银行持有企业股权的最大持股比例

---

① 数据来源于 CSMAR 数据库"公司研究系列-上市公司贷款-向银行贷款信息-上市公司向银行借款表"。

续表

变量符号	变量名称	变量描述
BankDigit	银行数字化转型	在年报关键词中，与数字化相关词汇出现的关键词次数总和加一的自然对数
KAM_levm	杠杆操纵类关键审计事项披露数	与杠杆操纵有关的关键审计事项披露个数
SIZE	公司规模	企业总资产的自然对数
AGE	公司年龄	企业成立年限的自然对数
SOE	产权性质	国有控股企业，取1，否则取0
CFO	经营活动现金流	经营活动产生的现金流量净额/资产总额
PPE	有形资产比例	固定资产净额/期末总资产
ROA	盈利能力	净利润/净资产平均余额
TOP	股权集中度	前十大股东持股比例之和
MNUM	管理层规模	高管总人数的自然对数
BOARD	董事会规模	董事会董事人数
LEV	杠杆率	公司总负债与总资产之比
GROWTH	企业成长性	营业收入增长率
INDEP	独立董事比例	独立董事人数/董事会人数
MB	市账比	市场价值与账面价值之比
LIQUID	业务复杂度	（存货+应收账款）/总资产
QUICK	速动比率	（流动资产-存货）/总资产
BIG4	是否国际四大	聘请"国际四大"审计，取1，否则取0
OPINION	审计意见	审计意见为非标准无保留意见，取1，否则取0
LNFEE	审计费用	审计费用取自然对数

7.3 实证结果分析

7.3.1 机构投资者与企业杠杆操纵

7.3.1.1 描述性统计

本节主要变量的描述性统计如表7-2所示。被解释变量杠杆操纵程度（LEVM）的均值为0.127，这意味着企业的杠杆操纵行为使其名义杠杆率比真实杠杆率低了约13个百分点；同时，LEVM的标准差为0.233，标准差较大代表不同企业的杠杆操纵程度存在较大差异，以上结果与许晓芳等（2021）的杠杆操纵程度的分布较为一致。主要解释变量机构投资者持股比例（$InsHold$）的均值为 0.389，即机构投资者持股数量约占所有上市公司股份总额的 38.9%；标准差为 0.233，相较于杠杆操纵程度的波动程度较小，以上结果说明多数企业均有机构投资者参与其中，且持股比例维持在一定范围内。从控制变量的分布来看，企业的盈利能力与成长能力的标准差较大，说明上述指标在不同公司年份间的差异较大；相比之下，其他控制变量的波动较小。

表 7-2 主要变量的描述性统计

变量符号	观测值	平均值	标准差	最小值	P25	中位数	P75	最大值
LEVM	25 912	0.127	0.233	0.000	0.000	0.047	0.168	1.685
InsHold	25 912	0.389	0.233	0.000	0.193	0.394	0.572	0.880
SIZE	25 912	22.235	1.284	19.870	21.316	22.062	22.964	26.191
AGE	25 912	2.825	0.356	1.609	2.639	2.890	3.091	3.466
ROA	25 912	0.037	0.060	-0.231	0.013	0.035	0.065	0.200
INDEP	25 912	0.379	0.070	0.250	0.333	0.364	0.429	0.600
TOP	25 912	0.349	0.148	0.092	0.232	0.328	0.451	0.749
SOE	25 912	0.457	0.498	0.000	0.000	0.000	1.000	1.000
MB	25 912	1.960	1.196	0.858	1.217	1.578	2.235	7.883
PPE	25 912	0.231	0.168	0.002	0.099	0.199	0.331	0.719
GROWTH	25 912	0.174	0.419	-0.567	-0.025	0.107	0.270	2.673
MNUM	25 912	2.921	0.240	2.398	2.773	2.890	3.091	3.526

7.3.1.2 基准回归结果

为验证假说 H1，我们对模型（7-1）进行了回归，表 7-3 报告了基准回归结果。未加入控制变量时，列（1）显示，机构投资者持股（$InsHold$）的回归系数在 1% 的水平上显著为负，说明随着机构投资者持股比例的增加，企业的杠杆操纵程度有所下降，初步验证了本章的研究假说。在加入控制变量后，列（2）显示，自变量的系数仍然在 1% 的水平上显著为负。以上结果表明，在控制了影响杠杆操纵程度的其他相关变量后，机构投资者持股对杠杆操纵行为的抑制作用依然显著。上述结果说明，机构投资者能够遏制企业的杠杆操纵行为，防止其虚假降杠杆，破除"低债务幻象"，达到"去伪存真"的治理效果，假说 H1 得到验证。

7 企业杠杆操纵的治理机制与经验证据

进一步地，机构投资者有可能以向上市公司派驻董事或高管的形式直接参与公司治理，进而抑制企业的杠杆操纵行为①。我们刻画了机构投资者派驻董事的变量，并据此进行回归分析。具体方法为：第一步，将上市公司前十大股东中的控股股东予以剔除，并保留前文所定义的机构投资者单位。第二步，将具有兼职单位的高管与其上市公司中的职位对应②，并确定在上市公司担任董事职位的高管。第三步，把第一步中确定的机构投资者单位与第二步中高管的兼任单位进行匹配，将在机构投资者单位任职并担任上市公司董事的个人定义为机构投资者向上市公司派驻的董事。第四步，将存在机构投资者派驻董事的公司赋值为1，其余为0，以机构投资者是否派驻董事构造企业层面的虚拟变量（$JGCGR\_director$）；并将各公司年份机构投资者派驻董事的人数加总，构造企业层面的连续变量，为减轻异方差问题，我们将机构投资者派驻董事人数加1再取对数定义为"机构投资者派驻董事规模"（$LogJGCGR\_director$），据此进行回归分析。从表7-3列示的结果来看，列（3）显示，机构投资者是否派驻董事（$JGCGR\_director$）的系数在5%的水平上显著为负，即机构投资者派驻董事能够降低企业的杠杆操纵程度。列（4）中，$LogJGCGR\_director$ 的系数在10%的水平上显著为负，即随着机构投资者派驻董事人数的增加，企业的杠杆操纵程度将相应下降，意味着机构投资者以派驻董事的形式参与公司治理时，一定程度上能够有效地抑制企业的杠杆操纵行为，进而提高其资产负债表的信息质量。

表7-3 基准回归结果

变量	(1) LEVM	(2) LEVM	(3) LEVM	(4) LEVM
InsHold	-0.038***	-0.037***		
	(-3.67)	(-3.41)		
JGCGR_director			-0.018**	
			(-2.44)	

---

① 《中华人民共和国公司法》规定："单独或者合计持有公司百分之三以上股份的股东，可以在股东大会召开十日前提出临时提案（包括提名董事）并书面提交董事会"，"单独或者合计持有公司百分之十以上股份的股东发出请求时，公司应当在两个月内召开临时股东大会"。可见，当机构投资者持股数量较大时，依法可以向上市公司派驻董事，通过"用手投票"来限制管理层消极的杠杆操纵行为，从而发挥监督和治理作用。

② CSMAR数据库的高管兼任信息子库收集的上市公司具有兼任职务的高管不含本公司的具体职位，因而需与上市公司高管职位进行匹配。

续表

变量	(1) LEVM	(2) LEVM	(3) LEVM	(4) LEVM
LogJGCGR_director				−0.013*
				(−1.85)
SIZE		−0.006*	−0.024***	−0.024***
		(−1.66)	(−3.28)	(−3.28)
AGE		0.004	−0.041**	−0.040**
		(0.18)	(−2.53)	(−2.48)
ROA		0.006	0.228***	0.228***
		(0.16)	(3.56)	(3.55)
INDEP		0.007	0.007	0.008
		(0.27)	(0.16)	(0.19)
TOP		−0.016	−0.004	−0.003
		(−0.69)	(−0.10)	(−0.08)
SOE		−0.017	−0.041	−0.042
		(−0.79)	(−0.96)	(−0.98)
MB		0.001	−0.003	−0.003
		(0.50)	(−0.63)	(−0.62)
PPE		0.049**	0.055	0.056
		(2.22)	(1.41)	(1.43)
GROWTH		−0.002	−0.012**	−0.012**
		(−0.50)	(−1.99)	(−1.98)
MNUM		0.010	0.015	0.015
		(0.97)	(1.37)	(1.37)
Constant	0.142***	0.238**	0.569***	0.565***
	(32.97)	(2.40)	(3.56)	(3.54)
Industry	Yes	Yes	Yes	Yes
Year	Yes	Yes	Yes	Yes
N	25 912	25 912	12 295	12 295
Adj. R^2	0.177	0.177	0.151	0.151

7.3.1.3 内生性解决与稳健性检验

（1）倾向得分匹配

为了避免样本选择偏误，我们使用经由倾向得分匹配后的样本重新进行回归，回归结果如表7-4所示。列（1）为未加入控制变量的回归结果，主解释变量（*InHold*）的系数在5%的水平上显著为负；加入控制变量之后，列（2）主解释变量（*InHold*）的系数仍在5%的水平上显著为负。以上结果表明，随着机构投资者持股比例的提高，企业杠杆操纵程度呈显著的下降趋势。可见在通过倾向得分匹配排除了样本固有差异导致的选择偏差之后，实证结果依然符合预期，验证了基准回归结果的稳健性。

表7-4 倾向得分匹配后的回归结果

变量	(1) *LEVM*	(2) *LEVM*
InsHold	−0.033**	−0.033**
	(−2.26)	(−2.20)
SIZE		−0.007
		(−1.16)
AGE		−0.014
		(−0.39)
ROA		−0.037
		(−0.60)
INDEP		−0.012
		(−0.31)
TOP		−0.024
		(−0.68)
SOE		0.035
		(1.11)
MB		0.001
		(0.20)
PPE		0.023
		(0.75)
GROWTH		−0.001
		(−0.19)

续表

变量	(1) LEVM	(2) LEVM
MNUM		0.004
		(0.25)
Constant	0.142***	0.311**
	(24.53)	(2.01)
Industry	Yes	Yes
Year	Yes	Yes
N	14 210	14 210
Adj. R^2	0.198	0.197

(2) 工具变量法

为进一步排除内生性问题造成的影响，我们使用工具变量法对估计结果重新进行回归。查阅以往文献，机构投资者持股相关研究采用的工具变量多为自变量滞后一期或沪深300等指数（梁上坤，2018），但因杠杆操纵可能会误导外部信息使用者对公司财务风险做出错误评估（许晓芳和陆正飞，2020），我们认为沪深300等指数对于杠杆操纵不是完全外生的，所以采用更加一般的公认做法，将滞后一期的机构投资者持股比例（L_InsHold）作为工具变量进行两阶段回归。表7-5报告了两阶段工具变量法的回归结果，列（1）滞后一期的机构投资者持股比例（L_InsHold）的系数在1%的水平上显著为正，代表该工具变量满足与解释变量相关的前提条件。同时，滞后一期的机构投资者持股比例不会对上年度杠杆操纵程度造成影响，满足工具变量的外生性要求，第二阶段的回归结果如列（2）所示，机构投资者持股（InsHold）的系数在5%的水平上显著为负，说明借助工具变量剔除了内生性问题后，回归结果依然支持机构投资者持股能够抑制企业的杠杆操纵这一理论假设，表明基准回归结果稳健。

表7-5 基于工具变量法的两阶段回归结果

变量	(1) 第一阶段回归 InsHold	(2) 第二阶段回归 LEVM
L_InsHold	0.409***	
	(33.94)	

续表

变量	(1) 第一阶段回归 InsHold	(2) 第二阶段回归 LEVM
InsHold		-0.059**
		(-2.14)
SIZE	0.036***	-0.005
	(14.22)	(-1.19)
AGE	-0.051***	0.009
	(-2.87)	(0.36)
ROA	0.058***	-0.023
	(3.23)	(-0.56)
INDEP	-0.048***	0.002
	(-3.25)	(0.08)
TOP	0.158***	-0.006
	(8.88)	(-0.23)
SOE	-0.003	-0.021
	(-0.23)	(-0.75)
MB	0.037***	0.002
	(25.97)	(0.90)
PPE	-0.002	0.037
	(-0.15)	(1.56)
GROWTH	0.001	-0.005
	(0.38)	(-1.01)
MNUM	0.012**	0.008
	(2.04)	(0.79)
Constant	-0.544***	0.213*
	(-7.26)	(1.82)
Industry	Yes	Yes
Year	Yes	Yes
N	20 959	20 959
Adj. R^2	0.768	0.167

(3) 替换解释变量

我们根据机构投资者持股比例的中位数进行分组构造哑变量（InsHold_dum），将高于中位数的公司年份定义为高持股样本，赋值为1，否则为0，并重新进行回归。结果如表7-6列（1）所示，解释变量（InsHold_dum）在5%的水平上显著为负，代表高机构投资者持股抑制了企业的杠杆操纵行为。同时，为避免机构投资者持股比例指标在[0, 1]波动对结果造成计量偏差，对解释变量进行Logistic转换使之映射于（-∞, +∞），即采用InsHold/（1-InsHold）的自然对数来衡量机构投资者持股（Logistic_InsHold）。从列（2）的回归结果看，主要解释变量（Logistic_InsHold）的系数依旧在1%的水平上显著为负。以上结果说明将连续变量更换为哑变量以及对解释变量进行了Logistic转换之后，前文的结论依然成立，同样证明了基准回归结果的稳健性。

(4) 替换被解释变量

为避免变量定义造成的观测误差，使用许晓芳等（2020）中提及的行业均值算法重新计算杠杆操纵程度并进行回归。结果如列（3）至列（4）所示，主要解释变量 InsHold 的系数均在1%的水平上显著为负，且较基准回归的显著性有所提高，说明替换了被解释变量后，机构投资者持股仍然能抑制企业的杠杆操纵行为。

表 7-6　替换主要变量的回归结果

变量	(1) 机构投资者持股中位数分组 LEVM	(2) 采用 Logistic 转换 LEVM	(3) 替换被解释变量 INDLEVM	(4) 替换被解释变量 INDExpLEVM
InsHold_dum	-0.010**			
	(-2.32)			
Logistic_InsHold		-0.004***		
		(-3.05)		
InsHold			-0.015***	-0.015***
			(-3.23)	(-3.31)
SIZE	-0.007**	-0.007*	-0.027***	-0.026***
	(-1.97)	(-1.80)	(-14.86)	(-14.60)
AGE	0.005	0.004	0.066***	0.065***
	(0.23)	(0.20)	(6.40)	(6.42)
ROA	0.003	0.005	0.160***	0.153***
	(0.08)	(0.13)	(9.32)	(9.17)

续表

变量	(1) 机构投资者持股中位数分组 LEVM	(2) 采用Logistic转换 LEVM	(3) 替换被解释变量 INDLEVM	(4) 替换被解释变量 INDExpLEVM
INDEP	0.008	0.008	-0.011	-0.011
	(0.31)	(0.29)	(-1.01)	(-1.04)
TOP	-0.018	-0.020	-0.011	-0.013
	(-0.78)	(-0.84)	(-0.95)	(-1.13)
SOE	-0.017	-0.018	-0.001	-0.001
	(-0.78)	(-0.81)	(-0.11)	(-0.06)
MB	0.000	0.001	0.003***	0.003***
	(-0.02)	(0.26)	(3.53)	(3.63)
PPE	0.048**	0.048**	0.056***	0.067***
	(2.21)	(2.19)	(6.00)	(7.20)
GROWTH	-0.002	-0.002	0.022***	0.021***
	(-0.53)	(-0.47)	(10.81)	(10.68)
MNUM	0.009	0.010	0.012***	0.012***
	(0.93)	(0.96)	(2.83)	(2.85)
Constant	0.252**	0.232**	0.465***	0.453***
	(2.55)	(2.34)	(9.58)	(9.35)
Industry	Yes	Yes	Yes	Yes
Year	Yes	Yes	Yes	Yes
N	25 912	25 912	25 912	25 912
Adj. R^2	0.177	0.177	0.511	0.509

7.3.1.4 进一步分析

(1) 融资约束的机制检验

现实中大多数企业有外部融资需求，而不论是债务融资还是股权融资，都会对企业的杠杆率做出一定限制。为缓解融资约束，企业有动力通过杠杆操纵来降低对外披露的资产负债率。与此同时，机构投资者具有带资入股和向外界传递企业高质量信息的功能，有助于企业从信贷机构和证券市场获取资金。因此，我们认为机构投资者持股能够缓解企业所面临的融资约束，从根源上减弱企业的杠杆操纵动机。为验证该推测，我们使用大多数研究中常用的 KZ 指数衡量企业的融资约束程度，KZ 指数越大，代表企业面临的融资约束程度越高。接着使用三步中介模型进行回归，结果如表 7-7 所示。由于样本量未经变动，因而第一步为主回归结果，对应列（1）；列（2）表示因变量为融资约束程度时的回归结果，InsHold 的系数在 1% 的水平上显著为负，表明机构投资者持股缓解了企业所面临的融资约束问题；第三步将中介变量加入控制变量进行回归，结果如列（3）所示，KZ 的回归系数显著，表示中介效应成立，InsHold 的系数较基准回归有所下降但仍然显著，证明融资约束起到了部分中介效应。以上结果表明，机构投资者持股能够缓解企业面临的融资约束程度，进而减少企业杠杆操纵行为，从某种意义上说，机构投资者持股可从根源上解决企业的杠杆操纵问题。

表 7-7 融资约束路径的回归结果

变量	(1) LEVM	(2) KZ	(3) LEVM
InsHold	−0.037***	−0.281***	−0.034***
	(−3.41)	(−3.72)	(−3.11)
KZ			0.014***
			(9.99)
SIZE	−0.006*	0.181***	−0.009**
	(−1.66)	(5.59)	(−2.30)
AGE	0.004	0.808***	−0.004
	(0.18)	(4.61)	(−0.17)
ROA	0.006	−3.540***	0.150***
	(0.16)	(−33.11)	(3.68)
INDEP	0.007	−0.204	0.009
	(0.27)	(−1.31)	(0.36)
TOP	−0.016	0.384*	−0.023
	(−0.69)	(1.85)	(−1.00)
SOE	−0.017	0.107	−0.018
	(−0.79)	(0.84)	(−0.83)
MB	0.001	0.263***	−0.003
	(0.50)	(16.88)	(−1.43)

续表

变量	(1) LEVM	(2) KZ	(3) LEVM
PPE	0.049**	1.101***	0.036*
	(2.22)	(7.02)	(1.67)
GROWTH	-0.002	-0.080***	-0.002
	(-0.50)	(-2.99)	(-0.47)
MNUM	0.010	0.052	0.009
	(0.97)	(0.87)	(0.95)
Constant	0.238**	-4.748***	0.301***
	(2.40)	(-5.96)	(3.04)
Industry	Yes	Yes	Yes
Year	Yes	Yes	Yes
N	25 912	25 912	25 912
Adj. R^2	0.177	0.296	0.181

(2) 信息透明度的机制检验

理论分析部分提及机构投资者持股能够吸引更多的分析师和媒体关注，增强企业的信息透明度和外部监督，进而减少管理层的机会主义动机和降低杠杆操纵带来的信息不对称性。为此，我们参考何贤杰等（2016）的研究，使用分析师的盈余预测偏差（Accuracy）作为信息透明度的衡量标准进行机制检验，相应的回归结果如表7-8所示。列（1）报告了在剔除新增变量缺失值的情况下机构投资者持股对企业杠杆操纵的回归结果，主要解释变量 InsHold 的系数在1%的水平上显著为负。列（2）报告了以分析师预测偏差（Accuracy）作为被解释变量的情况下，机构投资者持股（InsHold）的系数在1%的水平上显著为负，表明机构投资者的参与使得企业信息质量上升，信息不对称程度下降，从而降低分析师的盈余预测偏差。

表7-8 信息透明度路径的回归结果

变量	(1) LEVM	(2) Accuracy
InsHold	-0.033***	-0.741***
	(-2.58)	(-3.51)

续表

变量	(1) LEVM	(2) Accuracy
SIZE	-0.011**	0.912***
	(-2.24)	(10.37)
AGE	0.000	-0.641
	(-0.00)	(-1.55)
ROA	0.053	-4.285***
	(1.01)	(-5.51)
INDEP	-0.020	0.072
	(-0.67)	(0.15)
TOP	-0.043	-0.939**
	(-1.50)	(-1.98)
SOE	-0.023	1.916***
	(-0.73)	(2.80)
MB	0.003	0.213***
	(1.15)	(5.02)
PPE	0.041	-1.540***
	(1.59)	(-3.44)
GROWTH	-0.006	-0.530***
	(-1.22)	(-6.82)
MNUM	0.008	0.431**
	(0.69)	(2.31)
Constant	0.380***	-17.678***
	(2.91)	(-7.79)
Industry	Yes	Yes
Year	Yes	Yes
N	18 909	18 620
Adj. R^2	0.176	0.309

7.3.2 银企关联与企业杠杆操纵

7.3.2.1 描述性统计

本节主要变量的描述性统计如表7-9所示。被解释变量杠杆操纵（LEVM）的均值为0.130，表明样本公司的真实杠杆率高出账面杠杆率约

13%，这与许晓芳等（2020）以及卿小权等（2023）的测算结果较为接近。解释变量银企关联（BC）的最大值为53.86%，表明我国银行股东对上市公司持股比例最大为53.86%，最小值和最大值差距较大，表明不同企业的银行股东持股比例存在较大差异。LEV 和 ROA 的均值分别为0.465和0.032，表明样本公司总体在取样期间具有高负债、低收益的特点；类似地，CFO 的均值为0.046，说明企业通过经营活动创造现金流的水平并不太高。

表 7-9 主要变量的描述性统计

变量	样本量	平均值	标准差	最小值	P25	P50	P75	最大值
BC	27 172	0.170	1.342	0.000	0.000	0.000	0.000	53.860
LEVM	27 172	0.130	0.251	0.000	0.000	0.045	0.168	1.842
ExpLEVMI	27 172	0.132	0.259	-0.099	0.005	0.054	0.173	1.881
LEV	27 172	0.465	0.192	0.089	0.317	0.463	0.609	0.887
SIZE	27 172	22.321	1.277	19.936	21.413	22.147	23.044	26.269
SOE	27 172	0.410	0.492	0.000	0.000	0.000	1.000	1.000
ROA	27 172	0.032	0.062	-0.265	0.011	0.033	0.060	0.186
CFO	27 172	0.046	0.069	-0.157	0.008	0.046	0.086	0.244
PPE	27 172	0.925	0.094	0.074	0.912	0.955	0.978	1.000
MB	27 172	0.633	0.252	0.008	0.441	0.629	0.821	1.601
GROWTH	27 172	0.180	0.423	-0.558	-0.022	0.112	0.278	2.710
AGE	27 172	17.983	5.781	6.000	14.000	18.000	22.000	33.000
TOP	27 172	0.233	0.174	0.005	0.077	0.207	0.354	0.683
INDEP	27 172	0.374	0.053	0.308	0.333	0.333	0.429	0.571
BOARD	27 172	8.670	1.753	0.000	7.000	9.000	9.000	18.000

7.3.2.2 基准回归结果

表 7-10 报告了银企关联对企业杠杆操纵行为治理的检验结果。未加入控制变量时，列（1）自变量银企关联（BC）的回归系数显著为负，初步证明了银企关联对企业杠杆操纵行为的治理效果。在加入控制变量后，列（2）和列（3）中自变量的系数依然在1%的水平上显著为负，且模型解释力度显著增加。因此，银行持股能够抑制企业杠杆操纵程度的结论不变。同时，表 7-10 中 BC 的估计系数具有显著的经济意义。银行持股每增加1%，企业杠杆操纵程度会降低0.003。以上结果表明，在控制了企业杠杆操纵的其他影响因素后，商业银行持有企业股份一定程度上能够抑制企业杠杆操纵动机，进而提

升企业的会计信息质量。

表 7-10　银企关联对企业杠杆操纵影响的基准回归结果

变量	(1) LEVM	(2) LEVM	(3) LEVM
BC	-0.002**	-0.003***	-0.003***
	(-2.255)	(-3.067)	(-3.076)
LEV		0.171***	0.206***
		(15.860)	(17.009)
SIZE		-0.004**	-0.008***
		(-2.054)	(-4.136)
SOE		-0.006*	-0.008**
		(-1.665)	(-2.221)
ROA		0.122***	0.174***
		(3.754)	(5.161)
CFO		-0.044*	-0.077***
		(-1.651)	(-2.762)
PPE		-0.004	0.051***
		(-0.224)	(2.754)
MB		-0.001	-0.004***
		(-0.811)	(-3.383)
GROWTH		0.000***	0.000***
		(-14.396)	(-9.183)
AGE		0.000	0.000
		(-0.856)	(-1.210)
TOP		-0.002	-0.006
		(-0.239)	(-0.593)
INDEP		0.000	0.000
		(0.982)	(1.121)
BOARD		0.001	0.001
		(0.753)	(0.647)
Constant	0.130***	0.121***	0.179***
	(84.709)	(2.882)	(3.779)

续表

变量	(1) LEVM	(2) LEVM	(3) LEVM
Industry	No	No	Yes
Year	No	No	Yes
N	27 172	27 172	27 172
Adj. R^2	0.000	0.013	0.022

7.3.2.3 稳健性检验

(1) 倾向得分匹配法

银行持有股权的企业和银行未持有股权的企业之间可能存在系统性差异，本章采用倾向得分匹配法消除这一可能性。具体而言，将银行持有股权的企业作为处理组，未持有股权的企业作为对照组，所有控制变量作为协变量，使用 logit 回归估计倾向性得分。表 7-11 列示了匹配后样本对基准回归模型进行回归的结果，列 (1) 至列 (4) 中银行持股比例和杠杆操纵的回归系数均显著为负，且 t 值较未匹配前的样本有明显提升，进一步证明了本节研究结论的稳健性。

表 7-11 基于倾向得分匹配后的样本的回归结果

变量	(1) LEVM	(2) LEVM	(3) LEVM	(4) LEVM
BC	-0.002**	-0.001***	-0.003***	-0.001**
	(-2.282)	(-3.540)	(-3.076)	(-2.246)
LEV			0.206***	0.024
			(17.009)	(1.073)
SIZE			-0.008***	0.021***
			(-4.136)	(3.345)
SOE			-0.008**	-0.012
			(-2.221)	(-1.494)
ROA			0.174***	-0.166**
			(5.161)	(-2.085)
CFO			-0.077***	-0.067
			(-2.762)	(-1.204)

续表

变量	(1) LEVM	(2) LEVM	(3) LEVM	(4) LEVM
PPE			0.051***	0.032
			(2.754)	(1.008)
MB			-0.004***	0.009**
			(-3.383)	(2.467)
GROWTH			0.000***	0.001
			(-9.183)	(0.656)
AGE			0.000	-0.001
			(-1.210)	(-0.630)
TOP			-0.006	-0.006
			(-0.593)	(-0.290)
INDEP			0.000	0.001**
			(1.121)	(2.155)
BOARD			0.001	0.000
			(0.647)	(0.231)
Constant	0.167***	0.227***	0.179***	-0.306**
	(9.424)	(3.641)	(3.779)	(-2.071)
Industry	Yes	Yes	Yes	Yes
Year	Yes	Yes	Yes	Yes
N	27 172	4 169	27 172	4 169
Adj. R^2	0.005	0.079	0.022	0.090

(2) 反向因果的排除

银行持有企业股份与企业的杠杆操纵之间可能存在反向因果关系，即银行可能通过贷款等业务关系了解到企业具有相对较低的杠杆操纵程度之后，才决定向企业注资。理论上，银行当期是否购买企业股权或者增资不太可能受到企业未来期间杠杆操纵程度的影响，但有可能受到同期杠杆操纵程度的影响，因此本部分的回归将模型 (7-2) 中的被解释变量提前一期 (F_LEVM)，据此排除反向因果的可能性。具体而言，若银行持股变量 (BC) 的回归系数显著为负，则表明银行持股与企业杠杆操纵程度之间的负向关系是可靠的。表 7-12 列示了被解释变量提前一期的回归结果，不难看出,列(1)至列(3)中银行持股(BC)的回归系数均显著为负,证明本节基准回归的研究结论是稳健的。

表 7-12 被解释变量提前一期的回归结果

变量	(1) F_LEVM	(2) F_LEVM	(3) F_LEVM
BC	-0.002**	-0.003***	-0.003***
	(-2.300)	(-2.844)	(-2.967)
LEV		0.172***	0.211***
		(13.208)	(14.194)
SIZE		0.000	-0.004
		(-0.213)	(-1.593)
SOE		-0.004	-0.007
		(-0.982)	(-1.426)
ROA		0.021	0.061
		(0.481)	(1.369)
CFO		0.035	0.006
		(1.268)	(0.225)
PPE		-0.027	0.023
		(-1.215)	(0.946)
MB		-0.002***	-0.003***
		(-2.811)	(-3.872)
GROWTH		0.000***	0.000***
		(-12.869)	(-10.134)
AGE		-0.002***	-0.002***
		(-4.958)	(-5.098)
TOP		0.003	-0.005
		(0.228)	(-0.416)
INDEP		-0.001	0.009
		(-0.026)	(0.246)
BOARD		0.000	0.000
		(-0.209)	(-0.258)
Constant	0.133***	0.107**	0.143***
	(71.009)	(2.166)	(2.614)

续表

变量	(1) F_LEVM	(2) F_LEVM	(3) F_LEVM
Industry	No	No	Yes
Year	No	No	Yes
N	20 894	20 894	20 894
Adj. R^2	0.000	0.012	0.022

（3）工具变量法

银行持有企业股权可能会与杠杆操纵的特征变量相关，即研究样本可能存在自选择问题；对此，本节采用工具变量法进行两阶段回归，以排除这种可能性。具体而言，本节以滞后一期的银行持股比例（L_BC）为工具变量。表 7-13 列示了基于工具变量法的两阶段回归结果。由列（1）可知，当以银行持有股权比例为被解释变量时，工具变量（L_BC）的回归系数在 1% 的水平上显著为正；由列（2）可知，银行持有企业股权比例的回归系数在 5% 的水平上显著为负。以上结果再次证明本节基准回归结果是稳健的。

表 7-13　基于工具变量法的两阶段回归结果

变量	(1) 第一阶段回归 BC	(2) 第二阶段回归 $LEVM$
BC		−0.003**
		(−2.25)
L_BC	0.852***	
	(291.52)	
LEV	−0.030	0.184***
	(−1.09)	(15.54)
SIZE	0.009**	−0.007***
	(2.04)	(−3.87)
SOE	0.029***	−0.008*
	(3.07)	(−1.94)
ROA	−0.153**	0.153***
	(−2.02)	(4.68)

续表

变量	(1) 第一阶段回归 BC	(2) 第二阶段回归 LEVM
CFO	−0.075	−0.073***
	(−1.17)	(−2.64)
PPE	−0.085*	0.025
	(−1.89)	(1.28)
MB	0.002	−0.005***
	(0.60)	(−2.67)
GROWTH	0.000	0.000
	(−0.09)	(−0.49)
AGE	−0.001	0.000
	(−1.53)	(−0.52)
TOP	−0.053**	−0.001
	(−2.10)	(−0.11)
INDEP	−0.001	0.000
	(−0.74)	(1.09)
BOARD	−0.004	0.000
	(−1.45)	(−0.14)
Constant	−0.033	0.205***
	(−0.30)	(4.38)
Industry	Yes	Yes
Year	Yes	Yes
N	21 026	21 026
Adj. R^2	0.804	0.021

(4) 替换被解释变量

参照其他章节的做法，本节将替换被解释变量的定义，以此测试本节基准回归结果的稳健性。一方面，我们根据杠杆操纵变量的中位数对全样本进行分组，据此构建虚拟变量（LEVM_DUM），若某企业年份的杠杆操纵程度高于中位数，取值为1，否则取值为0。另一方面，参照许晓芳等（2021）的做法，采用同时包含表外负债、名股实债和会计操纵手段的杠杆操纵程度（ExpLEVMI）代替仅包含表外负债和名股实债手段的LEVM。结果如表7-14

所示，列（1）和列（2）分别是以 LEVM_DUM 和 ExpLEVMI 为被解释变量的回归结果，两个回归中解释变量（BC）的回归系数均在至少 5% 的水平上显著为负，再次验证了基准回归得出的研究结论。

表 7–14　替换被解释变量的回归结果

变量	（1） LEVM_DUM	（2） ExpLEVMI
BC	−0.021**	−0.003***
	(−2.301)	(−3.146)
LEV	1.569***	0.212***
	(17.241)	(17.213)
SIZE	−0.158***	−0.007***
	(−10.550)	(−3.572)
SOE	−0.039	−0.008**
	(−1.211)	(−2.067)
ROA	3.326***	0.635***
	(13.002)	(18.918)
CFO	2.822***	−0.567***
	(13.127)	(−19.657)
PPE	1.145***	0.063***
	(7.915)	(3.383)
MB	−0.108***	−0.005***
	(−8.335)	(−3.896)
GROWTH	0.000**	0.000***
	(2.277)	(−11.847)
AGE	−0.001	0.000
	(−0.258)	(−0.986)
TOP	−0.082	−0.004
	(−0.957)	(−0.364)
INDEP	−0.004*	0.000
	(−1.685)	(1.053)
BOARD	−0.001	0.001
	(−0.061)	(0.731)

续表

变量	(1) LEVM_DUM	(2) ExpLEVMI
Constant	2.726***	0.162***
	(7.275)	(3.376)
Industry	Yes	Yes
Year	Yes	Yes
N	27 172	27 172
Adj. R^2	0.032	0.044

7.3.2.4 银企关联对企业杠杆操纵的作用机制检验

根据本章研究假说 H2，建立银企关联会缓解企业融资约束，从而抑制企业管理层的杠杆操纵动机。相应地，本节采用 FC 指数衡量企业的融资约束程度，该变量取值越大，表明企业面临的融资约束程度越高。为了检验银企关联是否通过缓解企业融资约束而抑制企业的杠杆操纵行为，本节借鉴温忠麟（2004）的方法，构建以下中介模型来检验这一机制。

$$FC_{i,t} = \alpha_0 + \alpha_1 BC_{i,t} + \alpha_2 Controls_{i,t} + Year + Industry + \varepsilon \tag{7-3}$$

表 7-15 报告了银企关联对企业杠杆操纵行为治理的融资约束机制检验结果。列（2）显示 BC 和 FC 之间的系数为负，表明银行持股企业比例越高，企业的融资约束程度越低。列（3）显示 BC 和 LEVM 之间的系数为-0.003 且在 1%的水平上显著，FC 和 LEVM 之间的系数为 0.023 且在 10%的水平上显著，表明银企关联通过缓解企业融资约束从而抑制企业的杠杆操纵行为的这一机制是间接中介机制，这意味着融资约束机制仅是银企关系抑制杠杆操纵的机制之一，银企关联可以直接对企业的杠杆操纵行为产生影响。综上所述，银行持股企业通过缓解企业融资约束抑制杠杆操纵的机制得以验证。

表 7-15 基于融资约束机制的回归结果

变量	(1) LEVM	(2) FC	(3) LEVM
BC	-0.003***	-0.001**	-0.003***
	(-3.097)	(-2.107)	(-3.060)
LEV	0.206***	-0.315***	0.214***
	(17.062)	(-44.469)	(17.748)

续表

变量	(1) LEVM	(2) FC	(3) LEVM
SIZE	-0.008***	-0.173***	-0.004
	(-3.862)	(-154.268)	(-1.100)
SOE	-0.008**	-0.009***	-0.008**
	(-2.266)	(-5.147)	(-2.205)
ROA	0.173***	0.398***	0.164***
	(5.059)	(21.909)	(4.687)
CFO	-0.078***	-0.211***	-0.073***
	(-2.773)	(-15.831)	(-2.587)
PPE	0.050***	0.085***	0.048***
	(2.719)	(9.551)	(2.609)
MB	0.018**	0.152***	0.014*
	(2.106)	(29.923)	(1.649)
GROWTH	0.000***	0.000***	0.000***
	(-9.256)	(4.880)	(-9.275)
AGE	0.000	-0.002***	0.000
	(-1.294)	(-15.528)	(-1.116)
TOP	-0.007	-0.060***	-0.006
	(-0.695)	(-12.492)	(-0.557)
INDEP	0.000	0.001***	0.000
	(1.080)	(7.220)	(1.003)
BOARD	0.001	0.001	0.001
	(0.663)	(1.636)	(0.646)
FC			0.023*
			(1.702)
Constant	0.165***	4.251***	0.067
	(3.433)	(167.171)	(0.834)
Industry	Yes	Yes	Yes
Year	Yes	Yes	Yes
N	27 172	27 172	27 172
Adj. R^2	0.022	0.793	0.022

7.3.2.5 进一步分析

(1) 产权性质、银企关联与企业杠杆操纵

考虑到我国特殊的制度背景,国有企业和非国有企业所面临的融资约束程度天然存在差异,故本节将全样本分为非国有企业子样本和国有企业子样本,继而进行分组回归,结果见表7-16。在列(1)和列(2)中,企业杠杆操纵程度对银行持有企业的股权比例(BC)的回归系数分别是-0.001和-0.003,但仅国有企业子样本在1%的水平上显著,说明银行股东对国有企业杠杆操纵的抑制作用更加显著。换言之,银行股东的引入能够在国有企业治理中发挥一定的作用。

究其原因,银行持有非国有企业股权通常是以产业基金等主动持股的方式参与的,此时银行股东的流动性大,其参与治理的动机也相对较弱。陆正飞等(2015)研究发现国有企业在短期内更容易产生融资约束,即国有企业利息覆盖率更可能低于警戒线。但由于隐形担保的存在,这种融资约束问题可以通过获取银行贷款得以解决。然而,随着利率上限放开、打破预算软约束等的推进,国有企业的短期债务风险凸显,此时引入银行股东通常是通过债转股等方式进行的。银行为了避免受到损失,通常有更大的动机去积极参与公司治理。特别地,在当前"市场化债转股"的制度背景下,银行可以主动选择优质标的进行投资(持股)并参与治理,从而有效提升企业的公司治理水平。因此,银企关联对企业杠杆操纵行为的抑制作用在国有企业表现得更为明显。

表7-16 基于企业产权性质的分组回归结果

变量	(1) 非国有企业 LEVM	(2) 国有企业 LEVM
BC	-0.001	-0.003***
	(-0.520)	(-3.599)
LEV	0.231***	0.170***
	(14.581)	(8.704)
SIZE	-0.017***	0.004
	(-6.908)	(1.261)
ROA	0.252***	-0.023
	(6.670)	(-0.301)

续表

变量	（1） 非国有企业 LEVM	（2） 国有企业 LEVM
CFO	-0.080**	-0.062
	(-2.230)	(-1.376)
PPE	0.090***	-0.031
	(4.342)	(-0.835)
MB	0.029***	-0.011
	(2.766)	(-0.784)
GROWTH	0.000***	-0.003
	(-7.620)	(-1.543)
AGE	0.000	0.000
	(-1.106)	(-0.552)
TOP	0.005	-0.022
	(0.380)	(-1.311)
INDEP	0.000	0.000
	(0.867)	(-0.241)
BOARD	0.000	0.001
	(-0.253)	(0.334)
Constant	0.318***	0.054
	(5.144)	(0.699)
Industry	Yes	Yes
Year	Yes	Yes
N	16 045	11 127
Adj. R^2	0.027	0.025

（2）银行借款特征、银企关联与企业杠杆操纵

由于我国企业的债务融资以银行借款为主，且银行借款规模和借款期限与企业面临的融资约束密切相关，因此，本部分将分别根据银行借款比例（等于银行借款期末余额除以总资产）和短期借款依赖程度（等于短期借款与一年内到期的长期借款之和除以总资产）对全样本进行分组，表7-17报告了分组回归结果。在列（1）和列（2）中，银行对企业的持股比例（BC）与企

业杠杆操纵的回归系数分别是0.000和-0.004，且仅银行贷款比例高的子样本在1%的水平上显著，说明银行股东对高债务融资的企业杠杆操纵抑制作用更强。这表明银行股东的引入能够在高债务融资企业中发挥一定的治理作用。银行借款占比高的企业通常具有更高的债务负担和融资意愿，进而具有更强的杠杆操纵动机。银行股东的引入一方面可以缓解企业的债务压力，从而降低企业的杠杆操纵动机；另一方面可以使银行了解企业的真实财务状况，从而保证银行契约治理的实现，避免股东和管理层利用信息不对称侵占债权人利益。因此，银企关系对企业杠杆操纵行为的抑制作用主要体现在债务融资比重偏高的企业。

类似地，在列（3）和列（4）中，银行对企业的持股比例（BC）的回归系数分别为0.000和-0.004，且仅短期贷款依赖度高的企业在1%的水平上显著，说明银行股东对短期贷款依赖度高的企业杠杆操纵的抑制作用更加显著。一般而言，由于银行能够在较短时间内收回短期贷款，与长期贷款相比能够降低监管成本和信用风险。而从企业角度看，过度依赖短期借款的企业更有可能采取激进的筹资政策（比如短贷长用），其资产的流动性往往更低，为了防止资金链断裂，企业会更有可能采取杠杆操纵等方式获取信贷融资。因此，银行股东会更加关注短期贷款依赖度高的企业，进而能有效抑制该类企业的杠杆操纵行为。

表7-17 基于银行借款特征的分组回归结果

变量	（1）银行借款比例低 LEVM	（2）银行借款比例高 LEVM	（3）短期借款依赖度低 LEVM	（4）短期借款依赖度高 LEVM
BC	0.000	-0.004***	0.000	-0.004***
	(-0.192)	(-3.917)	(-0.061)	(-3.929)
LEV	-0.006	0.337***	0.038***	0.307***
	(-0.551)	(13.075)	(2.792)	(13.106)
SIZE	-0.001	-0.014***	-0.001	-0.011***
	(-0.569)	(-4.004)	(-0.483)	(-3.280)
SOE	-0.010***	-0.002	-0.007*	-0.005
	(-2.952)	(-0.317)	(-1.710)	(-0.879)
ROA	0.223***	0.211***	0.184***	0.219***
	(7.027)	(3.732)	(5.294)	(4.073)

续表

变量	(1) 银行借款比例低 LEVM	(2) 银行借款比例高 LEVM	(3) 短期借款依赖度低 LEVM	(4) 短期借款依赖度高 LEVM
CFO	0.108***	−0.238***	0.115***	−0.230***
	(4.035)	(−4.855)	(4.140)	(−4.823)
PPE	0.076***	0.041	0.044**	0.043
	(4.276)	(1.242)	(2.071)	(1.283)
MB	0.031***	0.003	0.035***	0.001
	(3.991)	(0.180)	(3.882)	(0.088)
GROWTH	0.000	0.000***	0.000***	−0.001
	(−0.766)	(−7.784)	(−8.386)	(−1.335)
AGE	0.001***	−0.002***	0.001***	−0.002***
	(4.557)	(−4.003)	(2.731)	(−3.439)
TOP	−0.001	−0.011	0.005	−0.019
	(−0.113)	(−0.567)	(0.443)	(−1.108)
INDEP	0.000	0.001	0.000	0.001*
	(−0.876)	(1.514)	(−1.145)	(1.716)
BOARD	0.000	0.001	−0.001	0.002
	(−0.323)	(0.702)	(−0.799)	(1.113)
Constant	0.037	0.267***	0.088	0.200**
	(0.795)	(3.247)	(1.622)	(2.489)
Industry	Yes	Yes	Yes	Yes
Year	Yes	Yes	Yes	Yes
N	13 588	13 584	13 594	13 573
Adj. R^2	0.029	0.024	0.025	0.024

(3) 金融市场化程度、银企关系与企业杠杆操纵

一般说来，企业所在地区的金融市场越发达，资金配置效率越高，则相关企业的融资成本越低，面临的融资约束也就越小；可见，企业所在地的金融市场化程度可能会影响银行持股对企业杠杆操纵的影响。表7-18列示了基于企业所在地金融市场化程度进行分组的回归结果。在列（1）和列（2）中，银行对企业的持股比例（BC）的回归系数分别为−0.003和−0.002，但

仅有金融市场化程度低的样本组在1%的水平上显著,说明银行股东对企业杠杆操纵的抑制作用在金融市场化程度低的地区更强。究其原因,企业所在地区的金融市场化程度越低,则企业的融资途径越单一,同时企业面临的外部监管环境也更为宽松,从而具有更强的杠杆操纵动机。相应地,银行股东的引入一定程度上可以缓解资金供给方与企业(管理层)之间的信息不对称,同时也能增强企业管理层对于杠杆操纵行为所蕴含的风险感知,从而降低企业杠杆操纵程度。因此,银企关联对企业杠杆操纵的抑制作用在金融市场化程度较低的地区表现得更加明显。

表7-18 基于企业所在地金融市场化程度的分组回归结果

变量	(1) 金融市场化程度低 LEVM	(2) 金融市场化程度高 LEVM
BC	-0.003***	-0.002
	(-2.959)	(-0.588)
LEV	0.220***	0.202***
	(10.433)	(10.012)
SIZE	-0.005	-0.014***
	(-1.389)	(-3.997)
SOE	-0.004	-0.019***
	(-0.677)	(-3.165)
ROA	0.144**	0.239***
	(2.321)	(4.180)
CFO	-0.085*	-0.107**
	(-1.874)	(-2.308)
PPE	0.095***	0.029
	(3.786)	(0.906)
MB	-0.008	0.018
	(-0.532)	(1.180)
GROWTH	-0.001	0.000***
	(-1.294)	(-8.295)
AGE	-0.001*	0.000
	(-1.812)	(-0.380)

续表

变量	(1) 金融市场化程度低 LEVM	(2) 金融市场化程度高 LEVM
TOP	-0.012	-0.005
	(-0.742)	(-0.329)
INDEP	0.000	0.000
	(0.266)	(0.662)
BOARD	0.003	-0.002
	(1.367)	(-1.075)
Constant	0.072	0.365***
	(0.991)	(3.884)
Industry	Yes	Yes
Year	Yes	Yes
N	9 671	9 669
Adj. R^2	0.030	0.024

7.3.3 银行数字化转型与企业杠杆操纵

7.3.3.1 描述性统计

本节主要变量的描述性统计如表 7-19 所示。被解释变量均值为 0.120，与已有研究相似，标准差为 0.211，说明不同企业的杠杆操纵程度存在较大差异。主要解释变量均值为 40.2，标准差为 18.944，波动较大，说明不同上市公司受银行数字化转型的影响不同。最小值为 2，代表在本章的样本数据中尚未观测到未受银行数字化转型影响的企业。其他控制变量的取值范围及波动性与已有研究差异较小，说明了本章数据选取的合理性。

表 7-19 主要变量的描述性统计

变量符号	观测值	平均值	标准差	最小值	P25	中位数	P75	最大值
LEVM	9 421	0.120	0.211	0.000	0.000	0.048	0.169	2.031
BankDigit	9 421	40.200	18.944	2.000	23.800	40.000	54.800	93.000
SIZE	9 421	22.354	1.158	20.191	21.498	22.231	23.058	25.707
LEV	9 421	0.462	0.187	0.101	0.318	0.457	0.593	0.899

续表

变量符号	观测值	平均值	标准差	最小值	P25	中位数	P75	最大值
AGE	9 421	2.958	0.298	2.079	2.773	2.996	3.178	3.526
ROA	9 421	0.032	0.064	-0.265	0.011	0.033	0.063	0.197
CFO	9 421	0.134	0.092	0.010	0.067	0.113	0.176	0.453
BOARD	9 421	2.111	0.196	1.609	1.946	2.197	2.197	2.639
INDEP	9 421	0.378	0.055	0.333	0.333	0.364	0.429	0.600
SOE	9 421	0.331	0.471	0.000	0.000	0.000	1.000	1.000
TOP	9 421	0.330	0.142	0.091	0.221	0.305	0.421	0.728
PPE	9 421	0.204	0.150	0.002	0.086	0.174	0.293	0.660
GROWTH	9 421	0.185	0.396	-0.523	-0.018	0.115	0.288	2.287

7.3.3.2 基准回归

为验证假说 H3，我们对计量模型进行了回归，表 7-20 报告了基准回归结果。未加入控制变量时，列（1）银行数字化转型（BankDigit）的回归系数在 5% 的水平上显著为负，说明随着银行数字化转型，企业的杠杆操纵程度有所下降，初步验证了本章的推断。列（2）至列（4）加入其他变量后，主要解释变量的系数仍然保持在 5% 的水平上显著为负。以上结果表明，在通过逐步回归法控制了影响杠杆操纵程度的其他相关变量后，银行数字化转型对杠杆操纵行为均能够发挥显著的治理作用。上述结果说明，银行数字化转型能够抑制企业的杠杆操纵行为，对其产生治理作用，假说 H3 得到验证。

表 7-20 基准回归结果

变量	(1) LEVM	(2) LEVM	(3) LEVM	(4) LEVM
BankDigit	-0.000 5**	-0.000 5**	-0.000 5**	-0.000 4**
	(-2.18)	(-2.07)	(-2.04)	(-2.01)
SIZE		-0.018 4**	-0.016 8**	-0.016 2**
		(-2.49)	(-2.22)	(-2.13)
LEV		0.115 3***	0.098 5***	0.096 4***
		(3.47)	(2.90)	(2.84)
AGE		0.020 6	0.013 9	0.008 7
		(0.28)	(0.19)	(0.12)

续表

变量	(1) LEVM	(2) LEVM	(3) LEVM	(4) LEVM
ROA		0.067 9	0.101 2*	0.106 9*
		(1.28)	(1.81)	(1.91)
Cash			-0.126 7***	-0.125 2***
			(-3.49)	(-3.45)
PPE				0.019 9
				(0.61)
GROWTH				0.167 9
				(1.42)
BOARD				0.022 5
				(1.19)
INDEP				-0.014 0
				(-0.29)
SOE			-0.005 4	-0.006 6
			(-0.11)	(-0.14)
TOP			-0.008 8	-0.008 6
			(-1.27)	(-1.25)
Constant	0.139 8***	0.432 9*	0.443 7*	0.337 8
	(15.00)	(1.76)	(1.77)	(1.31)
Industry	Yes	Yes	Yes	Yes
Year	Yes	Yes	Yes	Yes
N	9 421	9 421	9 421	9 421
Adj. R^2	0.230	0.232	0.233	0.233

7.3.3.3 稳健性检验

(1) 样本选择偏误

前文述及，本章的银行数字化转型指数基于上市公司数字化转型指数构造，因此非上市银行并未在本章考虑范围内，这可能造成一定的样本选择偏误问题，即我们无法证明那些非上市银行不存在数字化转型，而关于它们的数字化转型程度我们无法搜集到具体数据，导致本章使用的回归数据可能存在选择偏差。为此，我们使用 Heckman 检验减弱该内生性问题造成的影响。具体地，使用一般研究中常用的数字基础设施建设作为第一阶段的外生变量，对是否存在银行数字化转型程度（Dummy_BankDigit）进行 Probit 回归并计算其逆米尔斯比率,接着将其代入第二阶段重新进行 FE 回归。需要进一步说明的是,数字基础设施建设使用"宽带中国"政策试点,参考肖土盛等(2022)的研究进行构造,数字基础设施建设的推进有可能促进银行的数字化转型,且政策的制定与颁布相对外生,受反向因果等问题的干扰较少。相关结果如表 7-21 所示,列(1)为数字基础设施建设对银行数字化转型哑变量的回归结果,*DID* 系数在 1% 的水平上显著为正,说明受数字基础设施建设影响,银行的数字化转型概率更高,我们的理论与其保持一致。列(2)为将逆米尔斯比例代入控制变量的回归结果,主要解释变量 *BankDigit* 系数保持在 5% 的水平上显著为负,说明在减弱了样本选择偏误对本章估计结果的干扰后,基准回归结果依然稳健。

(2)反向因果的排除

本章有可能存在反向因果问题,即随着企业杠杆操纵程度的加剧,银行不得不进行数字化转型来应对。因此,仅使用连续变量对银行数字化转型进行衡量无法排除反向因果,因而本节进一步构造了外生冲击解决该内生性问题。具体地,参考肖土盛等(2022)的研究,以"宽带中国"为代表的数字基础设施建设为外生冲击事件,用以衡量影响银行数字化转型的外生变量。多期双重差分的结果如表 7-21 列(3)所示,*DID* 的系数在 5% 的水平上显著为负,代表影响银行数字化转型的数字基础设施建设显著减少了企业的杠杆操纵,说明本章基准回归结果所面临的反向因果问题较小。

(3)替换被解释变量

由于企业的杠杆操纵手段包括但不限于表外负债和名股实债,为了全面揭示机构投资者对企业杠杆操纵的影响,我们还使用扩展的 XLT-LEVM 法下的直接法计算出新的杠杆操纵程度指标(*ExpLEVM*)并将其作为被解释变量进行回归。相关结果如表 7-21 列(4)所示,在加入控制变量后,解释变量(*BankDigit*)的系数依然在 5% 的水平上显著为负,说明被解释变量的不同定义对结果造成的干扰较小,证明了本节基准回归结果的稳健性。

表 7-21 稳健性检验结果

变量	样本选择偏误		反向因果	替换被解释变量
	(1) 第一阶段回归	(2) 第二阶段回归	(3)	(4)
	Dummy_BankDigit	LEVM	LEVM	ExpLEVM
DID	0.109 7***		-0.034 6**	
	(6.11)		(-2.10)	

续表

	样本选择偏误		反向因果	替换被解释变量
	(1) 第一阶段回归	(2) 第二阶段回归	(3)	(4)
变量	$Dummy\_BankDigit$	$LEVM$	$LEVM$	$ExpLEVM$
$BankDigit$		−0.000 5**		−0.000 5**
		(−2.03)		(−2.10)
imr		0.521 3**		
		(2.45)		
$SIZE$	−0.051 0***	−0.031 1***	−0.016 9**	−0.008 7
	(−6.03)	(−3.10)	(−2.19)	(−1.11)
LEV	0.611 2***	0.306 0***	0.097 0***	0.085 6**
	(10.63)	(3.19)	(2.74)	(2.47)
AGE	−0.094 7***	−0.031 9	0.007 6	0.010 0
	(−3.15)	(−0.38)	(0.10)	(0.13)
ROA	−0.390 3**	−0.019 2	0.108 0**	0.506 2***
	(−2.48)	(−0.26)	(2.00)	(8.97)
CFO	−0.676 3***	−0.360 3***	−0.127 4***	−0.194 5***
	(−7.07)	(−3.37)	(−3.45)	(−5.09)
$BOARD$	−0.110 8*	−0.019 7	0.020 5	0.020 9
	(−1.93)	(−0.59)	(0.66)	(0.64)
$INDEP$	0.058 9	0.188 2	0.164 4	0.178 6
	(0.30)	(1.63)	(1.44)	(1.47)
SOE	−0.101 2***	−0.011 5	0.023 6	0.021 2
	(−4.86)	(−0.49)	(1.23)	(1.11)
TOP	−0.316 4***	−0.124 9*	−0.016 8	−0.012 4
	(−5.04)	(−1.75)	(−0.34)	(−0.25)
PPE	−0.502 9***	−0.175 3**	−0.005 6	0.000 8
	(−8.55)	(−2.01)	(−0.11)	(0.02)
$GROWTH$	0.065 4***	0.013 6	−0.008 5	−0.016 5**
	(3.13)	(1.33)	(−1.30)	(−2.27)
$Constant$	1.459 2***	0.415 6	0.360 4	0.163 8

续表

变量	样本选择偏误		反向因果	替换被解释变量
	(1) 第一阶段回归	(2) 第二阶段回归	(3)	(4)
	Dummy_BankDigit	LEVM	LEVM	ExpLEVM
	(6.26)	(1.44)	(1.32)	(0.61)
Industry	Yes	Yes	Yes	Yes
Year	Yes	Yes	Yes	Yes
N	22 094	9 421	9 421	9 421
Pseudo R^2/Adj. R^2	0.018	0.234	0.234	0.229

7.3.3.4 进一步分析

(1) 提高信贷资源配置效率

现实中大多数企业有外部融资需求，而不论是债务融资还是股权融资，都会对企业的杠杆率做出一定限制，为缓解融资约束，企业有动力通过杠杆操纵来降低对外披露的资产负债率；与此同时，银行数字化转型能够更加精确地评估企业的贷款实力，避免信息不对称引起的信贷风险规避行为，增加信贷匹配进而减少应贷未贷的业务流失，有助于企业从信贷机构获取资金。因此，我们认为银行数字化转型能够增加信贷匹配、缓解企业所面临的融资约束，从根源上减弱企业的杠杆操纵动机。为验证该推测，我们使用大多数研究中常用的 KZ 指数衡量企业的融资约束程度，KZ 指数越大，代表企业面临的融资约束程度越高，结果如表 7-22 列（1）至列（3）所示。

列（1）为银行数字化转型与融资约束的回归结果，主要解释变量在 10% 的水平上显著为负，说明银行数字化转型有助于企业融资约束的降低；列（2）为融资约束与企业杠杆操纵的回归结果，机制变量在 5% 的水平上显著为正，说明融资约束的增加会导致杠杆操纵的增加，与现有文献对杠杆操纵动机的解释保持一致（卿小权等，2023）；列（3）为将融资约束代入控制变量的回归结果，主要解释变量与机制变量均保持显著，代表渠道效应成立。以上结果表明，银行数字化转型能够缓解企业面临的融资约束程度，进而抑制其杠杆操纵行为，银行数字化转型可从信贷资金的输出端口解决企业的杠杆操纵问题。

(2) 强化契约治理

银行作为资本市场上的逐利主体，其经营业务为承担企业的破产风险并贷出资金，收取借款利息并兼顾信贷风险的管控与治理。信贷配给理论与相机治理理论均强调了信贷机构对于企业的治理作用。而企业的经营风险不仅影响到企业的生存与成长，也关乎银行是否能够如期取得贷款本金与利息，维持信贷机构自身的运作。企业经营风险较高可能造成内源融资不足与断档风险，进而迫使企业进行杠杆操纵以稳定资金链。随着数字化转型升级，银行可通过数字技术对企业经营业务等进行精确评估，通过信贷契约形成与企业的有效链接，并因信贷机构自身的风险规避属性规范企业的经营业务，有可能强化契约治理效果、降低企业的经营风险，从而减少其杠杆操纵行为。为验证以上推测，我们使用一般研究中常用的企业利润率近三年的标准差衡量经营风险，相关结果如表7-22列（4）至列（6）所示。

列（4）为银行数字化转型与经营风险的回归结果，主要解释变量在10%的水平上显著为负，说明银行数字化转型有助于降低企业的经营风险，提升其经营水平，这将有助于扩大企业的内源融资规模。列（5）为经营风险与企业杠杆操纵的回归结果，机制变量在5%的水平上显著为正，说明经营风险的增加会导致杠杆操纵的增加，因为收入的不稳定可能需要企业进行更多的资金储备，因此企业会采用杠杆操纵的手段美化债务信息。列（6）为将经营风险代入控制变量的回归结果，主解释变量与机制变量的回归系数均保持显著，代表研究假说H3对应的作用机制成立。以上结果表明，银行数字化转型一定程度上能够降低企业面临的经营风险，进而降低其杠杆操纵程度。

表7-22　机制检验回归结果

	增强信贷匹配			强化契约治理		
	(1)	(2)	(3)	(4)	(5)	(6)
变量	KZ	LEVM	LEVM	Risk	LEVM	LEVM
BankDigit	-0.002 0*		-0.000 4*	-0.000 1*		-0.000 4*
	(-1.90)		(-1.94)	(-1.81)		(-1.92)
KZ		0.005 9**	0.005 8**			
		(2.47)	(2.42)			
Risk					0.247 4**	0.243 4**
					(2.42)	(2.38)
SIZE	-0.310 7***	-0.015 0*	-0.014 4*	-0.001 8	-0.016 3**	-0.015 8**
	(-6.93)	(-1.92)	(-1.84)	(-1.16)	(-2.11)	(-2.02)
LEV	5.013 2***	0.067 2*	0.067 3*	0.008 4	0.094 9***	0.094 4***
	(29.82)	(1.75)	(1.75)	(1.24)	(2.65)	(2.64)

续表

	增强信贷匹配			强化契约治理		
	(1)	(2)	(3)	(4)	(5)	(6)
变量	KZ	LEVM	LEVM	Risk	LEVM	LEVM
AGE	0.2563	0.0096	0.0072	0.0149	0.0074	0.0051
	(0.70)	(0.12)	(0.09)	(1.13)	(0.09)	(0.07)
ROA	-3.8324***	0.1317**	0.1292**	-0.1585***	0.1481***	0.1455***
	(-13.77)	(2.39)	(2.34)	(-16.07)	(2.70)	(2.66)
CFO	-6.9917***	-0.0845**	-0.0846**	-0.0181***	-0.1216***	-0.1208***
	(-28.99)	(-2.09)	(-2.09)	(-2.85)	(-3.32)	(-3.28)
BOARD	-0.0507	0.0217	0.0202	0.0019	0.0209	0.0194
	(-0.36)	(0.70)	(0.65)	(0.31)	(0.68)	(0.63)
INDEP	0.1044	0.1687	0.1673	0.0373**	0.1600	0.1588
	(0.23)	(1.46)	(1.45)	(2.53)	(1.39)	(1.38)
SOE	-0.0014	0.0230	0.0225	-0.0017	0.0234	0.0229
	(-0.02)	(1.20)	(1.17)	(-0.52)	(1.21)	(1.18)
TOP	-0.3752	-0.0135	-0.0118	-0.0397***	-0.0058	-0.0043
	(-1.42)	(-0.28)	(-0.24)	(-5.09)	(-0.12)	(-0.09)
PPE	0.4892**	-0.0103	-0.0094	-0.0196**	-0.0025	-0.0018
	(2.22)	(-0.21)	(-0.19)	(-2.57)	(-0.05)	(-0.04)
GROWTH	-0.2584***	-0.0069	-0.0071	0.0004	-0.0086	-0.0087
	(-5.93)	(-1.04)	(-1.06)	(0.29)	(-1.32)	(-1.34)
Constant	6.7139***	0.2835	0.2988	0.0342	0.3151	0.3295
	(4.49)	(1.04)	(1.10)	(0.67)	(1.16)	(1.21)
Industry	Yes	Yes	Yes	Yes	Yes	Yes
Year	Yes	Yes	Yes	Yes	Yes	Yes
N	9421	9421	9421	9421	9421	9421
Adj. R^2	0.763	0.233	0.234	0.495	0.234	0.234

7.3.3.5 异质性检验

假说 H3 提及，银行数字化转型有助于增强信贷机构的治理能力，并且能与资本市场对外开放所引进的境外投资者形成合力,共同对企业的杠杆操纵行为进行治理。一方面,若银行数字化转型提高了信贷机构对企业杠杆操纵的治理能力,则应在事前与事中观测到显著的治理效果,即在企业管理层机会主义倾向更高的样本组中,银行数字化转型与企业杠杆操纵的负相关关系更加显著。另一方面,若信贷市场的银行数字化转型与权益市场的对外开放能够发挥协同治理效果,则银行数字化转型与企业杠杆操纵的负相关关系应在资本市场对外开放之后更加显著。为验证以上预测,本部分使用税后利润与折旧摊销之和减去企业资本支出并除以总资产来衡量企业的机会主义程度,接着根据行业年份的中位数进行分组;此外,以"沪深港通"政策代表资本市场对外开放,使用是否沪深港通标的企业哑变量与政策实施哑变量构建交乘项,据此对样本进行分组,以考察银行数字化转型与企业杠杆操纵之间的关系是否受沪深港通政策的影响。

分组回归结果如表 7-23 所示。其中列(1)为机会主义程度较高的样本组的回归结果,主解释变量的系数在1%的水平上显著为负,而列(2)所示机会主义程度较低的样本组的系数不显著,说明银行数字化转型在机会主义程度较高的样本组更能发挥治理效果,这就进一步印证了银行数字化转型能够提高信贷机构对企业杠杆操纵的治理能力的推测。列(3)至列(4)为是否受沪深港通影响的回归结果,在受沪深港通影响的样本组中,主解释变量的系数在5%的水平上显著为负,而不受该政策影响的样本组中主解释变量的系数并不显著,表明从事后来看,资本市场对外开放有助于加强银行数字化转型对企业杠杆操纵的治理效果。可能的原因在于,资本市场对外开放引入了更富有管理经验的境外投资者,这可与银行数字化转型的治理作用形成协同效应,共同抑制企业的杠杆操纵行为。

表 7-23 异质性检验回归结果

变量	机会主义程度高 (1) LEVM	机会主义程度低 (2) LEVM	沪深港通 (3) LEVM	非沪深港通 (4) LEVM
BankDigit	−0.001 2***	−0.000 2	−0.001 0**	−0.000 2
	(−2.58)	(−0.83)	(−2.26)	(−0.80)
SIZE	−0.015 8	0.006 4	−0.042 6***	−0.010 9
	(−1.07)	(0.54)	(−3.13)	(−0.92)
LEV	0.103 7*	0.107 4**	0.015 8	0.138 7***
	(1.65)	(2.04)	(0.30)	(3.08)

续表

变量	机会主义程度高 (1) LEVM	机会主义程度低 (2) LEVM	沪深港通 (3) LEVM	非沪深港通 (4) LEVM
AGE	0.014 1	-0.113 3	-0.095 4	0.007 5
	(0.14)	(-0.83)	(-0.75)	(0.07)
ROA	0.403 8**	-0.062 2	0.184 6**	0.063 7
	(2.46)	(-0.75)	(2.32)	(0.96)
CFO	-0.131 9**	-0.108 5*	-0.065 3	-0.152 1***
	(-2.43)	(-1.78)	(-1.11)	(-3.14)
BOARD	0.027 5	0.052 5	0.048 2	-0.002 7
	(0.66)	(0.82)	(0.89)	(-0.08)
INDEP	0.226 2	0.299 5	0.237 5	0.096 7
	(1.23)	(1.44)	(1.27)	(0.81)
SOE	-0.009 1	0.059 3*	0.018 3	0.023 4
	(-0.49)	(1.88)	(0.97)	(0.92)
TOP	-0.144 6*	0.062 3	0.141 3**	-0.068 1
	(-1.71)	(0.83)	(2.37)	(-0.96)
PPE	-0.051 7	0.014 4	-0.050 6	0.016 1
	(-0.61)	(0.20)	(-0.64)	(0.23)
GROWTH	-0.011 2	-0.003 3	-0.005 6	-0.008 5
	(-1.21)	(-0.27)	(-0.54)	(-1.00)
Constant	0.357 0	0.010 0	1.191 4***	0.283 9
	(0.86)	(0.02)	(2.71)	(0.68)
Industry	Yes	Yes	Yes	Yes
Year	Yes	Yes	Yes	Yes
N	4 562	4 859	2 794	6 627
Adj. R^2	0.242	0.200	0.322	0.250

7.3.4 审计师对企业杠杆操纵的治理作用

7.3.4.1 描述性统计

本节主要变量的描述性统计如表7-24所示。可以看出，杠杆操纵类关键审计事项数最小为0，最大为2，均值为0.351，且不同公司年份间的差异较大。杠杆操纵程度（$LEVM$）的均值为0.134，平均意义上而言，企业利用各类操纵手段使杠杆率下降了13.4%，这与许晓芳等（2020）基于2007—2017年上市公司数据的测算结果较为接近。此外，从各变量的标准差可以看出，本章所选变量在不同公司年份上存在较大差异，样本辨识度较好。

表7-24 主要变量的描述性统计

变量	观测值	平均值	最小值	中位数	最大值	标准差
KAM_levm	18 725	0.351	0.000	0.000	2.000	0.537
LEVM	18 725	0.134	0.000	0.040	1.977	0.271
SIZE	18 725	0.131	−0.110	0.044	2.030	0.278
AGE	18 725	22.446	20.047	22.271	26.415	1.299
LEV	18 725	2.965	2.197	2.996	3.555	0.291
ROA	18 725	0.447	0.086	0.438	0.912	0.194
LIQUID	18 725	0.017	−0.146	0.018	0.107	0.036
QUICK	18 725	0.267	0.013	0.251	0.711	0.156
GROWTH	18 725	1.591	0.202	1.189	8.080	1.346
SOE	18 725	0.065	−1.430	0.098	0.724	0.299
TOP	18 725	0.328	0.000	0.000	1.000	0.470
INDEP	18 725	0.476	0.180	0.466	0.850	0.150
BOARD	18 725	0.378	0.333	0.364	0.571	0.054
BIG4	18 725	2.109	1.609	2.197	2.639	0.195
OPINION	18 725	0.062	0.000	0.000	1.000	0.241
LNFEE	18 725	0.045	0.000	0.000	1.000	0.208

7.3.4.2 基准回归

表7-25报告了关键审计事项对杠杆操纵的回归结果。其中，列（1）为加入控制变量前的回归结果，杠杆操纵（$LEVM$）的回归系数在1%的水平上

显著为正，初步验证了本章的推测；列（2）为控制行业年份后的回归结果，杠杆操纵（LEVM）的回归系数在1%的水平上显著为正，表明上市的杠杆操纵程度越大，则杠杆操纵类关键审计事项披露越多。列（3）为加入企业特征的控制变量后的回归结果，杠杆操纵（LEVM）的回归系数在5%的水平上显著为正。综上可见，杠杆操纵会增加杠杆操纵类关键审计事项披露，说明审计师对企业杠杆操纵起到了监管作用，即本章假说H4得到验证。

表7-25 基准回归结果

变量	（1）KAM_levm	（2）KAM_levm	（3）KAM_levm
LEVM	0.055***	0.052***	0.029**
	(3.54)	(3.57)	(2.02)
SIZE			0.025***
			(4.57)
AGE			-0.011
			(-0.82)
LEV			0.048
			(1.51)
ROA			-1.135***
			(-8.03)
LIQUID			0.011
			(0.37)
QUICK			-0.016***
			(-4.28)
GROWTH			0.007
			(0.48)
SOE			0.040***
			(4.14)
TOP			0.069**
			(2.40)
INDEP			0.285***
			(3.26)

续表

变量	(1) KAM_levm	(2) KAM_levm	(3) KAM_levm
BOARD			0.134***
			(5.20)
BIG4			0.109***
			(5.81)
OPINION			−0.017
			(−0.78)
LNFEE			0.006
			(0.66)
Constant	0.343***	0.169***	−0.854***
	(78.15)	(4.54)	(−6.40)
Industry FE	No	Yes	Yes
Year FE	No	Yes	Yes
N	18 725	18 725	18 725
Adj. R^2	0.001	0.096	0.122

7.3.4.3 稳健性检验

（1）替换解释变量

在基准回归中，本章采用基本法下计算的杠杆操纵作为解释变量。在此，我们选择考虑会计手段的扩展法下的杠杆操纵作为解释变量，重新进行基准回归检验。从表7-26列（1）、列（2）的结果可以看出，在替换解释变量后，杠杆操纵仍然会提高关键审计事项披露的充分性，增加杠杆操纵类关键审计事项的披露。

（2）替换被解释变量

在基准回归中，本章采用与杠杆操纵相关的关键审计数量作为被解释变量。在此，我们选择是否披露杠杆操纵类关键审计事项和杠杆操纵类关键审计事项占当年所有关键审计事项的占比替换原有的衡量方法，重新进行基准回归检验。从表7-26列（3）、列（4）的结果可以看出，在替换被解释变量后，杠杆操纵仍然会提高关键审计事项披露的充分性，增加杠杆操纵类关键审计事项的披露。

表 7-26　替换主要变量的稳健性检验结果

变量	(1) KAM_levm	(2) KAM_levm	(3) KAM_dum	(4) KAM_ratio
ExpLEVMI	0.043***	0.032**		
	(3.02)	(2.29)		
LEVM			0.024**	0.018***
			(2.04)	(2.74)
SIZE		0.025***	0.016***	0.007***
		(4.57)	(3.52)	(2.82)
AGE		−0.011	−0.012	0.005
		(−0.81)	(−1.01)	(0.75)
LEV		0.048	0.016	0.005
		(1.49)	(0.59)	(0.34)
ROA		−1.155***	−0.799***	−0.388***
		(−8.16)	(−6.80)	(−6.09)
LIQUID		0.009	0.071***	−0.010
		(0.33)	(2.86)	(−0.75)
QUICK		−0.016***	−0.016***	−0.010***
		(−4.27)	(−5.04)	(−5.46)
GROWTH		0.007	0.000	−0.003
		(0.50)	(0.01)	(−0.43)
SOE		0.040***	0.040***	0.028***
		(4.13)	(4.96)	(6.24)
TOP		0.069**	0.061**	0.045***
		(2.41)	(2.47)	(3.37)
INDEP		0.286***	0.251***	0.163***
		(3.26)	(3.38)	(3.96)
BOARD		0.134***	0.094***	0.071***
		(5.21)	(4.35)	(5.83)

续表

	替换解释变量		替换被解释变量	
	(1)	(2)	(3)	(4)
变量	KAM_levm	KAM_levm	KAM_dum	KAM_ratio
BIG4		0.109***	0.093***	0.073***
		(5.82)	(5.95)	(7.56)
OPINION		−0.017	−0.025	0.001
		(−0.78)	(−1.45)	(0.13)
LNFEE		0.006	0.006	−0.004
		(0.67)	(0.77)	(−1.03)
Constant	0.171***	−0.855***	−0.587***	−0.247***
	(4.59)	(−6.41)	(−5.33)	(−3.95)
Industry FE	Yes	Yes	Yes	Yes
Year FE	Yes	Yes	Yes	Yes
N	18 725	18 725	18 725	18 725
Adj. R^2	0.095	0.122	0.124	0.120

(3) 改变样本期间

如前文所述，由于A+H股公司供内地使用的审计报告在2017年1月1日起开始执行《中国注册会计师审计准则第1504号——在审计报告中沟通关键审计事项》，本章选样期间为2016—2022年。然而，沪深A股上市公司从2018年1月1日开始执行以上准则，即沪深A股上市公司需要在2017年年度审计报告中增加关键审计事项段。因此，本部分选取2017—2022年作为取样期间，重新检验了基准回归模型。从表7-27列（1）、列（2）可以看出，在更换样本期间后，本节基准回归的结果仍然显著成立，说明本节的研究结论具有一定的稳健性。

(4) 倾向得分匹配法

在进行杠杆操纵和不进行杠杆操纵的样本之间存在可观测变量的系统性偏差问题，这可能会导致回归结果存在偏误。为消除此影响，本章采用倾向得分匹配进行稳健性检验。首先，按照有无杠杆操纵行为划分处理组和对照组；其次，选择企业规模、企业年龄、名义杠杆率、资产报酬率、成长性以及董事会规模作为协变量，基于Logit模型对企业是否杠杆操纵的可能性进行预测，进而获得倾向性得分值；再次，按照倾向得分进行不可重复1∶1的最近邻匹配（匹配半径为 0.01），并对匹配后的样本进行基础回归检验。在匹配之后，两组之间的差异在匹配后得到了较大程度的消除。表 7-27 的列（3）是以匹配后样本进行基础回归的结果，可以发现杠杆操纵的系数在 5% 的水平上显著为正，说明本节基准回归的结果是稳健的。

表 7-27　改变样本期间和倾向性得分匹配法的回归结果

变量	改变样本期间 (1) KAM_levm	改变样本期间 (2) KAM_levm	倾向得分匹配 (3) KAM_levm
LEVM	0.059***	0.034**	0.047**
	(3.58)	(2.10)	(2.23)
SIZE		0.026***	0.022***
		(4.34)	(3.47)
AGE		−0.014	−0.008
		(−0.89)	(−0.49)
LEV		0.063*	0.096**
		(1.73)	(2.48)
ROA		−1.211***	−1.141***
		(−7.91)	(−7.04)
LIQUID		0.007	0.023
		(0.21)	(0.68)
QUICK		−0.019***	−0.014***
		(−4.45)	(−3.36)
GROWTH		0.009	0.017
		(0.53)	(1.03)
SOE		0.044***	0.033***
		(4.07)	(2.86)
TOP		0.079**	0.084**
		(2.48)	(2.46)
INDEP		0.299***	0.300***
		(3.04)	(2.93)
BOARD		0.147***	0.158***
		(5.07)	(5.16)

续表

变量	改变样本期间 (1) KAM_levm	(2) KAM_levm	倾向得分匹配 (3) KAM_levm
BIG4		0.102***	0.110***
		(5.03)	(4.87)
OPINION		-0.026	-0.052**
		(-1.08)	(-2.06)
LNFEE		0.000	0.009
		(0.04)	(0.84)
Constant	0.683***	-0.322**	-0.907***
	(15.54)	(-2.16)	(-5.62)
Industry FE	Yes	Yes	Yes
Year FE	Yes	Yes	Yes
N	16 582	16 582	13 556
Adj. R^2	0.056	0.084	0.120

7.3.4.4 杠杆操纵对企业创新的作用机制检验

（1）信息披露质量的机制检验

前文述及，杠杆操纵会降低企业的信息质量，进而增大相关关键审计事项的披露。对此，我们使用三步法中介模型进行机制检验。深交所和上交所每年会对上市公司的信息披露质量进行评估，并给予相应的评分等级，以此作为企业信息透明度的评价指标具有一定的权威性和客观性。参考辛清泉等（2014），本章对上深交所评级的"优秀"、"良好"、"及格"和"不及格"四个等级分别赋值为 4、3、2、1，从而构成信息评分变量，且该指标越大，则企业的信息披露质量越高。由于上交所自 2017 年才开始公布企业的信息质量评分，因此在加入信息透明度变量后该部分的样本减至 15 207 个观测值。

从表 7-28 列（1）的回归结果可以看出，杠杆操纵会提高关键审计事项披露的充分性。列（2）结果显示，杠杆操纵会降低企业的信息质量。在基准回归中加入会计信息质量后，列（3）结果表明，会计信息质量越高，则杠杆操纵类关键审计事项披露越多。以上结果说明，杠杆操纵会降低企业的信息质量，进而增加关键审计事项披露数量。

表 7-28　信息披露质量机制检验结果

变量	(1) KAM_levm	(2) Trans	(3) KAM_levm
LEVM	0.031*	−0.036**	0.031*
	(1.93)	(−2.03)	(1.89)
Trans			−0.016**
			(−2.10)
SIZE	0.027***	0.161***	0.029***
	(4.45)	(24.27)	(4.80)
AGE	0.000	−0.091***	−0.002
	(−0.01)	(−5.37)	(−0.11)
LEV	0.065*	−0.477***	0.057
	(1.77)	(−11.79)	(1.56)
ROA	−1.065***	3.596***	−1.007***
	(−6.88)	(20.91)	(−6.37)
LIQUID	0.024	0.278***	0.029
	(0.75)	(7.69)	(0.89)
QUICK	−0.016***	0.010**	−0.016***
	(−3.85)	(2.14)	(−3.80)
GROWTH	0.000	0.064***	0.001
	(0.00)	(3.28)	(0.07)
SOE	0.040***	0.106***	0.042***
	(3.62)	(9.09)	(3.77)
TOP	0.084***	0.301***	0.089***
	(2.59)	(8.75)	(2.74)
INDEP	0.250**	0.296***	0.255***
	(2.53)	(2.78)	(2.59)
BOARD	0.130***	0.145***	0.132***
	(4.44)	(4.50)	(4.52)
BIG4	0.091***	0.255***	0.095***
	(4.36)	(11.24)	(4.54)
OPINION	−0.006	−0.846***	−0.019
	(−0.23)	(−30.47)	(−0.77)

续表

变量	(1) KAM_levm	(2) Trans	(3) KAM_levm
LNFEE	0.001	-0.112***	-0.001
	(0.09)	(-9.05)	(-0.08)
Constant	-0.825***	-0.295*	-0.829***
	(-5.47)	(-1.83)	(-5.51)
Industry FE	Yes	Yes	Yes
Year FE	Yes	Yes	Yes
N	15 207	15 207	15 207
Adj. R^2	0.113	0.326	0.113

（2）财务风险的机制检验

根据前文的理论分析可知，企业的各种杠杆操纵方式的复杂性和不确定性会增加企业的财务负担，进而增加企业债务违约风险，抑制企业创新投入。对此，我们同样使用三步法中介模型进行机制检验。具体而言，本章借鉴许红梅和李春涛（2020）的衡量方法，采用 Merton 模型估计违约距离（DD）作为财务风险的代理变量，该指数越大代表企业的财务风险越低。承前所述，杠杆操纵会增大企业的财务风险，因而本章预期财务风险作为被解释变量时，杠杆操纵的回归系数为负。进一步地，将财务风险加入基础回归模型进行检验，本章预期此时财务风险的回归系数为负。

表 7-29 列示了财务风险作用机制检验相应的回归结果。列（1）为基准回归的检验结果，证明杠杆操纵会增加相关关键审计事项的披露。列（2）财务风险回归结果中，杠杆操纵的回归系数在 1% 的水平上显著为负，表明杠杆操纵会显著增大企业的财务风险。将杠杆操纵与财务风险同时加入回归模型，列（3）结果显示，DD 的系数在 1% 的水平上显著为负，表明企业财务风险会增加杠杆操纵类关键审计事项披露。

表 7-29 财务风险机制检验结果

变量	(1) KAM_levm	(2) EDF	(3) KAM_levm
LEVM	0.029**	-0.320***	0.027*
	(2.02)	(-5.45)	(1.91)

续表

变量	(1) KAM_levm	(2) EDF	(3) KAM_levm
DDKMV			-0.013***
			(-5.23)
SIZE	0.025***	-0.663***	0.018***
	(4.57)	(-33.46)	(3.34)
AGE	-0.011	0.040	-0.011
	(-0.82)	(0.94)	(-0.76)
LEV	0.048		
	(1.51)		
ROA	-1.135***	8.825***	-1.078***
	(-8.03)	(24.81)	(-7.86)
LIQUID	0.011	-1.437***	0.000
	(0.37)	(-13.15)	(0.00)
QUICK	-0.016***	0.085***	-0.018***
	(-4.28)	(10.43)	(-5.87)
GROWTH	0.007	-0.343***	0.004
	(0.48)	(-6.53)	(0.27)
SOE	0.040***	-0.072**	0.040***
	(4.14)	(-2.24)	(4.13)
TOP	0.069**	-0.532***	0.062**
	(2.40)	(-5.29)	(2.16)
INDEP	0.285***	1.040***	0.297***
	(3.26)	(3.52)	(3.40)
BOARD	0.134***	0.299***	0.137***
	(5.20)	(3.44)	(5.33)
BIG4	0.109***	0.706***	0.117***
	(5.81)	(8.41)	(6.24)
OPINION	-0.017	-0.484***	-0.019
	(-0.78)	(-6.55)	(-0.89)
LNFEE	0.006	0.050	0.007
	(0.66)	(1.38)	(0.75)

续表

变量	(1) KAM_levm	(2) EDF	(3) KAM_levm
Constant	-0.854***	14.977***	-0.685***
	(-6.40)	(29.79)	(-5.01)
Industry FE	Yes	Yes	Yes
Year FE	Yes	Yes	Yes
N	18 725	18 725	18 725
Adj. R^2	0.122	0.385	0.124

注：为避免多重共线性，在加入 EDF 回归时并未控制企业的名义杠杆率。

7.3.4.5 异质性分析

（1）高管持股比例

根据前文所述，杠杆操纵会降低企业会计信息质量，并提高企业财务风险，进而增加杠杆操纵类关键审计事项披露。然而，高管持股是降低管理层道德风险的激励手段，可以促进管理层以股东利益最大化为目标进行经营决策。因此，较高的高管持股比例会提高企业的内部治理水平，进而有利于保证信息披露的可靠性。与此同时，由于与股东利益趋于一致，管理层很可能不断优化经营决策来维护自身利益，因此会降低企业的债务违约风险。基于以上分析，较高的高管持股比例会弱化杠杆操纵对关键审计事项的披露。本章按照高管持股比例的同年度同行业的中位数将样本划分为高管持股比例高、低两组，并分别对两组进行基准回归检验。对比表7-30列（1）、列（2）的结果可以看出，高管持股比例高的样本组中，杠杆操纵的系数不再显著，且系数显著小于高管持股比例低的样本组。采用扩展法下计算的杠杆操纵进行回归时，以上结论仍然成立。由此证明，高管持股会减弱杠杆操纵对关键审计事项披露数量的正向影响。

（2）审计师专长

一般而言，具备行业专长的审计师对特定行业的生产经营特点、特殊会计规制有深度了解，因此其职业判断能力较强，，能够出具更为恰当的审计意见（李姝等，2021）。因此本章预测，具备行业专长的审计师更可能识别企业的杠杆操纵行为，并以关键审计事项的形式增强报表使用者对此风险的关注。参考 Krishnan（2003）和魏春燕（2014）等的做法，利用会计师事务所在某行业的客户主营业务收入总额除以该事务所全部客户主营业务收入总额计算事务所行业专长，并按照行业年度中位数将全样本划分为具备行业专长和不具备行业专长两组。表7-30列（3）、列（4）对应分组回归结果。不难看出，在审计师具备行业专长的样本组中，杠杆操纵的系数显著为正，且该系数显著大于不具备审计师行业专长样本组。由此证明，具备行业专长的审计师更能识别企业的杠杆操纵行为，进而在审计报告中披露更多与杠杆操纵相关的关键审计事项。

表 7-30 异质性检验回归结果

变量	(1) KAM_levm 高管持股比例高	(2) KAM_levm 高管持股比例低	(3) KAM_levm 具备行业专长	(4) KAM_levm 不具备行业专长
LEVM	0.007	0.051**	0.066***	−0.005
	(0.34)	(2.39)	(3.02)	(−0.28)
SIZE	0.021***	0.023***	0.012	0.039***
	(2.62)	(3.18)	(1.56)	(5.26)
AGE	−0.015	−0.024	−0.028	0.003
	(−0.87)	(−1.07)	(−1.43)	(0.16)
LEV	0.039	0.038	0.061	0.037
	(0.85)	(0.84)	(1.32)	(0.82)
ROA	−0.725***	−1.461***	−0.983***	−1.308***
	(−3.79)	(−6.94)	(−4.83)	(−6.68)
LIQUID	0.095**	−0.050	0.039	−0.023
	(2.38)	(−1.24)	(1.00)	(−0.55)
QUICK	−0.011**	−0.023***	−0.013**	−0.018***
	(−2.41)	(−3.82)	(−2.37)	(−3.50)
GROWTH	−0.015	0.028	0.000	0.014
	(−0.73)	(1.45)	(−0.01)	(0.70)
SOE	0.007	0.038***	0.061***	0.021
	(0.40)	(2.93)	(4.34)	(1.59)
TOP	0.063	0.068	0.009	0.132***
	(1.55)	(1.63)	(0.22)	(3.20)
INDEP	0.166	0.358***	0.115	0.475***
	(1.38)	(2.87)	(0.96)	(3.69)

续表

变量	(1) KAM_levm 高管持股比例高	(2) KAM_levm 高管持股比例低	(3) KAM_levm 具备行业专长	(4) KAM_levm 不具备行业专长
BOARD	0.066*	0.189***	0.073**	0.193***
	(1.86)	(5.13)	(2.08)	(5.09)
BIG4	0.096***	0.119***	0.080**	0.131***
	(3.11)	(5.00)	(1.99)	(5.94)
OPINION	0.012	−0.045	−0.044	0.018
	(0.36)	(−1.54)	(−1.47)	(0.54)
LNFEE	0.021	−0.009	0.041***	−0.030**
	(1.63)	(−0.66)	(3.18)	(−2.18)
Constant	−0.780***	−0.715***	−0.918***	−0.829***
	(−4.02)	(−3.82)	(−5.04)	(−4.16)
Industry FE	Yes	Yes	Yes	Yes
Year FE	Yes	Yes	Yes	Yes
N	9 608	9 117	9 426	9 299
Adj. R^2	0.118	0.131	0.123	0.129

7.4 本章小结

本章从机构投资者、银企关联、银行数字化转型以及审计师角度探究了企业杠杆操纵的治理机制问题。基于 A 股非金融类上市公司数据，本章的主要研究发现归纳如下。

第一，随着利润表观向资产负债表观的逐渐转变，资产负债表信息质量的重要性愈发凸显，机构投资者作为身份独特的股东，上市公司的信息披露质量与其履职情况及投资回报等密切相关。研究发现，机构投资者持股能够显著抑制企业的杠杆操纵。从作用机制来看，机构投资者参与证券认购能增加外部资金供给，同时还可以通过相关分析师的实地调研了解企业质量，并且随着持股比例的上升可能会向企业派驻董事，以此缓解企业融资约束、增加企业的信息透明度和信息披露的规范性，从而抑制企业的杠杆操纵行为。

第二,规范合理的银企关系对促进企业高质量发展具有重要的意义。本章从银行持股企业这一股权关联入手,探究了银企关系对企业杠杆操纵行为的影响。实证结果表明,银企关联对企业杠杆操纵具有抑制作用,且银行对企业的持股比例越高,该抑制作用越强。从作用机制看,银企关联可以增加银行对企业真实质量的了解,提高银行参与公司治理的能力,同时也使两者的利益关系更加紧密,据此缓解企业的融资约束和提升公司治理水平,进而抑制企业的杠杆操纵行为。进一步地,对于国有控股、银行借款比例较高、短期借款依赖度高以及所在地区市场化程度较低的公司年份,银行持股对企业杠杆操纵行为的治理作用更为明显。

第三,随着信息化时代的到来与数据处理量的增加,银行数字化转型不仅能提高金融机构的运营效率,而且还能带来更好的客户体验,同时也能增强银行等债权人对企业的监督。基于2013—2022年A股上市公司数据,本章考察了银行数字化转型对企业杠杆操纵的影响。实证结果表明,银行数字化转型一定程度上能够提高信贷资源配置效率和强化债务契约的治理作用,从而有助于识别并降低企业的杠杆操纵程度。进一步地,在企业管理层机会主义倾向较高以及股票参与沪深港通交易之后的公司年份中,银行数字化转型对企业杠杆操纵的抑制作用更加明显,这就说明银行数字化转型提高了信贷机构对企业杠杆操纵的治理能力,而信贷市场中的银行数字化转型与股票市场的对外开放能够发挥协同治理作用,从而提升上市公司的信息披露质量。

第四,既有研究认为审计师可能通过出具非标审计意见和提高审计收费来抑制企业的杠杆操纵行为,本章从审计报告中的关键审计事项着手,系统地考察审计师能否有效识别企业的杠杆操纵行为并进行有效监督。实证结果表明,企业的杠杆操纵行为会降低其信息披露质量,同时也增加了企业潜在的财务风险,这将促使审计师在审计报告中增加有关杠杆操纵的关键审计事项的披露数量,由此引发年报信息使用者对上市公司信息披露的关注,进而发挥审计师的监督治理作用。进一步地,企业高管持股会弱化杠杆操纵与关键审计事项披露的正相关关系,而审计师的行业专长能帮助其有效识别企业的杠杆操纵行为,从而发挥审计师的外部治理作用。

8　研究结论、政策建议与研究展望

伴随着中国经济运行状况和宏微观杠杆率的变化，我国政府的杠杆监管重心先后经历了"宏观层面控杠杆—微观企业去杠杆—结构性去杠杆—稳杠杆"阶段；与之相对的是，不论杠杆监管政策如何调整，其主要目标都是风险防控，包括单个公司或行业的债务违约风险、区域性金融风险（如地方政府债务风险）和系统性风险，通过实时识别、合理预测和有效防控杠杆率过高带来的风险，确保我国经济高质量发展。基于此，本书从我国的杠杆监管政策入手，系统地分析企业的杠杆操纵特点及其对企业融资和投资的影响，继而通过考察杠杆操纵的影响因素来找寻杠杆行为扭曲的治理之策，旨在丰富和完善企业杠杆操纵和高杠杆风险治理的研究，深化对企业杠杆操纵动因、经济后果及其治理机制的认知，也为"稳杠杆"政策背景下如何从企业杠杆行为视角来强化债务风险管理及杠杆操纵治理提供理论与经验借鉴，并在此基础上形成适合我国国情的企业杠杆风险测评与债务管控对策。

围绕上述研究目标，本书的研究思路为：首先，对我国宏观杠杆水平与微观企业杠杆率的变动趋势进行比较分析，在此基础上，从外部融资、国有企业业绩考核及经济发展目标角度对杠杆监管制度进行详细梳理和深入解读，并进一步揭示杠杆监管背景下企业杠杆操纵的主要动机与手段。其次，根据杠杆操纵的内涵，借助基本的 XLT-LEVM 法和扩展的 XLT-LEVM 法对企业杠杆操纵程度进行测算，同时对企业杠杆操纵程度的异质性和影响因素进行多维分析，以期在"去杠杆"背景下全面刻画企业杠杆操纵的内在特征。再次，以我国沪深 A 股上市公司为研究样本，从融资与投资两个方面着手，运用实证研究法探究杠杆操纵对企业投融资行为的影响效果及作用机理。最后，分别从机构投资者、银企关系、银行数字化转型及审计师视角探讨对企业杠杆操纵行为的治理策略。本书按照上述思路展开研究，主要研究结论、政策建议及未来研究展望如下。

8.1 主要研究结论

8.1.1 杠杆监管制度变迁与企业杠杆行为选择

本书首先将我国宏观杠杆率进行横向和纵向对比,从而掌握我国杠杆水平的高低状况和发展趋势,同时对微观企业的债务结构及不同企业的杠杆率进行异质性分析,明晰我国微观企业杠杆率的分布状况。研究发现,我国宏观杠杆水平的整体变动趋势与全球主要经济体具有一致性;特别地,2008年全球金融危机之后,我国宏观杠杆率的攀升速度较快。在微观层面上,从企业的债务构成来看,经营性负债的占比较高;从债务的期限结构来看,短期负债占比较高,这主要源于经营性负债多为短期负债,且银行倾向于向企业发放短期贷款;从企业杠杆率的截面特征来看,国有控股、大服务业以及西部地区的企业的杠杆率相对较高。

在此基础上,本书从证券发行上市、国有企业业绩考核及宏观经济发展目标三个方面对我国杠杆监管制度进行梳理和解读。研究发现,在证券发行方面,无论是发行股票还是债券,目前证券监管部门都要求企业的资产负债结构合理,不存在重大偿债风险;而在证券发行上市后,发行方仍会面临杠杆率相关监管,上市公司的杠杆率过高可能会导致其股票退市。在业绩考核方面,国资委以国有企业负责人经营业绩考核为抓手,逐步强化国有企业的杠杆率监管,先后推行"将EVA计算与资产负债率挂钩"的间接监管和"将资产负债率设为约束性指标"的直接监管举措。在经济发展目标方面,我国杠杆监管政策的变化取决于不同阶段的发展目标,迄今经历了全面去杠杆—结构性去杠杆—稳杠杆三个主要阶段。相应地,为满足外部融资条件和业绩考核要求,面临杠杆监管压力的企业有动机利用表外负债、名股实债和会计手段进行杠杆操纵,以此降低和控制资产负债表显示的杠杆水平,从而美化企业财务状况和隐藏债务风险。

8.1.2 企业杠杆操纵的测度与影响因素分析

基于杠杆操纵的内涵与手段,本书借鉴基本的 XLT–LEVM 法和扩展的 XLT–LEVM 法对我国上市公司的杠杆操纵程度进行测度,同时对其杠杆操纵程度的异质性及影响因素进行多维分析。研究结果发现,总体而言,我国大多数上市公司存在杠杆操纵行为,且不同企业的杠杆操纵程度存在明显差异。

具体地，从杠杆操纵的手段看，企业利用名股实债手段实现的杠杆操纵程度最大，表外负债手段次之，纯会计手段实现的操纵程度最低；从公司自身特征及其所处环境来看，在名义杠杆率较高、融资约束程度较大、国有产权性质、面临去杠杆业绩考核压力较大、所在地区法治化水平较低及实施注册制改革之前的公司年份，其杠杆操纵动机越强，操纵程度相对越大。多元线性回归结果显示，企业的名义杠杆率、融资约束程度、产权性质、国企高管业绩考核压力、注册制改革等变量均为企业杠杆操纵的主要影响因素。由此可见，企业的杠杆操纵行为同时受到自身条件和外部环境的影响，因而可以从这些因素入手，通过提升企业自身的财务能力和完善内外部治理环境对企业的杠杆操纵行为进行有效管控。

8.1.3 杠杆操纵对企业融资的影响

基于中国 A 股上市公司的样本数据，本书实证检验了杠杆操纵程度对企业债务融资（融资规模、债务资本成本）和股权融资（股权再融资、权益资本成本）的影响效果、作用机制及异质效应。主要研究结论如下。

第一，不论是国有企业还是非国有企业，杠杆操纵行为往往伴随着管理层较高的风险承担意愿，由此将提高企业的风险承担水平，进而增加企业的债务融资规模，降低其在债务市场获取资金的难度。具体而言，杠杆操纵程度每增加一个标准差，企业的债务融资规模将增加 0.46%。同时，企业的资产规模越大，市场竞争优势越强，则杠杆操纵与其债务融资规模的正相关关系越不显著。进一步地，从债务期限结构来看，杠杆操纵仅有助于增加企业的短期债务规模，却不能增加其长期债务融资，这说明杠杆操纵等机会主义行为仅能在短期内缓解企业的"融资难"问题。

第二，杠杆操纵会降低企业的信息透明度和加剧债务违约风险，从而增加企业的债务资本成本，这从债务融资角度说明杠杆操纵将不利于缓解企业的"融资贵"问题；具体而言，企业的杠杆操纵程度每增加一个标准差，其债务资本成本将增加 0.45%。进一步地，企业的资金流动性越差，管理层代理问题越强，抵押贷款能力越弱，则杠杆操纵行为对债务资本成本的提升作用越显著。此外，从债务融资方式来看，杠杆操纵能够显著增加银行贷款的资本成本，但对于发行债券资本成本的影响并不显著。

第三，企业存在为发新股而降杠杆的杠杆操纵动机，而杠杆操纵通过加剧投资者情绪的不稳定和股票收益率波动性减少企业的股权再融资规模，尤其是定向增发融资规模；具体而言，杠杆操纵程度每增加一个标准差，企业的定向增发规模将减少 0.89%。进一步地，企业所在地区的市场化程度越高，面临的债务融资约束越强，则其杠杆操纵对股权再融资规模的抑制作用越显著。此外，从股权再融资方式来看，杠杆操纵对定向增发融资的抑制作用最为显著，可转债次之，而对公开增发的影响并不显著。

第四，杠杆操纵会同时增加企业经营业绩和股票收益的波动性，进而提高企业的权益资本成本，这也从权益融资角度说明杠杆操纵无法有效缓解甚至会加剧企业的"融资贵"问题；特别地，相较于名股实债，股票投资者对表外负债形式的杠杆操纵更为敏感，所要求的风险补偿也更高。此外，新租赁准则的颁布、国有股权性质及机构投资者的高比例持股有助于缓解杠杆操纵对权益资本成本的提升作用。

8.1.4 杠杆操纵对企业投资的影响

基于中国A股上市公司的样本数据，本书实证检验了企业杠杆操纵对企业投资行为（包括投资效率、投资金融化及创新投入）的影响效果、作用机制及异质效应。主要研究结论如下。

第一，管理层的杠杆操纵行为会降低企业投资效率，且主要表现为加剧企业投资不足；具体而言，杠杆操纵程度每提高一个标准差，企业投资效率相对于其均值将降低约2.78%。机制检验结果表明，管理层的杠杆操纵主要通过减少企业债务融资规模降低企业投资效率。究其原因，以银行为代表的债权人在长期内很可能识别出企业的杠杠操纵动机和杠杆操纵程度，从而对企业真实的偿债能力产生担忧，而这将使企业遭受更强的外部融资约束，由此加剧企业的非效率投资。进一步地，当机构投资者持股比例较高时，其资金优势和有效监督（比如向企业派驻董事）将有助于保障企业稳定经营，进而缓解杠杆操纵带来的财务压力，减弱企业杠杆操纵对企业效率的负向影响；而在去杠杆政策实施后，迫于降杠杆压力，企业的杠杆操纵行为更加明显，杠杆操纵对企业投资效率的抑制效应较为明显。

第二，管理层的杠杆操纵行为会加剧企业投资的金融化倾向；具体而言，杠杆操纵程度每提高一个标准差，企业金融化相对于其均值将提高约6.7%。究其原因，出于对杠杆操纵企业真实偿债能力的担忧，债权人在提供信贷时可能会对借贷条件做出严格的限制，从而导致企业遭受更强的外部融资约束，而这可能促使企业更注重内源资金的可得性，且配置金融资产能在短期内获得更多收益，因此会显著增加企业的金融投资。进一步地，相比于非国有企业，杠杆操纵对国有企业金融资产配置的边际影响更大；同时，高质量的内部控制可以抑制内部人通过操纵杠杆信息实施的机会主义行为，从而减少企业杠杆操纵加剧企业"脱实向虚"的负向影响。

第三，管理层的杠杆操纵行为会减少企业创新投入；具体而言，杠杆操纵程度每提高一个标准差，企业创新投入相对于其均值将降低约5.83%。可能的原因在于，债权人在长期内很可能识别出公司的杠杠操纵行为和操纵程度，从而对企业真实的偿债能力产生担忧，致使企业遭受更强的债务融资约束，从而影响企业创新投入。该结果意味着，杠杆操纵手段的复杂性和赖以操纵杠杆的业务发展的不确定性会加重企业财务负担，提高其债务违约风险，进而减少企业的创新活动。进一步地，较高的融资约束会加剧杠杆操纵带来的财务风险，并增强杠杆操纵对研发投入的抑制作用；相反，完善的内部控制制度及其有效实施可以发挥监督效应和资源效应，从而降低企业的债务违约风险，缓解杠杆操纵带来的财务负担，减弱企业杠杆操纵对企业创新投入的影响。

8.1.5 企业杠杆操纵的治理机制与经验证据

基于中国A股上市公司的样本数据，本书从杠杆操纵的影响因素入手，实证检验了机构投资者、银企关系、银行数字化转型及审计师对企业杠杆操纵行为的治理机制。主要研究结论如下。

第一，机构投资者持股能够显著抑制企业的杠杆操纵；具体而言，机构投资者持股比例每增加一个标准差，企业杠杆操纵程度相对于其均值将降低约6.77%。从作用机制来看，机构投资者参与证券认购能增加外部资金供给，同时还可以通过相关分析师的实地调研了解企业质量，并且随着持股比例的上升可能会向企业派驻董事，据此缓解企业融资约束、增加企业的信息透明度和信息披露的规范性，从而抑制企业的杠杆操纵行为。

第二，积极的银企关联对企业杠杆操纵具有抑制作用；具体而言，银行持股每提高一个标准差，企业杠杆操纵程度相对于其均值将降低约5.6%。从作用机制看，银企关联可以增加银行对企业真实质量的了解和参与公司治理的能力，同时也使两者的利益关系更加紧密，据此缓解企业的融资约束和提升公司治理水平，进而抑制企业的杠杆操纵行为。进一步地，对于国有控股、银行借款比例较高、短期借款依赖度高以及所在地区市场化程度较低的公司年份，银行持股对企业杠杆操纵行为的治理作用更为明显。

第三，银行数字化转型能够提高信贷资源配置效率和强化债务契约的治理作用，从而有助于识别并降低企业的杠杆操纵程度；具体而言，银行数字化转型每提高一个标准差，企业杠杆操纵程度相对于其均值将降低约6.31%。进一步地，在企业管理层机会主义倾向较高以及股票参与沪深港通交易之后的公司年份中，银行数字化转型对企业杠杆操纵的抑制作用更加明显，这就说明银行数字化转型提高了信贷机构对企业杠杆操纵的治理能力,而信贷市场中的银行数字化转型与股票市场的对外开放能够发挥协同治理作用,从而提升上市公司的信息披露质量。

第四,既有研究认为审计师可能通过出具非标审计意见和提高审计收费来抑制企业的杠杆操纵行为,本章从审计报告中的关键审计事项着手,系统地考察审计师能否有效识别企业的杠杆操纵行为并进行有效监督。实证结果表明,企业的杠杆操纵行为会降低其信息披露质量,同时增加企业潜在的财务风险,这将促使审计师在审计报告中增加有关杠杆操纵的关键审计事项的披露数量,由此引发年报信息使用者对上市公司信息披露的关注,进而发挥审计师的监督治理作用。进一步地,企业高管持股会弱化杠杆操纵与关键审计事项披露的正相关关系,而审计师的行业专长能帮助其有效识别企业的杠杆操纵行为,从而发挥审计师的外部治理作用。

8.2 主要政策建议

8.2.1 国资委对国有企业的业绩考核

首先,在中国独特的经济体制和监管政策背景下,国有企业的杠杆率长期以来处于较高水平,若要降低微观企业的杠杆率,进而防止发生系统性金融风险,势必要降低和控制国有企业的杠杆水平。本书的研究表明,国有企业为了应对国资委的业绩考核要求,降低杠杆监管压力,在很大程度上有动力通过杠杆操纵来美化企业财务状况和隐藏债务风险。因此,国资委在评估企业监管政策执行效果时,不能拘泥于账面杠杆率,而应综合考虑企业通过杠杆操纵手段隐藏的真实杠杆率。在具体操作上,一方面,通过完善国企经营负责人的业绩考核制度框架和优化业绩考核标准,降低国有企业的杠杆操纵动机;另一方面,考核机构可以参考本书和既有研究所用计量模型,合理测算企业的杠杆操纵程度。其次,各级国资委应充分了解企业杠杆操纵的动因与手段,根据企业杠杆操纵手段的异质性精准施策,对企业表外负债、名股实债等行为实施分类监管,加强对企业财务状况真实性的审查;进一步地,对于过度负债及债务融资依赖程度较高的企业应当重点监督,以提升杠杆监管政策的实施效率与效果,防止企业为了迎合业绩考核要求而进行杠杆操纵。只有及时暴露和控制企业的债务风险,避免发生区域性和系统性金融风险,才能确保我国经济高质量发展。

8.2.2 证券监管部门对上市企业的杠杆监管

一方面，本书在梳理杠杆监管政策时发现，对于普通股融资，审批制和核准制明确将资产负债率作为企业 IPO 上市及退市的条件之一，即使在全面注册制下，依然强调发行人不存在重大债务风险；类似地，对于公开发行优先股或债券融资的，要求发行人具有合理的资产负债结构，且融资额与发行前的净资产规模挂钩，此类监管规定理论上可能会诱使高杠杆公司设法进行杠杆操纵；而实证结果也表明，上市公司存在为了实现短期债务融资和非公开发行股票而提前进行杠杆操纵的行为。因此，证券监管部门应进一步深化金融供给侧结构性改革，以提升金融服务实体经济的能力，打造高质量金融供给体系，拓宽企业融资渠道以缓解企业面临的融资困境；通过大力发展权益融资市场，优化股权再融资制度体系，引导企业更多地选择"增权"方式去杠杆，利用积极稳妥的融资方式降低企业财务风险。另一方面，从本书的大样本描述性统计及典型案例分析结果来看，利用会计准则的自由裁量权是企业管理层进行杠杆操纵的主要手段之一，可观测的典型做法包括设法将永续债确认为权益工具、将高负债的被投资单位排除在合并报表之外。因此，证监会在强化对企业杠杆操纵监管力度的同时，也应单独或与财政部等部委共同完善企业信息披露制度框架，明确对永续债、结构化主体融资等名股负债和表外负债的会计信息的披露要求，以提高上市公司信息透明度，从而抑制公司杠杆操纵行为的发生。

8.2.3 银行等金融机构的信用风险管理

首先，对于我国大多数企业而言，银行贷款历来是其最主要的外部融资方式，而企业作为信贷融资的重要客户群体，其信用风险一般会通过资产负债情况体现出来。因此，银行作为债权人代表，应当重视和警惕企业杠杆率的异常波动，除单一维度的杠杆率指标外，还可将其他财务指标或非财务指标纳入信用评估体系，以综合判断企业真实的债务水平和财务风险。其次，本书的研究发现，企业的杠杆操纵包含表外负债、名股实债以及纯会计手段等形式，具有涉及范围广、手段复杂多变、识别难度较大等特征。相应地，银行作为企业的重要债权人，其数字化转型一定程度上有助于识别并降低企业的杠杆操纵程度。因此，银行应大力推动自身数字化建设，引入信息技术以提高对企业杠杆信息的识别效率，充分借助金融科技手段实时监控企业生产经营情况和资金流向，利用数字技术综合构建客户企业债务风险画像，采用大数据信用模型精准评估企业的信用等级和还款能力，从而加大对企业财务状况真实性的审查力度,提升甄别企业债务风险的能力,发挥对企业杠杆操纵的监督治理作用,最终减少企业的虚假降杠杆行为。此外,银行应当将数字技术与金融服务实现有机整合,通过信息技术拓宽服务渠道,为客户企业提供更加丰富的金融产品,运用数字供应链金融为其提供更广泛的融资渠道选择,从而有效缓解企业的债务融资困境,充分发挥金融服务实体经济的本质功能,减少企业以满足融资需求为目的的杠杆操纵行为。

8.2.4 证券投资者的风险防范

企业的杠杆操纵行为会导致股票投资者无法准确评估上市公司真实的财务状况和债务风险,由此将增加证券投资风险。一方面,中小股东在行使股东权益和参与企业公司治理方面处于弱势地位,难以发现企业的杠杆操纵行为,因此,中小股东应提高自身对于企业杠杆行为的理解和分析能力,更好地判断企业资产负债率的真实性和准确性。另一方面,本书的研究发现,作为资本市场的重要参与主体,机构投资者凭借其雄厚的资金实力和专业分析团队,促使企业增加信息透明度,缓解企业融资约束。同时还可能向上市公司派驻董事直接参与公司治理,及时识别企业的杠杆操纵手段及其隐藏的债务风险,从而抑制其杠杆操纵行为。基于此,政府部门首先可通过完善《中华人民共和国公司法》《中华人民共和国证券法》等法规,赋予机构投资者参与公司治理的权力。其次,证券监管部门应当深化机构投资者对其治理作用的认知,增强其参与公司治理的积极性,对于符合条件的机构投资者,应注重委派董事或高管参与公司治理,深入企业内部切实进行监督管理。进一步地,积极培育稳定型机构投资者,充分发挥其对企业管理层机会主义行为的抑制作用,切实提升中小投资者利益保护的效果。此外,就杠杆操纵手段而言,表外负债相比名股实债更加隐匿,因而机构投资者应充分发挥自身的专业特长和话语权,加强对企业表外负债的识别,全方位治理上市公司的杠杆操纵行为,从而降低证券投资风险。

8.2.5 上市公司的投融资决策

首先,企业应该充分认识到杠杆操纵的危害性,提高杠杆操纵风险意识,通过强化内部治理和债务管理措施,压缩企业管理层的杠杆操纵空间,化解潜在的财务风险和经营风险。本书的研究结果表明,尽管杠杆操纵在短期内能提升企业的债务融资规模,但从长期来看,杠杆操纵会抑制企业的债务融资,并且对企业融资成本、投资效率及创新投入等产生不利影响,甚至危及企业的可持续发展。因此,企业应充分重视杠杆操纵带来的潜在风险和消极后果。具体地，尽管企业发行永续债能使企业在支付利息和本金中掌握主动权，但企业可能会面临债务延期而承担利率跳升后的高额利息，由此将增加自身的财务负担。因此，企业在发行永续债融资并将其划分权益工具时应当充分了解其潜在债务风险。

其次，企业应进一步完善内部治理机制，通过加强杠杆操纵的内部监控与管理措施，对表外负债、名股实债等重点风险领域进行重点监控，以抑制内部人通过杠杆操纵实施的机会主义行为，从而将债务风险管理嵌入企业业务管理活动之中。特别地，对于融资约束程度较高和国有企业高管业绩考核压力较大的企业，更需要内部治理机制发挥监督作用，从而抑制其杠杆操纵行为。此外，企业应当加强债务管理，根据债务期限结构的不同分别设置合理的偿还制度，及时清理资本结构中的不合理债务和过度负债，同时提升企业自身信息披露质量，依靠良好的业绩与声誉来拓宽融资渠道，从源头上弱化管理层的杠杆操纵动机，通过实质性"去杠杆"将企业杠杆率控制在合理范围内，有效防范债务违约风险。

最后，考虑到企业杠杆操纵行为具有双重属性，对于本质上偏向于投融资创新实践的杠杆操纵行为，作为内部人的控股股东应当加强与业务负责人及相关财会人员的沟通，确保有关事项的会计处理合法合规，以切实提升企业的会计信息质量。相反，对于借助信息优势曲解会计准则规定或者利用会计准则存在的选择空间而恶意操纵杠杆的，控股股东应当对其潜在危害性保持足够的重视，加强对公司业务的关注和了解，及时抑制管理层的短视行为。

8.3　研究不足与展望

限于项目组成员的时间精力和认知水平等原因，本书的研究成果尚存在不足，相应的研究展望如下。其一，现有研究普遍认为企业只存在向下的杠杆操纵，即利用各种手段降低账面资产负债率。这主要是因为杠杆操纵这一研究话题源于强制性去杠杆政策，而且现实中企业向下操纵杠杆的动机易于理解，特征事实也容易观测；但是，出于合理避税等目的，企业也有可能向上操纵杠杆，比如把实质上属于权益工具的永续债确认为"应付债券"，从而发挥利息的节税作用。因此，后续研究还可以优化杠杆操纵程度指标的测度，提高方法的普遍适用性。其二，尽管本书在考察杠杆操纵的经济后果时将解释变量滞后一期处理，但仍然难以全面考察杠杆操纵可能存在的长期影响，因而后续研究将在解决序列自相关的前提下，进一步探究杠杆操纵是否对企业财务行为存在长期影响以及这种影响的动态变化特征。

参考文献

[1] 白重恩,杜颖娟,陶志刚,等.地方保护主义及产业地区集中度的决定因素和变动趋势[J].经济研究,2004(4):29-40.

[2] 鲍树琛,许永斌,刘小雨.去杠杆政策、政府审计与国有企业杠杆操纵[J].审计与经济研究,2023,38(4):13-22.

[3] 才国伟,陈思含,李兵.全国大市场中贸易流量的省际行政边界效应:来自地级市增值税发票的证据[J].经济研究,2023,58(3):59-77.

[4] 曹丰,鲁冰,李争光,等.机构投资者降低了股价崩盘风险吗?[J].会计研究,2015(11):55-61,97.

[5] 昌忠泽,李汉雄,毛培.地方政府债务对企业融资结构的影响:来自A股上市公司的证据[J].改革,2023(6):105-125.

[6] 陈汉文,周中胜.内部控制质量与企业债务融资成本[J].南开管理评论,2014,17(3):103-111.

[7] 陈红,陈玉秀,杨燕雯.表外负债与会计信息质量、商业信用:基于上市公司表外负债监察角度的实证研究[J].南开管理评论,2014,17(1):69-75.

[8] 陈晓辉,刘志远,田马飞,等.最低工资标准上调加剧了企业杠杆操纵吗?[J].上海财经大学学报,2023,25(4):78-92.

[9] 陈晓辉,李宾,田马飞.客户稳定性对企业杠杆操纵的影响研究:基于监督效应和融资效应的视角[J].上海金融,2023(10):34-48.

[10] 陈艳,李佳颖,李孟顺.盈余管理、外部融资需求与公司投资不足:基于上市公司数据的实证分析[J].宏观经济研究,2016(9):106-117.

[11] 陈志斌,王诗雨.产品市场竞争对企业现金流风险影响研究:基于行业竞争程度和企业竞争地位的双重考量[J].中国工业经济,2015(3):96-108.

[12] 池国华,王志,杨金.EVA考核提升了企业价值吗？：来自中国国有上市公司的经验证据[J].会计研究,2013（11）：60-66,96.

[13] 代昀昊,孔东民.高管海外经历是否能提升企业投资效率[J].世界经济,2017,40（1）：168-192.

[14] 代昀昊,赵煜航,雷怡雯.绿色金融政策会提高企业债务融资成本吗？[J].证券市场导报,2023（4）：33-43.

[15] 翟淑萍,毛文霞,白梦诗.国有上市公司杠杆操纵治理研究：基于党组织治理视角[J].证券市场导报,2021（11）：12-23.

[16] 杜勇,张欢,陈建英.金融化对实体企业未来主业发展的影响：促进还是抑制[J].中国工业经济,2017（12）：113-131.

[17] 范从来,盛天翔,王宇伟.信贷量经济效应的期限结构研究[J].经济研究,2012,47（1）：80-91.

[18] 范润,翟淑萍.银行竞争影响企业杠杆操纵吗[J].山西财经大学学报,2023,45（4）：31-46.

[19] 高昊宇,杨晓光,叶彦艺.机构投资者对暴涨暴跌的抑制作用：基于中国市场的实证[J].金融研究,2017（2）：163-178.

[20] 宫汝凯,徐悦星,王大中.经济政策不确定性与企业杠杆率[J].金融研究,2019（10）：59-78.

[21] 顾乃康,周艳利.卖空的事前威慑、公司治理与企业融资行为：基于融资融券制度的准自然实验检验[J].管理世界,2017（2）：120-134.

[22] 管考磊,朱海宁.资本市场开放与公司杠杆操纵：基于沪深港通的经验证据[J].世界经济研究,2023（4）：73-86,135.

[23] 韩云.代理问题、机构投资者监督与公司价值[J].经济管理,2017,39（10）：173-191.

[24] 何康,项后军,方显仓,等.企业精准扶贫与债务融资[J].会计研究,2022（7）：17-31.

[25] 何威风,陈莉萍,刘巍.业绩考核制度会影响企业盈余管理行为吗[J].南开管理评论,2019,22（1）：17-30.

[26] 何贤杰,王孝钰,赵海龙,等.上市公司网络新媒体信息披露研究：基于微博的实证分析[J].财经研究,2016,42（3）：16-27.

[27] 何玉,张天西.信息披露、信息不对称和资本成本：研究综述[J].会计研究,2006（6）：80-86.

[28] 胡国柳,严逸婧,常启国.税收优惠与企业杠杆操纵：基于固定资产加速折旧政策的准自然实验[J].海南大学学报（人文社会科学版）,

2023, 41（5）：176-186.

[29] 胡奕明, 谢诗蕾. 银行监督效应与贷款定价：来自上市公司的一项经验研究 [J]. 管理世界, 2005（5）：27-36.

[30] 黄俊, 陈良银, 陈信元. 科创板注册制改革与公司盈余管理 [J]. 会计研究, 2023（2）：42-51.

[31] 黄小琳, 朱松, 陈关亭. 持股金融机构对企业负债融资与债务结构的影响：基于上市公司的实证研究 [J]. 金融研究, 2015（12）：130-145.

[32] 黄晓薇, 何丽芬, 居思行. 定向增发与股票长期低绩效关系研究 [J]. 证券市场导报, 2014（10）：10-17.

[33] 江艇. 因果推断经验研究中的中介效应与调节效应 [J]. 中国工业经济, 2022（5）：100-120.

[34] 江轩宇, 申丹琳, 李颖. 会计信息可比性影响企业创新吗 [J]. 南开管理评论, 2017, 20（4）：82-92.

[35] 姜涛, 尚鼎. 公司诉讼风险对审计决策的影响研究：基于异常审计费用和审计意见的证据 [J]. 南京审计大学学报, 2020, 17（3）：13-22.

[36] 蒋琰. 权益成本、债务成本与公司治理：影响差异性研究 [J]. 管理世界, 2009（11）：144-155.

[37] 解维敏, 桑凌. 市场环境、参股银行业与企业银行贷款 [J]. 系统工程理论与实践, 2020, 40（4）：863-874.

[38] 况学文, 林鹤, 陈志锋. 企业恩威并施对待其客户吗：基于财务杠杆策略性使用的经验证据 [J]. 南开管理评论, 2019, 22（4）：44-55.

[39] 李秉祥, 林炳洪. 去杠杆背景下杠杆操纵对企业财务风险的影响分析：兼论内外部监督的治理效应 [J]. 南京审计大学学报, 2023（3）：1-10.

[40] 李超. 企业并购融资方式的选择 [J]. 现代经济信息, 2011（9）：158-159.

[41] 李广子, 刘力. 债务融资成本与民营信贷歧视 [J]. 金融研究, 2009（12）：137-150.

[42] 李华民, 邓云峰, 吴非. 金融监管如何影响企业技术创新 [J]. 财经科学, 2021（2）：30-44.

[43] 李世辉, 邓来, 雷新途. 企业影子银行融资能够发挥债务治理效应吗？：来自中国上市公司的经验证据 [J]. 管理评论, 2021, 33（12）：41-51.

[44] 李世辉, 张屿麟, 贺勇. 杠杆操纵与企业全要素生产率 [J]. 金融理论

与实践, 2023 (8): 1-12.

[45] 李姝, 杜亚光, 张晓哲. 审计师行业专长与企业创新: 基于管理层信息环境视角的分析 [J]. 审计研究, 2021 (1): 106-115.

[46] 李维安, 李滨. 机构投资者介入公司治理效果的实证研究: 基于 CCGI~ (NK) 的经验研究 [J]. 南开管理评论, 2008 (1): 4-14.

[47] 李晓溪, 饶品贵, 岳衡. 银行竞争与企业杠杆操纵 [J]. 经济研究, 2023, 58 (5): 172-189.

[48] 李晓溪, 杨国超. 为发新债而降杠杆: 一个杠杆操纵现象的新证据 [J]. 世界经济, 2022, 45 (10): 212-236.

[49] 李心雅. 信贷政策、银企关联与企业资本结构 [J]. 技术经济, 2019, 38 (12): 24-30.

[50] 李学峰, 杨盼盼. 银行金融科技与流动性创造效率的关系研究 [J]. 国际金融研究, 2021 (6): 66-75.

[51] 李增福, 李铭杰, 汤旭东. 货币政策改革创新是否有利于抑制企业"脱实向虚"？: 基于中期借贷便利政策的证据 [J]. 金融研究, 2022 (12): 19-35.

[52] 李增福, 郑友环, 连玉君. 股权再融资、盈余管理与上市公司业绩滑坡: 基于应计项目操控与真实活动操控方式下的研究 [J]. 中国管理科学, 2011, 19 (2): 49-56.

[53] 李真, 李茂林, 朱林染. 银行金融科技与企业金融化: 基于避险与逐利动机 [J]. 世界经济, 2023, 46 (4): 140-169.

[54] 梁上坤. 机构投资者持股会影响公司费用粘性吗？ [J]. 管理世界, 2018, 34 (12): 133-148.

[55] 廖冠民, 吴溪. 收入操纵、舞弊审计准则与审计报告谨慎性 [J]. 审计研究, 2013 (1): 103-112.

[56] 林炳洪, 李秉祥, 张涛. 媒体关注能抑制企业杠杆操纵行为吗?: 基于"去杠杆"背景的分析 [J]. 海南大学学报 (人文社会科学版), 2023.

[57] 刘柏, 徐小欢. 市场错误定价对企业研发投资的影响 [J]. 经济管理, 2019, 41 (2): 73-89.

[58] 刘斌, 胡菁芯, 李涛. 投资者情绪、会计信息质量与股票收益 [J]. 管理评论, 2018, 30 (7): 34-44.

[59] 刘斌, 刘睿, 王雷. 契约执行环境、审计师变更与债务融资 [J]. 审计研究, 2015 (5): 84-92.

[60] 刘超. 警惕 SPV 融资工具带来的高杠杆及其他衍生风险 [J]. 会计研

究，2019（4）：58-64.
[61] 刘辰嫣，干胜道. 负债期限结构对盈余管理影响研究［J］. 会计之友，2013（3）：77-80.
[62] 刘放，杨筝，杨曦. 制度环境、税收激励与企业创新投入［J］. 管理评论，2016，28（2）：61-73.
[63] 刘文欢，何亚南，张继勋. 审计监管约谈方式与投资者感知的会计信息可信性：一项实验证据［J］. 审计研究，2017（3）：59-64.
[64] 刘萧玮，张艳，田嘉莉. 上市公司定向增发能否改善信息披露质量：基于信息监管的视角［J］. 金融监管研究，2022（1）：39-57.
[65] 刘晓光，刘元春. 杠杆率、短债长用与企业表现［J］. 经济研究，2019，54（7）：127-141.
[66] 刘行，赵健宇，叶康涛. 企业避税、债务融资与债务融资来源：基于所得税征管体制改革的断点回归分析［J］. 管理世界，2017（10）：113-129.
[67] 陆正飞，何捷，窦欢. 谁更过度负债：国有还是非国有企业？［J］. 经济研究，2015，50（12）：54-67.
[68] 陆正飞，魏涛. 配股后业绩下降：盈余管理后果与真实业绩滑坡［J］. 会计研究，2006（8）：52-59，97.
[69] 陆正飞，祝继高，孙便霞. 盈余管理、会计信息与银行债务契约［J］. 管理世界，2008（3）：152-158.
[70] 罗付岩. 银行关联对企业并购投资的影响研究［J］. 财经论丛，2016（12）：56-64.
[71] 罗宏，郭一铭，乔慧颖，等. 企业数字化转型与杠杆操纵［J］. 当代财经，2023（5）：65-78.
[72] 罗琦，高雪峰，伍敬侗. 盈余管理、股权再融资与公司业绩表现［J］. 经济理论与经济管理，2018（4）：75-85.
[73] 真实盈余管理与权益资本成本：基于公司成长性差异的分析［J］. 金融研究，2015（5）：178-191.
[74] 马红，侯贵生. 企业金融化与盈余管理：基于异质性持有目的的研究视角［J］. 经济经纬，2021，38（1）：105-113.
[75] 马文杰，胡玥. 定增折价率监管的有效性研究［J］. 统计研究，2022，39（1）：59-74.
[76] 马新啸，窦笑晨. 非国有股东治理与国有企业杠杆操纵［J］. 中南财经政法大学学报，2022（3）：45-59.

[77] 马亚明,张立乐. 地方政府债务扩张对国有企业投资效率的影响：基于国有企业过度负债的中介效应 [J]. 会计与经济研究,2022,36（1）：27-45.

[78] 马永强,赖黎,曾建光. 盈余管理方式与信贷资源配置 [J]. 会计研究,2014（12）：39-45.

[79] 马勇,徐晨阳,吴兴宇. 国家审计能抑制国有企业杠杆操纵吗? [J]. 审计与经济研究,2023,38（2）：24-33.

[80] 毛新述,叶康涛,张頔. 上市公司权益资本成本的测度与评价：基于我国证券市场的经验检验 [J]. 会计研究,2012（11）：12-22,94.

[81] 毛怡琪,修宗峰. 银行股权关联、制度安排与企业债务期限结构：基于我国 A 股上市公司的经验证据 [J]. 金融发展研究,2017（4）：23-30.

[82] 孟庆玺,白俊,施文. 客户集中度与企业技术创新：助力抑或阻碍：基于客户个体特征的研究 [J]. 南开管理评论,2018,21（4）：62-73.

[83] 莫国莉,刘振伟,张卫国,等. 注册制改革缓解中小企业融资约束了吗？：来自改革试点准自然实验的证据 [J]. 南方金融,2023（5）：55-69.

[84] 牟策,马小勇. 增值税留抵退税对上市公司债务融资的影响研究 [J]. 西安财经大学学报,2023,36（3）：63-75.

[85] 倪娟,孔令文. 环境信息披露、银行信贷决策与债务融资成本：来自我国沪深两市 A 股重污染行业上市公司的经验证据 [J]. 经济评论,2016（1）：147-156.

[86] 潘越,王宇光,戴亦一. 税收征管、政企关系与上市公司债务融资 [J]. 中国工业经济,2013（8）：109-121.

[87] 彭方平,廖敬贤,何锦安. 企业垄断势力对财务杠杆操纵行为的影响研究 [J]. 管理学报,2023（2）：297-307.

[88] 钱爱民,肖亦忱,朱大鹏,等. 实体企业金融化影响关键审计事项披露吗? [J]. 审计研究,2022（5）：63-74.

[89] 乔金杰,唐霞. 环境不确定性、盈余管理与创新投入 [J]. 统计与决策,2023,39（10）：177-182.

[90] 卿小权,董启琛,武瑛. 股东身份与企业杠杆操纵：基于机构投资者视角的分析 [J]. 财经研究,2023,49（2）：138-153.

[91] 饶品贵,汤晟,李晓溪. 地方政府债务的挤出效应：基于企业杠杆操纵的证据 [J]. 中国工业经济,2022（1）：151-169.

[92] 任春艳. 从企业投资效率看盈余管理的经济后果: 来自中国上市公司的经验证据 [J]. 财经研究, 2012, 38 (2): 61-70.

[93] 阮坚, 申么, 范忠宝. 何以驱动企业债务融资降成本: 基于数字金融的效用识别、异质性特征与机制检验 [J]. 金融经济学研究, 2020, 35 (1): 32-44.

[94] 施东晖. 证券投资基金的交易行为及其市场影响 [J]. 世界经济, 2001 (10): 26-31.

[95] 史永东, 王谨乐. 中国机构投资者真的稳定市场了吗? [J]. 经济研究, 2014, 49 (12): 100-112.

[96] 苏冬蔚, 曾海舰. 宏观经济因素、企业家信心与公司融资选择 [J]. 金融研究, 2011 (4): 129-142.

[97] 苏洁, 王勇. 信用风险传染、投资者情绪与债券发行定价 [J]. 中央财经大学学报, 2023 (7): 29-43.

[98] 谭跃, 夏芳. 股价与中国上市公司投资: 盈余管理与投资者情绪的交叉研究 [J]. 会计研究, 2011 (8): 30-39, 95.

[99] 唐逸舟, 王婧文, 王姝晶. 资本市场开放与企业债券融资成本: 来自沪深港通的经验证据 [J]. 证券市场导报, 2020 (7): 52-60.

[100] 滕飞, 夏雪, 辛宇. 客户结构特征与定向增发市场折价 [J]. 管理评论, 2022, 34 (11): 272-288.

[101] 童盼, 陆正飞. 负债融资对企业投资行为影响研究: 述评与展望 [J]. 会计研究, 2005 (12): 71-76.

[102] 汪德华, 刘志彪. 再融资政策、上市公司增长冲动与业绩异常分布 [J]. 世界经济, 2004 (7): 55-63.

[103] 王海滨. 永续债与国有企业资产负债管控研究 [J]. 审计研究, 2023 (1): 57-64.

[104] 王化成, 毕紫岚, 孙昌玲. 核心竞争力能够抑制实体企业金融化吗?: 基于文本分析的经验证据 [J]. 中国软科学, 2023 (1): 114-133.

[105] 王化成, 张修平, 侯粲然, 等. 企业战略差异与权益资本成本: 基于经营风险和信息不对称的中介效应研究 [J]. 中国软科学, 2017 (9): 99-113.

[106] 王化成. 中国会计指数研究报告 (2019) [M]. 北京: 中国人民大学出版社, 2021.

[107] 王俊豪. 政府管制经济学导论 [M]. 北京: 商务印书馆, 2001.

[108] 王琨, 肖星. 机构投资者持股与关联方占用的实证研究 [J]. 南开管理

评论，2005（2）：27-33.

[109] 王亮亮. 真实活动盈余管理与权益资本成本[J]. 管理科学，2013，26（5）：87-99.

[110] 王善平，李志军. 银行持股、投资效率与公司债务融资[J]. 金融研究，2011（5）：184-193.

[111] 王诗卉，谢绚丽. 知而后行？管理层认知与银行数字化转型[J]. 金融评论，2021，13（6）：78-97，119-120.

[112] 王彤彤，史永东. 机构投资者持股影响公司债券限制性条款设计吗[J]. 会计研究，2021（8）：124-136.

[113] 王雄元，高开娟. 客户集中度与公司债二级市场信用利差[J]. 金融研究，2017（1）：130-144.

[114] 王学凯，姜卫民，谢庆. 去杠杆政策是否影响企业绩效[J]. 国际金融研究，2021（12）：84-93.

[115] 王竹泉，宋晓缤，王苑琢. 我国实体经济短期金融风险的评价与研判：存量与流量兼顾的短期财务风险综合评估与预警[J]. 管理世界，2020，36（10）：156-170，216-222.

[116] 王竹泉，谭云霞，宋晓缤. "降杠杆"、"稳杠杆"和"加杠杆"的区域定位：传统杠杆率指标修正和基于"双重"杠杆率测度体系确立结构性杠杆率阈值[J]. 管理世界，2019，35（12）：86-103.

[117] 王竹泉，王苑琢，王舒慧. 中国实体经济资金效率与财务风险真实水平透析：金融服务实体经济效率和水平不高的症结何在？[J]. 管理世界，2019，35（2）：58-73，114，198-199.

[118] 魏春燕. 审计师行业专长与客户的避税程度[J]. 审计研究，2014（2）：74-83.

[119] 魏志华，曾爱民，李博. 金融生态环境与企业融资约束：基于中国上市公司的实证研究[J]. 会计研究，2014（5）：73-80，95.

[120] 魏志华，王贞洁，吴育辉，等. 金融生态环境、审计意见与债务融资成本[J]. 审计研究，2012（3）：98-105.

[121] 温忠麟，张雷，侯杰泰，等. 中介效应检验程序及其应用[J]. 心理学报，2004（5）：614-620.

[122] 翁若宇，陈秋平，陈爱华. "手足亲情"能否提升企业经营效率？：来自A股上市手足型家族企业的证据[J]. 经济管理，2019，41（7）：88，104.

[123] 吴超鹏，吴世农，程静雅，等. 风险投资对上市公司投融资行为影响的

实证研究 [J]. 经济研究, 2012, 47 (1): 105-119, 160.

[124] 吴德胜, 曹渊, 汤灿, 等. 分类管控下的债务风险与风险传染网络研究 [J]. 管理世界, 2021, 37 (4): 35-54.

[125] 吴俊培, 徐彦哲, 郝楚. 地方公共债务的经济效应评估: 企业投融资决策的视角 [J]. 宏观经济研究, 2021 (4): 47-58.

[126] 吴文洋, 蒋海, 唐绅峰. 数字化转型、网络关联性与银行系统性风险 [J]. 中国管理科学, 2023.

[127] 吴晓晖, 王攀, 郭晓冬. 机构投资者"分心"与公司杠杆操纵 [J]. 经济管理, 2022, 44 (1): 159-175.

[128] 冼依婷, 赵兴楣. 盈余管理程度、现金股利与非效率投资 [J]. 统计与决策, 2020, 36 (24): 170-174.

[129] 肖海莲, 唐清泉, 周美华. 负债对企业创新投资模式的影响: 基于R&D异质性的实证研究 [J]. 科研管理, 2014, 35 (10): 77-85.

[130] 肖土盛, 孙瑞琦, 袁淳, 等. 企业数字化转型、人力资本结构调整与劳动收入份额 [J]. 管理世界, 2022, 38 (12): 220-237.

[131] 辛清泉, 孔东民, 郝颖. 公司透明度与股价波动性 [J]. 金融研究, 2014 (10): 193-206.

[132] 徐亚琴, 宋思淼. 审计师能识别企业的杠杆操纵吗?: 基于审计意见视角的实证检验 [J]. 审计研究, 2021 (6): 102-115.

[133] 徐彦坤. 地方政府债务如何影响企业投融资行为? [J]. 中南财经政法大学学报, 2020 (2): 90-99, 159-160.

[134] 徐悦, 马新啸, 丁朝飞, 等. 系族集团、集团内部结构与债券融资成本 [J]. 证券市场导报, 2020 (1): 62-70.

[135] 许罡, 伍文中. 公司金融化投资之谜: 盈余管理抑或金融套利? [J]. 证券市场导报, 2018 (8): 20-28.

[136] 许红梅, 李春涛. 劳动保护、社保压力与企业违约风险: 基于《社会保险法》实施的研究 [J]. 金融研究, 2020 (3): 115-133.

[137] 许年行, 于上尧, 伊志宏. 机构投资者羊群行为与股价崩盘风险 [J]. 管理世界, 2013 (7): 31-43.

[138] 许晓芳, 陈素云, 陆正飞. 杠杆操纵: 不为盈余的盈余管理动机 [J]. 会计研究, 2021 (5): 55-66.

[139] 许晓芳, 陆正飞, 汤泰劼. 我国上市公司杠杆操纵的手段、测度与诱因研究 [J]. 管理科学学报, 2020, 23 (7): 1-26.

[140] 许晓芳, 陆正飞. 企业杠杆、杠杆操纵与经济高质量发展 [J]. 会计研

究，2022（6）：3-15.

[141] 许晓芳，陆正飞. 我国企业杠杆操纵的动机、手段及潜在影响［J］. 会计研究，2020（1）：92-99.

[142] 许晓芳，汤泰劼，陆正飞. 控股股东股权质押与高杠杆公司杠杆操纵：基于我国 A 股上市公司的经验证据［J］. 金融研究，2021（10）：153-170.

[143] 许志，林星岑，赵艺青. 我国上市公司隐含权益资本成本的测度与评价［J］. 投资研究，2017，36（3）：52-73.

[144] 杨刚，王瑞，王沈南，等. 银行竞争对上市公司信用风险的影响研究［J］. 中国软科学，2021（10）：103-114.

[145] 杨国超，刘静，廉鹏，等. 减税激励、研发操纵与研发绩效［J］. 经济研究，2017，52（8）：110-124.

[146] 杨俊杰，曹国华. CEO 声誉、盈余管理与投资效率［J］. 软科学，2016，30（11）：71-75.

[147] 杨濛，刘嫦，李庆德. 抑制还是促进：上市公司"存贷双高"现象与企业创新［J］. 安徽大学学报（哲学社会科学版），2023，47（4）：145-156.

[148] 杨兴全，杨征，陈飞. 业绩考核制度如何影响央企现金持有？：基于《考核办法》第三次修订的准自然实验［J］. 经济管理，2020，42（5）：140-157.

[149] 杨玉龙，王曼前，许宇鹏. 去杠杆、银企关系与企业债务结构［J］. 财经研究，2020，46（9）：138-152.

[150] 杨子晖，陈雨恬，林师涵. 系统性金融风险文献综述：现状、发展与展望［J］. 金融研究，2022（1）：185-206.

[151] 姚宏，陈青青，李艺玮. 股权再融资中的盈余管理研究［J］. 大连理工大学学报（社会科学版），2016，37（4）：77-84.

[152] 叶康涛，陆正飞. 中国上市公司股权融资成本影响因素分析［J］. 管理世界，2004（5）：127-131，142.

[153] 尹林辉，段忠悦. 证券分析师对企业杠杆操纵的治理：基于信息中介和市场压力的双重效应［J］. 上海金融，2023（7）：29-44.

[154] 尹志超，甘犁. 信息不对称、企业异质性与信贷风险［J］. 经济研究，2011，46（9）：121-132.

[155] 于李胜，王艳艳. 信息不确定性与盈余公告后漂移现象（PEAD）：来自中国上市公司的经验证据［J］. 管理世界，2006（3）：40-49，56，

171-172.

[156] 余明桂, 马林, 王空. 商业银行数字化转型与劳动力需求：创造还是破坏？[J]. 管理世界, 2022, 38（10）：212-230.

[157] 余明桂, 钟慧洁, 范蕊. 民营化、融资约束与企业创新：来自中国工业企业的证据 [J]. 金融研究, 2019（4）：75-91.

[158] 俞红海, 徐龙炳, 陈百助. 终极控股股东控制权与自由现金流过度投资 [J]. 经济研究, 2010, 45（8）：103-114.

[159] 袁晓燕, 魏晓娟. 银企关联与上市民营企业融资成本：基于企业高管银行背景视角 [J]. 会计之友, 2019（2）：16-20.

[160] 曾国安, 苏诗琴, 彭爽. 企业杠杆行为与技术创新 [J]. 中国工业经济, 2023（8）：155-173.

[161] 曾颖, 陆正飞. 信息披露质量与股权融资成本 [J]. 经济研究, 2006（2）：69-79, 91.

[162] 张成思, 张步昙. 中国实业投资率下降之谜：经济金融化视角 [J]. 经济研究, 2016, 51（12）：32-46.

[163] 张成思, 郑宁. 中国实体企业金融化：货币扩张、资本逐利还是风险规避？[J]. 金融研究, 2020（9）：1-19.

[164] 张纯, 吕伟. 机构投资者、终极产权与融资约束 [J]. 管理世界, 2007（11）：119-126.

[165] 张嘉望, 李博阳. 资产可逆性、抵押品渠道与企业投资效率：基于融资约束异质性视角 [J]. 经济管理, 2021, 43（5）：159-175.

[166] 张璟, 张震, 刘晓辉. 宏观金融杠杆波动抑制了技术创新吗？：来自中国省际面板数据的经验证据 [J]. 国际金融研究, 2021（6）：3-12.

[167] 张力, 刘溢华. 职工薪酬水平与企业价值：来自于 IPO 公司的经验证据 [J]. 山西大学学报（哲学社会科学版）, 2018, 41（4）：94-100.

[168] 张莉, 徐君蕊, 黄伟. 地方政府债务对企业投融资期限结构的影响 [J]. 中山大学学报（社会科学版）, 2023, 63（4）：180-193.

[169] 张修平, 李昕宇, 卢闯, 等. 资产质量影响企业权益资本成本吗？[J]. 会计研究, 2020（2）：43-59.

[170] 张耀伟, 朱文娟, 丁振松, 等. 综合化经营下银企关系、信息传递与银行系基金持股 [J]. 南开管理评论, 2017, 20（2）：81-93.

[171] 张宗新, 杨飞, 袁庆海. 上市公司信息披露质量提升能否改进公司绩效？：基于2002—2005年深市上市公司的经验证据 [J]. 会计研究, 2007（10）：16-23, 95.

[172] 赵宸宇. 数字化发展与服务化转型：来自制造业上市公司的经验证据 [J]. 南开管理评论, 2021, 24 (2): 149-163.

[173] 赵华, 朱锐. 企业去杠杆的财务内涵：基于复杂适应系统的理论解析 [J]. 会计研究, 2020 (10): 164-176.

[174] 甄红线, 王谨乐. 机构投资者能够缓解融资约束吗？：基于现金价值的视角 [J]. 会计研究, 2016 (12): 51-57, 96.

[175] 郑登津, 闫天一. 会计稳健性、审计质量和债务成本 [J]. 审计研究, 2016 (2): 74-81.

[176] 植草益. 微观规制经济学 [M]. 北京：中国发展出版社, 1992.

[177] 周洲, 张艺骞, 冉戎. 消费者权益保护与企业创新投入 [J]. 科研管理, 2023, 44 (1): 66-78.

[178] 朱红军, 付宇翔, 吕沁, 等. 企业偿付能力对债务资本成本的影响：基于保险公司发行次级债的实证研究 [J]. 金融研究, 2014 (1): 139-151.

[179] 朱琳, 江轩宇, 伊志宏, 等. 经营杠杆影响企业创新吗 [J]. 南开管理评论, 2021, 24 (6): 163-175.

[180] 朱太辉, 魏加宁, 刘南希, 等. 如何协调推进稳增长和去杠杆？：——基于资金配置结构的视角 [J]. 管理世界, 2018, 34 (9): 25-32, 45.

[181] 庄伯超, 余世清, 张红. 供应链集中度、资金营运和经营绩效：基于中国制造业上市公司的实证研究 [J]. 软科学, 2015, 29 (3): 9-14.

[182] SIEW H T, IVO W, WONG T J. Earnings management and the underperformance of seasoned equity offerings [J]. Journal of financial economics, 1998, 50 (1): 63-99.

[183] ALI A, ZHANG W. CEO tenure and earnings management [J]. Journal of accounting and economics, 2015, 59: 60-79.

[184] ANDRÉ B, BERLE A A, MEANS G G C. The modern corporation and private property [J]. The economic journal, 1970, 80 (317): 120-122.

[185] BAKER M P, STEIN J C. Market liquidity as a sentiment indicator [J]. Journal of financial markets, 2004: 271-299.

[186] BAKER M P, WURGLER J, YUAN Y. Global, local, and contagious investor sentiment [J]. Journal of Financial Economics, 2012 (104): 272-287.

[187] BARTH M E, KONCHITCHKI Y, LANDSMAN W R. Cost of capital and

earnings transparency [J]. Journal of accounting and economics, 2013, 55 (2-3): 206-224.

[188] BENEISH M D, PRESS E. Interrelation among events of default [J]. Contemporary accounting research, 1995, 12 (1): 57-84.

[189] BERK J B, STANTON R, ZECHNER J. Human capital, bankruptcy, and capital structure [J]. The journal of finance, 2010, 65 (3): 891-926

[190] BERNET P M, GETZEN T E. Can a violation of investor trust lead to financial contagion in the market for tax-exempt hospital bonds? [J]. International journal of health care finance and economics, 2008, 8 (1): 27-51.

[191] BHARATH S T, SUNDER J, SUNDER S V. Accounting quality and debt contracting [J]. The accounting review, 2008, 83 (1): 1-28.

[192] BHATTACHARYA U, DAOUK H, WELKER M. The world price of earnings opacity [J]. The accounting review, 2003, 78 (3): 641-678.

[193] BIDDLE G C, HILARY G, VERDI R S. How does financial reporting quality relate to investment efficiency? [J]. Journal of accounting and economics, 2009, 48 (2-3): 112-131.

[194] BOEHMER E, KELLEY E K. Institutional investors and the informational efficiency of prices [J]. The review of financial studies, 2009, 22 (9): 3563-3594.

[195] BRASEL K, DOXEY M M, GRENIER J H, et al. Risk disclosure preceding negative outcomes: The effects of reporting critical audit matters on judgments of auditor liability [J]. Accounting review, 2016, 91 (5): 1345-1362.

[196] BROWN G W, CLIFF M T. Investor sentiment and the near-term stock market [J]. Journal of empirical finance, 2004, 11 (1): 1-27.

[197] CHANG C, CHEN X, LIAO G. What are the reliably important determinants of capital structure in China? [J]. Pacific-basin finance journal, 2014, 30: 87-113.

[198] CHEN F, HOPE O K, LI Q Y, et al. Financial reporting quality and investment efficiency of private firms in emerging markets [J]. Accounting review, 2011, 86 (4): 1255-1288.

[199] CHEN K C W, YUAN H. Earnings management and capital resource allocation: evidence from China's accounting-based regulation of rights

issues [J]. Accounting review, 2004, 79 (3): 645-665.

[200] CHENG A C S, FUNG M K, HU K P, et al. Interest rate deregulation and banks' off-balance-sheet activities: a Hong Kong perspective [J]. Applied economics, 2015, 47 (47): 5088-5102.

[201] CHIDAMBARAN N, JOHN K. Relationship investing and corporate governance [R]. Working paper, Tulane University and New York University, 2000.

[202] DEANGELO H, GONÇALVES A S, STULZ R M. Corporate deleveraging and financial flexibility [J]. The review of financial studies, 2018, 31 (8): 3122-317.

[203] DURNEV A, MORCK R, YEUNG B. Value-enhancing capital budgeting and firm-specific stock return variation [J]. The journal of finance, 2004, 59 (1): 65-105.

[204] EASLEY D, O'HARA M. Information and the cost of capital [J]. The journal of finance, 2004, 59 (4): 1553-1583.

[205] EASTON P D. PE ratios, PEG ratios, and estimating the implied expected rate of return on equity capital [J]. Accounting review, 2004, 79 (1): 73-95.

[206] FAMA E F, FRENCH K R. Multifactor explanation of asset pricing anomalies [J]. The journal of finance, 1996, 51 (1): 55-84.

[207] FAMA E F, FRENCH K R. The cross-section of expected stock returns [J]. The journal of finance, 1992, 47 (2): 427-465.

[208] FAN J P H, TITMAN S, TWITE G. An international comparison of capital structure and debt maturity choices [J]. Journal of financial and quantitative analysis, 2012, 47 (1): 23-56.

[209] FAZZARI S M, HUBBARD R G, PETERSEN B C, et al. Financing constraints and corporate investment [J]. Brookings papers on economic activity, 1988, 1: 141-206.

[210] YUK-SHEE C, ANJAN V. Collateral and competitive equilibria with moral hazard and private information [J]. The journal of finance, 1987, 42 (2): 345-363.

[211] FISHER L. Determinants of risk premiums on corporate bonds [J]. Journal of political economy, 1959, 67: 217-237.

[212] FRANCIS B B, HASAN I, ZHU Y. Political uncertainty and bank loan

contracting [J]. Journal of empirical finance, 2014, 29: 281-286.

[213] FRANCIS J, LAFOND R, OLSSON P M, et al. Costs of equity and earnings attributes [J]. The accounting review, 2004, 79 (4): 967-1010.

[214] FRANK M Z, GOYAL V K. Capital structure decisions: which factors are reliably important? [J]. Financial management, 2009, 38 (1): 1-37.

[215] FUSTER A, PLOSSER M, SCHNABL P, et al. The role of technology in mortgage lending [J]. The review of financial studies, 2019, 32 (5): 1854-1899.

[216] GE W, LIU M. Corporate social responsibility and the cost of corporate bonds [J]. Journal of accounting and public policy, 2015, 34 (6): 597-624.

[217] GEORGE J S. The theory of economic regulation [J]. The political economy, 1971, 2 (1): 3-21.

[218] GLOVER B. The Expected cost of default [J]. Journal of financial economics, 2016, 119 (2): 284-299.

[219] GOYAL F V K. Testing the pecking order theory of capital structure [J]. Journal of financial economics, 2003, 67 (2): 217-248.

[220] GRAHAM J R. How big are the tax benefits of debt? [J]. The journal of finance, 2000, LV (5): 1901-1941.

[221] GRIER P, ZYCHOWICZ E J. Institutional investors, corporate discipline, and the role of debt [J]. Journal of economics and business, 1994, 46 (1): 1.

[222] HIMMELBERG C P, PETERSEN B C. R&D and internal finance: a panel study of small firms in high-tech industries [J]. Review of economics&statistics, 1994, 76 (1): 38-51.

[223] JARROWN R A, YU F. Counterparty risk and the pricing of defaultable securities [J]. Journal of finance, 2001, 56 (5): 1765-1799.

[224] JEFFERSON D. Trust and credit: the role of appearance in peer-to-peer lending get access arrow [J]. The review of financial studies, 2012, 25 (8): 2455-2484.

[225] JENSEN M C, MECKLING W H. Theory of the firm: managerial behavior, agency costs, and ownership structure [J]. Springer netherlands, 1979, 3 (4): 305-360.

[226] JOHN K, LITOV L, YEUNG B. Corporate governance and risk-taking

[J]. The journal of finance, 2008, 63 (4): 1679-1728.

[227] JUN S G, JEN F C. Trade-off model on debt maturity structure [J]. Review of quantitative finance and accounting, 2003, 20 (1): 5-34.

[228] JUNG J, HERBOHN K, CLARKSON P. Carbon risk, carbon risk awareness and the cost of debt financing [J]. Journal of business ethics, 2018, 150 (4): 1-21.

[229] KACHELMEIER S J, RIMKUS D, SCHMIDT J J, et al. The forewarning effect of critical audit matter disclosures involving measurement uncertainty [J]. Contemporary accounting research, 2020, 37 (4): 2186-2212.

[230] KANE A, MARCUS A J, MCDONALD R L. Debt policy and the rate of return premium to leverage [J]. Journal of financial and quantitative analysis, 1985, 25 (3).

[231] KAPLAN S, ZINGALES L. Do Investment-cash flow sensitivities provide useful measures of financing constraints? [J]. Quarterly journal of economics, 1997, 112: 169-215.

[232] KARJALAINEN J. Audit quality and cost of debt capital for private firms: evidence from Finland [J]. International journal of auditing, 2011, 15 (1): 88-108.

[233] KIM J, SOHN B C. Real earnings management and cost of capital [J]. Journal of accounting and public policy, 2013, 32 (6): 518-543.

[234] KRAFT P. Rating agency adjustments to GAAP financial statements and their effect on ratings and credit spreads [J]. The accounting review, 2015, 90 (2): 641-674.

[235] KRISHNAN G. Does big 6 auditor industry expertise constrain earnings management? [J]. Accounting horizons, 2003, 17 (s1): 1-16.

[236] BROWN L C, Foster G R. Storm erosivity using idealized intensity distributions [J]. Transactions of the ASAE, 30 (2): 0379-0386.

[237] LAMBERT R, LEUZ C, VERRECCHIA R E. Accounting information, disclosure, and the cost of capital [J]. Journal of accounting research, 2007, 45 (2): 385-420.

[238] POR TA L R, LOPEZ-DE-SILANES F, SHLEIFER A, et al. Law and finance. [J]. Journal of political economy, 1998, 106 (6): 1113-1155.

[239] LEARY M T, ROBERTS M R. Do firms rebalance their capital structures? [J]. The journal of finance, 2005, LX (6): 2575-2619.

[240] LEITNER Y. Financial networks: contagion, commitment and private sector bailouts [J]. The Journal of finance, 2005, 60 (6): 2925-2953.

[241] LIN J Y, TAN G. Policy burdens, accountability and the soft budget constraint [J]. American economic review, 1999, 89 (2): 426-431.

[242] MILLER M H. Debt and taxes [J]. The journal of finance, 1977, 32 (2): 261-275.

[243] MILLS L F, NEWBERRY K J. Firms' off-balance sheet and hybrid debt financing: evidence from their book-tax reporting differences [J]. Journal of accounting research, 2005, 43 (2): 251-282.

[244] MITRA S, CREADY W M. Institutional stock ownership, accrual management, and information environment [J]. Journal of accounting, auditing & finance, 2005, 20 (3): 30.

[245] MORALES-DÍAZ J, ZAMORA-RAMÍREZ C. The impact of IFRS 16 on key financial ratios: a new methodological approach [J]. Accounting in Europe, 2018, 15 (1): 105-133.

[246] MORELLEC E, NIKOLOV B, SCHURHOFF N. Corporate governance and capital structure dynamics [J]. The journal of finance, 2012, LXVII (3): 803-848.

[247] MYERS S C, MAJLUF N S. Corporate financing and investment decisions when firms have information that investors do not have [J]. Journal of financial economics, 1984, 13: 187-221.

[248] NIELSEN K. China's financial transformation in the context of slowdown and deleverage [J]. Journal of Asia-Pacific business, 2015, 16 (4): 328-354.

[249] OLIVER K, VERRECCHIA R E. The relation among disclosure, returns, and trading volume information [J]. The accounting review, 2001, 76 (4): 633-654.

[250] PAPANIKOLAOU N I, WOLFF C. The role of on- and off-balance-sheet leverage of banks in the late 2000s crisis [J]. Journal of financial stability, 2014, (14): 3-22.

[251] PERESS J. Product market competition, insider trading, and stock market efficiency [J]. The journal of finance, 2010, 65 (1): 1-43.

[252] PITTMAN J A, FORTIN S. Auditor choice and the cost of debt capital for newly public firms [J]. Journal of accounting&economics, 2004, 37

(1): 113-136.

[253] RICHARDSON S. Over-investment of free cash flow [J]. Review of accounting studies, 2006, 11 (2/3): 159-189.

[254] ROGERS E R, LINDSTROM G. Ethical implications of off-balance-sheet financing [J]. Business & professional ethics journal, 1996, 15 (2): 19.

[255] ROSS S A. The determination of financial structure: the incentive-signalling approach [J]. Bell journal of economics, 1977, 8: 23-40.

[256] RANGAN S. Earnings management and the performance of seasoned equity offerings [J]. Journal of financial economics, 1998, 50 (1): 101-122.

[257] SCOTT T W, WIEDMAN C I, WIER H A. Transaction structuring and Canadian convertible debt [J]. Contemporary accounting research, 2011, 28 (3): 1046-1071.

[258] SENGUPTA P, WANG Z. Pricing of off-balance sheet debt: how do bond market participants use the footnote disclosures on operating leases and postretirement benefit plans? [J]. Accounting & finance, 2011, 51 (3): 787-808.

[259] SENGUPTA P P. Corporate disclosure quality and the cost of debt [J]. Accounting review, 1998, 73 (4): 459-474.

[260] SHARPE W F. Capital asset prices: a theory of market equilibrium under conditions of risk [J]. Journal of finance, 1964, 19 (3): 425-442.

[261] SHLEIFER A, VISHNY R W. Large shareholders and corporate control [J]. Journal of political economy, 1986, 94 (3, Part 1): 461-488.

[262] SPENCE M. Job market signaling [J]. Quarterly journal of economics, 1973, 87: 355-374.

[263] SPENCER A W, WEBB T Z. Leases: a review of contemporary academic literature relating to lessees [J]. Accounting horizons, 2015, 9 (4): 997-1023.

[264] STICE J D. Using financial and market information to identify pre-engagement factors associated with lawsuits against auditors [J]. Accounting review, 1991, 66 (3): 516-533.

[265] STRICKLAND D, WILES K W, ZENNER M. A requiem for the USA is small shareholder monitoring effective? [J]. Journal of financial economics, 1996, 40 (2): 319-338.

[266] SUIJS J. On the value relevance of asymmetric financial reporting policies [J]. Journal of accounting research, 2008, 46 (5): 1297-1321.

[267] TANG V W. Earnings management and future corporate investment [R]. Available at SSRN, 2007, 5.

[268] TIAN X, WANG T Y. Tolerance for failure and corporate innovation [J]. Review of financial studies, 2014, 27 (1): 211-255.

[269] TRUEMAN B, TITMAN S. An explanation for accounting income smoothing [J]. Journal of accounting research, 1988, 26: 127-139.

[270] WERMERS R. Mutual fund herding and the impact on stock prices [J]. The journal of finance, 1999, 54 (2): 581-622.

[271] ZHONG K, GRIBBIN D W, ZHENG X. The effect of monitoring by outside blockholders on earnings management [J]. Quarterly journal of business and economics, 2007, 46 (1): 37-60.